Wolf Wagner
Ein Leben voller Irrtümer

Wolf Wagner

Ein Leben voller Irrtümer

Autobiografie eines

prototypischen Westdeutschen

Tübingen
2017

Bibliografische Information der Deutschen Nationalbibliothek
Die Deutsche Nationalbibliothek verzeichnet diese Publikation in der
Deutschen Nationalbibliografie; detaillierte bibliografische
Daten sind im Internet über http://dnb.d-nb.de abrufbar.

© 2017 dgvt-Verlag
Im Sudhaus
Hechinger Straße 203
72072 Tübingen

E-Mail: dgvt-Verlag@dgvt.de
Internet: www.dgvt-Verlag.de

Umschlagfoto: © Udo Hesse, Berlin
Umschlaggestaltung: Winkler_Design, Wolfgang Winkler, Tübingen
Layout: VMR, Monika Rohde, Leipzig
Druck und Bindung: CPI books GmbH, Leck

Auch als E-Book erhältlich: ISBN 978-3-87159-420-5

ISBN 978-3-87159-225-6

Für alle, die am Zustandekommen meiner Irrtümer und ihrer produktiven Wendung beteiligt waren.

Für kritische Lektüre und wertvolle Hinweise danke ich Renate (Male) Müller und Hans Halter.

Inhalt

Erste Irrtümer

Irrtümer haben mich erst möglich gemacht. Ohne sie, und das gleich dreifach, wäre ich nie geboren worden. Das Schöne am Irrtum ist nämlich: Er ist zwar falsch, sonst wäre er keiner, seine Wirkungen sind jedoch ungewiss und können durchaus positiv sein.

Der erste fruchtbare Irrtum war ein medizinischer und ereignete sich lange vor meiner Zeugung. Es war vermutlich Ende der Zwanzigerjahre. Meine Mutter verliebte sich in ihrem Heimatort Tübingen beim Ball einer schlagenden Verbindung in einen großen, schlaksigen, norddeutschen Jurastudenten. Es war beiderseits Liebe auf den ersten Blick und sie erwogen schon bald, sich zu verloben. Zuvor wollte meine Mutter jedoch etwas klären. Sie litt zeitlebens unter einem starken Tremor. Vor einer Verlobung wollte sie wissen, ob sich das Zittern auf ihre Kinder vererben würde. Wenn ja, würde sie ledig bleiben. Darum holte sie sich an der Nervenklinik der Uni Tübingen bei einem Professor Rat. Er beruhigte sie und versicherte ihr, der Tremor würde sich nicht vererben. Das war ein Irrtum: Alle Kinder, nicht nur meiner Mutter, sondern auch ihrer Schwester, zittern mehr oder weniger stark. Ich bin deswegen oft gehänselt worden. Öffentliche Auftritte waren schwierig, weil ich in meiner Aufregung so sehr zitterte, dass mir die Stimme versagte und ich aus dem Waldhorn, das ich dabei manchmal spielen sollte, kaum einen Ton herausbrachte. Als Erwachsener wurden mein Zittern und meine zitterige Schrift häufig als Zeichen fortgeschrittenen Alkoholismus gedeutet, was auch nicht immer hilfreich war. Noch heute bin ich in Situationen, in denen auch Menschen ohne angeborenen Tremor ins Zittern geraten, dem Tremor hilflos ausgeliefert. Aber immerhin: Es gibt mich.

Dazu bedurfte es eines zweiten produktiven Irrtums: Der Glaube meiner Eltern an die verhütende Wirkung des Kondoms. Ich bin ein Kondomkind. Im September 1943, als im Osten die sowjetischen Truppen vor Kiew standen, die Westalliierten auf Sizilien gelandet waren, Mussolini schon abgesetzt, Italien aus dem Krieg ausgetreten und Hamburg von alliierten Bombern schon völlig zerstört war, wollte in Deutschland niemand absichtlich Kinder zeugen. Die Geburtenrate war so niedrig wie erst wieder nach dem Pillenknick in den Sechzigerjahren.

Als der Bombenkrieg Berlin erreichte, entschieden die Nazis, dass alle Bewohner, die nicht in der Stadt gebraucht wurden, umgesiedelt würden. Meiner Mutter wurde als Umsiedlungsgebiet das „Warthegau" zugewiesen, das erste, an Schlesien grenzende, eigentlich zu Polen gehörende Gebiet. Meine Mutter war schon Anfang 1943, nach dem Fall von Stalingrad, überzeugt, Deutschland würde diesen Krieg verlieren und die Rache der Sieger würde fürchterlich werden. Darum fand sie es verrückt, dahin zu ziehen, wo man dieser Rache als Erste ausgeliefert sein würde. Sie beschloss, von Berlin aus lieber in den Süden zu ihrer Mutter zu fliehen, die in Tübingen im eigenen Haus in einer großen Wohnung mit riesigem Garten lebte. Dort war sie sehr willkommen, denn bei der allgemeinen Wohnungsnot nach all den Bombardierungen hätte ihre Mutter mit der Einquartierung fremder Leute rechnen müssen.

Mein Vater war Jahrgang 1907, zu alt für den normalen Frontdienst und darum seit Kriegsbeginn zur Bewachung von Kriegsgefangenen eingesetzt. Am 2. September 1943 erhielt er Sonderurlaub von seinem Posten in Norwegen, wo die sowjetischen Kriegsgefangenen durch die eisigen Berge im Inneren des Landes eine Eisenbahnlinie zum Ausbau der „Festung Norwegen" bauen sollten. Das Haus in Berlin, in dem er vor Ausbruch des Krieges mit meiner Mutter wohnte, war in der Nacht zuvor ausgebombt worden. Die wichtigsten Möbel hatte meine Mutter vor der Evakuierung im Keller eingelagert, wo sie nun im Löschwasser standen. Um ihn zu treffen, kam sie aus Tübingen ohne meine Geschwister nach Berlin angereist. So sahen sich die beiden nach über 19 Monaten erstmals wieder im bombenzerstörten Berlin, um zu retten, was noch zu retten war – ohne die Kinder. Bei diesem romantischen, filmreifen Zusammentreffen wurde ich gezeugt.

Meine Mutter meinte später zu ihrer Entschuldigung, die Nazis hätten die Kondome bewusst löcherig gemacht, um so genügend Kinder für ihre zukünftigen Kriege zu bekommen. Aber das stimmte nicht. Denn die Nazis brauchten sichere Kondome gegen die grassierenden Geschlechtskrankheiten, die die Wehrkraft im jetzigen Krieg zersetzten. Später klärte mich Hans Halter, ein befreundeter Arzt für Haut- und Geschlechtskrankheiten und *Spiegel*-Redakteur, über die wirklichen Ursachen auf: Kondome taugen zur Verhütung nur bei professionellem Einsatz. Kondome müssen vor der ersten geschlechtlichen Berührung übergezogen, bis zum Samenerguss getragen und dann sauber entsorgt werden. Verliebte verlieren leicht die Übersicht, und schon ist das Kind gemacht. Es sei eine alte Weisheit unter Hautärzten: „Wenn ein Paar mit Kondomen verhütet, sind sie nach einem Jahr zu dritt."

Damit war das In-die-Welt-Kommen für mich aber noch immer nicht geschafft. Es musste noch ein dritter produktiver Irrtum geschehen: Meine Mutter schaffte es nicht, mich abzutreiben.

Als meine Mutter merkte, dass sie schwanger war, empfand sie das als Katastrophe. Und als sie dies meiner Großmutter mitteilte, wollte die sie aus dem Haus werfen. „In dieser Zeit kriegt man keine Kinder!", war die Reaktion aller. Es war klar: Sie musste abtreiben. Aber wie? Auf Abtreibung „arischer" Kinder stand die Todesstrafe für alle Beteiligten. Deswegen konnte sie sich an keinen Arzt und keine Hebamme wenden. Sie musste sich selbst helfen. Sie versuchte es mit Einläufen. Als die nichts halfen, sprang sie mit schweren Lasten im Arm, etwa einem Kartoffelsack, von der Ladefläche eines Lastwagens in der Hoffnung, beim Aufprall würde sich der Fötus lösen und sie könne sich durch eine Fehlgeburt von mir befreien. Ich aber klammerte mich wohl fest und hielt allen Abtreibungsversuchen stand. So kam ich im Juni 1944 in der Frauenklinik in Tübingen zur Welt. Kaum sei ich geboren worden, sei eine Liebeswelle über sie gekommen und ich sei vom ersten Augenblick angenommen gewesen, erzählte meine Mutter.

Mein Vater hat mich nie gesehen. Meine Großmutter hatte es geschafft, ihn von mir fernzuhalten. Obwohl er eine Urlaubsgenehmigung hatte, bekam er die Nachricht von meiner Geburt so spät, dass die allgemeine Urlaubssperre nach der erfolgreichen Landung der Westalliierten in der Normandie schon in Kraft getreten war und er auf seinem Posten in Norwegen bleiben musste. Dort kam er in englische Gefangenschaft, wurde aber sofort an die Sowjets ausgeliefert, die ihn nach dem Potsdamer Abkommen als Kriegsverbrecher an ihren Soldaten einfordern konnten. Auch nach heutiger Rechtsprechung war er bei der Bewachung von sowjetischen Kriegsgefangenen, die systematisch zu Tode gehungert wurden, aktiver Teil eines Kriegsverbrechens. Die Sowjets setzten ihn den gleichen Bedingungen aus, unter denen die sowjetischen Kriegsgefangenen unter der Naziherrschaft gelitten hatten mit dem Unterschied, dass die meisten Sowjetbürger nach dem Krieg selbst so leben und arbeiten mussten. Er starb nach Skorbut und Erfrierungen am 28.12.1946 an Erschöpfung in einem „Entlassungslager" für nicht mehr arbeitsfähige Kriegsgefangene. Meine Mutter wurde Kriegerwitwe und wir drei Kinder Kriegswaisen.

Mein Vater hatte gemeint, er könne den Krieg unbeschadet beim Bewachen von Gefangenenlagern überstehen. Das stellte sich als schwerer Irrtum mit tödlichen Folgen heraus.

Prototypisch westdeutsch

Ich behaupte im Untertitel des Buches, ein prototypischer Westdeutscher zu sein. Es stellen sich damit sofort Fragen wie: Was ist ein Prototyp? Wie kann man prototypisch sein?

Prototypisch ist nicht typisch. Typisch sein wäre, zu sein wie der statistische Durchschnitt. Das war ich sicher nicht. Als Kriegswaise gehörte ich zu einer in Ost- wie Westdeutschland stark vertretenen Gruppe, die aber nicht statistischer Durchschnitt war. Sie war jedoch durchaus typisch für das Nachkriegsdeutschland als Unterscheidungsmerkmal zum Vorkriegsdeutschland. Als Bildungsaufsteiger mit Gymnasium, Studium und Promotion gehörte ich in Ost- wie Westdeutschland zu einer statistischen Minderheit. Nur wenige Prozent eines Jahrgangs erreichten damals ein Hochschulstudium und Promotionen lagen im Promillebereich. Aber Bildungsaufsteiger aus bildungsbürgerlichen Elternhäusern waren ty-

pisch für Westdeutschland als Unterscheidungsmerkmal zu Ostdeutschland, wo man den Bildungsaufstieg für Kinder aus bäuerlichen und proletarischen Familien förderte und Kinder aus mittel-
ständischen und bildungsbürgerlichen Elternhäusern benachteiligt
wurden, es sei denn, sie gehörten der Parteielite an.

Es gibt also für Ost- und Westdeutschland typische Erscheinungen, die nicht den statistischen Durchschnitt, sondern kenn-
zeichnende Unterschiede zwischen den Gesellschaften in Ost und
West benennen. Solche Unterschiede nenne ich prototypisch.

In der Technik ist ein Prototyp das Entwurfsmuster, bevor man
in die Massenproduktion geht. Der Prototyp ist also nicht der erste
geniale Entwurf. Der Prototyp kommt viel später, wenn man die
Praxistauglichkeit der genialen Idee testen will. Mit den dabei gemachten Erfahrungen überarbeitet man das Entwurfsmuster und
geht in die Massenproduktion. Dann wird der Prototyp zur Massenerscheinung, zur allgemein verbreiteten Normalität, vielleicht ja
auch zum Durchschnitt.

Ich behaupte also mit dem Untertitel, dass ich in meinem Leben, durch Zufall und ohne jede Absicht, häufig zu den erst abseitig erscheinenden Gruppen gehört habe, die sich dann verallgemei-
nert haben und stilbildend wurden für ganz Westdeutschland. Das
will nicht heißen, dass ich besonders herausragend oder vorbildlich
gewesen wäre. Im Gegenteil: In meiner Lebensgeschichte repräsen-
tieren sich viele, für die Geschichte der westdeutschen Alltagskultur
typische Irrtümer und Idiotien.

Zugegeben, das ist eine etwas kesse soziologische Theorie. Als
ich jedoch das Buch von Annette Simon, „Versuch, mir selbst und
anderen die ostdeutsche Moral zu erklären" (Gießen, 1995), gelesen hatte, zeigte sich mir, dass man die eigene Lebensgeschichte als
sozialwissenschaftlich exemplarisch einordnen konnte. Sie hat in
ihrem Buch anhand ihrer eigenen Person wichtige Aspekte Ost-
deutschlands für mich stimmig erklärt. Sie hatte gezeigt, wie die an-
tifaschistische Moral der DDR mit ihren Heldensagen und Märty-
rermythen sich mit ihrer eigenen bürgerlich-protestantischen
Moral zu einer Symbiose verband. Der Antifaschismus ritt auf die-

ser sozusagen mit und wurde damit zum hoch legitimierten Rechtfertigungsmythos der DDR. Dieser legte sich über alle Widrigkeiten des Alltags und machte den mühsamen Kommunismus der DDR moralisch beinahe unangreifbar. Beim Lesen war mir klar geworden, dass mein Leben über weite Strecken das westdeutsche Gegenstück ist.

Zum Beispiel: eine prototypische westdeutsche Kindheit

Denn bei mir hatte sich auch ein Antifaschismus herausgebildet, aber auf ganz andere, westdeutsche Art.

Der Freundeskreis meiner Mutter bestand überwiegend aus evangelischen Akademikern. Sie waren die „honorigen" Männer, zu denen ich aufschauen, die mir Vorbild sein sollten. Sie waren durchweg Nazis. Der Nationalsozialismus hatte im protestantischen akademischen Milieu die treueste Gefolgschaft. Wohlhabende Protestanten waren die Stammwähler der Nazis gewesen. Tübinger Juristen wie Martin Sandberger, Erwin Weinmann, Rudolf Bilfinger stellten einen Großteil der Einsatzgruppenleiter im Reichssicherheitshauptamt (RSHA), die im Krieg gegen die Sowjetunion Hunderttausende von Menschen hinter den Linien in Massenerschießungen per Genickschuss eigenhändig ermordeten. Einige waren nach dem Krieg von den Alliierten angeklagt und hingerichtet worden. Die meisten jedoch lebten unbehelligt wieder in Tübingen, setzten als hoch angesehene Bürger ihre Karrieren fort und bildeten in den öffentlichen Institutionen mit der Wiederherstellung des Berufsbeamtentums in Westdeutschland in Polizei, Staatsanwaltschaft und Gerichten, Verwaltungen, Schulen, Universitäten, in der Zivilgesellschaft, den Kulturinstitutionen und den Parteien das dominante Netzwerk, gegen das nicht anzukommen war.

Einer von ihnen, Hanns Ludin, ist nach dem Krieg in der Slowakei zum Tod verurteilt und erhängt worden, weil er dort die Judenvernichtung organisiert hatte. Sein Mitarbeiter und Freund, Hans Gmelin, wurde Oberbürgermeister von Tübingen und mehrfach wiedergewählt, obwohl seine Mitgliedschaft in der NSDAP, der SA und seine Verwicklungen in die Judenvernichtung in der Slowakei bekannt waren.

In meiner Kindheit machten wir sonntags Ausflüge mit mehreren dieser Nazifamilien, häufig Witwen oder geschiedene Frauen von Altnazis mit vielen Kindern. Eine eng mit uns befreundete Nazifamilie wohnte in unserer Straße und wir besuchten sie beinahe täglich, weil ihr Sohn unser Spielkamerad war. Der Vater, Alfons Gerometta, nun Rechtsanwalt, war ein prominenter Naziführer an der Universität Tübingen gewesen. Er war 1929 von der Uni für mehrere Semester relegiert worden, weil er als Führer des NS-Studentenbundes einem sozialdemokratischen Gastdozenten Gewalt angedroht hatte.

Der wohlwollende Umgang mit den Altnazis war typisch für die generelle Stimmung der frühen Bundesrepublik. Das eklatanteste Beispiel dafür ist der Artikel 102 des Grundgesetzes: „Die Todesstrafe ist abgeschafft." Er wirkt wie eine humanistische Schlussfolgerung aus den Nazigräueln. Bei näherem Hinsehen stellt sich jedoch heraus, dass er ins Grundgesetz gekommen ist, um die durch die Alliierten zum Tode verurteilten Naziverbrecher vor dem Vollzug der Todesurteile mit Berufung auf das Grundgesetz zu retten. Die großen schwäbischen Honoratioren Theodor Heuss (FDP), Carlo Schmid (SPD) und viele andere setzten sich für die armen, zum Tode verurteilten Kriegsverbrecher ein, während sie gleichzeitig das Verbot der Vereinigung der Verfolgten des Naziregimes betrieben.

Der älteste Bruder meiner Mutter, Eugen, war bei der Gestapo gewesen und im Krieg Offizier bei der Waffen-SS. Vor Moskau hatte er einen Nervenzusammenbruch erlitten, kämpfte aber weiter bis zum Ende des Kriegs. Alle seine Freunde oder Kameraden, wie es hieß, waren hohe Nazis. Er lebte in Stuttgart und kandidierte dort immer wieder für den Vorstand der Sektion Schwaben des Deutschen Alpenvereins mit der Ankündigung, er sei Nazi gewesen und sei es immer noch. Sie sollten wissen, wen sie wählten. Und sie wählten ihn mit großer Mehrheit, weil er so ein „Pfundskerl" war. Er kam uns oft besuchen und lief dafür die Strecke von Stuttgart nach Tübingen – immerhin 35 km – durch den Schönbuch zu Fuß. Wenn er da war, quälte er uns Jungen. Wir sollten richtige Männer werden. Wenn er Holz hackte, flogen die Scheite, die er mit dem Beil abhackte, wie Schrapnelle um den Holzklotz, und er befahl uns, sie gleich aufzuheben, sodass wir von ihnen getroffen wurden. Er habe auch unter Beschuss hinein müssen ins Feuer. Wir sollten uns nicht so haben.

Die Ausflüge mit seiner Familie und den anderen Nazifamilien endeten meist in einem Besäufnis in einem der Sommerlokale um Tübingen herum. Dort wurde Mostbowle oder Bier getrunken, und die Erwachsenen erzählten sich immer wildere Geschichten über den Krieg und über ihre Heldentaten, allen vornedran und am lautesten mein Onkel. Er gab damit an, wie er in der Lederhose in die Oper gegangen sei und die Lackaffen alle geglotzt hätten und wie er die Fallschirmtruppen in Holland abgeschossen habe wie beim Tonscheibenschießen. Über die Sowjets sagte er anerkennend: „Sterben, das konnten sie!" Es ging stundenlang und wurde immer lauter und wir Kinder langweilten uns zu Tode.

In der Studentenverbindung meines Vaters, zu der meine Mutter intensiven Kontakt pflegte und zu allen Festen ging, waren die „alten Herren" aus der Generation meines Vaters durchweg Nazis. Einer, der meine Mutter offensichtlich verehrte, war in der Apartheid-Republik in Südafrika in führender Stellung. Das nur für Mitglieder der Burschenschaft bestimmte Mitteilungsblatt lag bis in die Achtzigerjahre auf einem streng völkisch-nationalistischen Kurs, war also im Grunde eine neonazistische Streitschrift.

Beinahe alle diese Väter, die ich als kleiner Junge erlebte, waren für mich zum Fürchten. Sie redeten mit tiefen, lauten Stimmen, meistens schimpfend, herabsetzend oder im Befehlston. Ich bekam mit, wie die Mütter ihren Kindern drohten: „Warte nur, bis dein Vater heimkommt, dann wirst du was erleben!" Darum war ich froh, dass ich keinen Vater hatte. Er konnte abends nicht mehr heimkommen zum Prügeln und Schimpfen.

Meine Mutter meinte, sie müsse streng mit uns sein, um den fehlenden Vater zu ersetzen. Sonst würde nie etwas aus uns werden.

Sie entsprach damit der damals herrschenden westdeutschen Erziehungsideologie, die aus dem Nationalsozialismus stammte. Das Schlimmste, was man einem Kind antun konnte, war, „es zu verziehen", es zu verwöhnen, zu verweichlichen. „Gelobt sei, was hart macht", war die Devise der Erziehung. Prügel waren ein normales und allseits gebilligtes Erziehungsmittel.

Meine westdeutsche Kindheit war für mich Unterdrückung durch eine harte Erwachsenenwelt, hart auch gegen sich selbst. Die Fünfzigerjahre, später nostalgisch verklärt, waren in Westdeutschland die Fortsetzung der Alltagskultur des Nationalsozialismus – nur ohne Hitler und ohne regierungsamtlichen Antisemitismus –, aber mit der gleichen lebensfeindlichen Rigorosität und Prahlsucht. Ich hasste es und entwickelte darin – wie viele meiner Generation – einen eigenen, privaten Antifaschismus, der durch Hedonismus, nicht Moral befeuert wurde. Ich wollte ein schöneres, genussreicheres Leben als das, was uns diese harten Männer und Frauen meiner Elterngeneration vorlebten.

Meine hervorstechendste Eigenschaft war meine Neugier. Sie galt von Anfang an vor allem dem anderen Geschlecht. Im Kindergarten verfolgte ich die Mädchen und hob ihre Röcke hoch. Die Kindergärtnerinnen waren das gewohnt, denn ich kann mich an keine Sanktionen erinnern. Nur die Mädchen waren genervt. Doktorspiele trieben wir überall: in Schuppen und Scheunen, im Kinderzimmer, im Keller und Souterrain, auf Baustellen und in versteckten Ecken, manchmal sogar auf offener Straße, bis uns Erwachsene aufscheuchten. Als ich mit Scharlach in die Kinderklinik in strenge Isolation eingewiesen wurde und dort vier Wochen hinter Glasscheiben, wie in einem Zoo, mit vielen anderen Kindern beiderlei Geschlechts, gehalten wurde, war das ein wahres Paradies des Doktorspielens und Tobens. Heute wird Scharlach zu Hause mit Penicillin oder anderen Antibiotika behandelt. Damals war Penicillin noch rar und Scharlach eine weitverbreitete, lebensbedrohliche Kinderkrankheit mit häufigen schweren Spätfolgen für Herz, Bewegungsorgane und Nerven. Deshalb wurden wir hinter einer doppelten Schleuse streng isoliert gehalten. Besucher sahen wir nur durch die Glasscheiben. Im Nebenraum, von uns durch eine riesige Glasscheibe getrennt, lagen die Diphtheriekinder. Denen ging es noch viel schlechter als uns. Wenn sie ihre riesigen Spritzen bekamen, standen wir Scharlachkinder an der Glasscheibe mit plattgedrückten Nasen und schauten fasziniert, mitleidig und angeekelt zu. Aber meist ging es den Kindern da drüben gut genug, um uns mit hochgezogenen Nachthemden an der Glasscheibe ihre Geschlechtsteile zu präsentieren. Wir hatten eine herrliche Zeit.

Dieser private hedonistische Antifaschismus wurde in der antiautoritären Studentenbewegung 1967 zur Massenbewegung, die zu den tiefgreifendsten Veränderungen der westdeutschen Alltagskultur führte.

Typisch westdeutsch: die Dominanz der Kirchen in den Fünfzigern

So paradiesisch frei und unbefangen war die westdeutsche, hier schwäbische Wirklichkeit nicht oft. Denn da war die Kirche. Wie stark ihr Einfluss war, zeigt die folgende Episode.

Einmal sei ich vom Kindergarten aus einer anderen Richtung heimgekommen als sonst. Meine Mutter habe mich gefragt, wo ich denn herkäme. Ich soll ganz wichtigtuerisch in meinem kindlichen (darum das p) Schwäbisch gesagt haben: „I han mei Pfreindin hoimbrocht." *(Ich habe meine Freundin heimgebracht.)*. Meine Mutter vermutete, es handle sich um ein Franzosenkind, weil in der Richtung, aus der ich kam, eine Neubausiedlung für Familien der französischen Besatzungsmacht lag. Sie fragte daher: „Hat sie schwarze Haare?" „Ja, sie hot aber grade Locka wia d'Ulrike." *(Ja, sie hat aber gerade Locken wie die Ulrike.)*. Meine Mutter nun direkt: „Ja, isch's denn a Franzosamädle?" *(Ja, ist es denn ein Franzosenmädchen?)* Ich, ganz empört: „Noi, se schwätzt Empfangelisch wia mir au!" *(Nein, sie spricht evangelisch wie wir auch!)*

Die Welt meiner Kindheit war dominiert vom Konflikt zwischen Katholiken und Evangelischen. Es gab evangelische und katholische Kindergärten. Es gab evangelische und katholische Grundschulen. Die Gymnasien hatten evangelische und katholische Klassen. Um Tübingen herum gab es evangelische und katholische Dörfer. Meine Mutter behauptete ihr Leben lang, katholische Dörfer seien schmutziger als die evangelischen. Gefragt, woher sie das wisse, antwortete sie: „Von den Kaminfegern. Die müssen das wissen. Die kommen in alle Häuser rein."

Wir waren evangelisch. Aber das war keine Selbstverständlichkeit wie in anderen evangelischen Familien, die seit Generationen dieser Kirche angehörten. Bei uns war es das Resultat eines lebenslangen Streites zwischen meiner evangelischen Großmutter und ihrem kreuzkatholischen Mann.

Sie war das jüngste von 13 Kindern einer evangelischen Bauernfamilie aus Schwieberdingen, einem Dorf westlich von Ludwigsburg. Wie überall im Neckartal herrschte dort Realteilung. Im Erbfall musste alles nach gleichen Teilen auf die Kinder aufgeteilt werden. Über Generationen hinweg war durch diese Tradition das Land, das den einzelnen Nachfahren blieb, immer kleiner und immer zersplitterter geworden. Mit jeder Generation wurden die Bauern ärmer. Darum galten und gelten die Schwaben als geizig. Sie hatten allen Grund dazu. Sie mussten jeden Pfennig umdrehen, bevor sie ihn ausgaben. Meine Großmutter wuchs unter solch ärmlichen Bedingungen auf. Seit ihrer Kindheit musste sie schwere körperliche Arbeit beim Ernten und Unkrautjäten leisten und dazu mit den Werkzeugen auf der Schulter weite Strecken zu den verstreuten Landstücken zu Fuß zurücklegen. Sie hasste es und war fest entschlossen, diesem beschwerlichen Leben zu entgehen.

So zog sie bei der ersten Gelegenheit als Dienstmädchen nach Stuttgart. Dort traf sie bei einem festlichen Umzug einen schmucken, gut gebildeten und geistig interessierten Unteroffizier hoch zu Ross. Der beeindruckte sie sehr und sie ihn. Jedenfalls war bald ein Kind unterwegs und sie mussten heiraten. Das Problem war, der Bräutigam war streng katholisch. Die katholische Kirche duldete damals Mischehen mit Protestanten nur dann, wenn sichergestellt war, dass alle Kinder katholisch getauft würden und ein Kind auf das Priesteramt hin erzogen würde. All dies versprach mein Großvater hoch und heilig.

Die Trauung fand statt, und von da an tat meine Großmutter alles, um ihre Kinder, also meine Mutter und ihre Geschwister, der katholischen Kirche abspenstig zu machen. Der Streit zwischen Katholiken und Evangelischen, der in ganz Württemberg herrschte, muss daher in der Familie meiner Großeltern, als meine Mutter ein Kind war, mit besonderer Schärfe getobt haben. Mein Großvater kaufte, wenn irgend möglich, nur bei Katholiken, meine Großmutter nur bei Evangelischen. Meine Großmutter weigerte sich, mit dem katholischen Freundeskreis ihres Mannes Umgang zu pflegen. Darum kenne ich keinen Menschen aus dem Umfeld meines Tübinger Großvaters. Über Kleinigkeiten muss heftig gestritten worden sein, jeden Tag, zumal meine Großmutter den Streit als einzige Verhütungsmethode kannte. Sie sagte zu meiner Mutter am Tag ihrer Hochzeit: „Wenn'd koine Kender han wilsch, muasch jeda Obend an Schdreid ofanga!" *(Wenn du keine Kinder haben willst, musst du jeden Abend einen Streit anfangen!)* Meine Mutter, ihre Schwester und ihr Bruder Eugen traten, kaum dass sie religionsmündig waren, zur evangelischen Kirche über. Ich und meine Geschwister wurden darum von Anfang an evangelisch erzogen. Meinen Großvater muss das sehr gegrämt haben. Er versuchte das gebrochene Versprechen an die katholische Kirche wettzumachen durch besonders innigen Gehorsam gegenüber der katholischen Kirche und durch besonders eifrigen Kirchenbesuch, darüber hinaus durch hingebungsvolle Mitarbeit im „Zentrum", der politischen Partei des deutschen Katholizismus. Er starb an Leukämie, bevor ich geboren wurde. Als meine Großmutter Jahre später gefragt wurde, wie es komme, dass sie so gut und jugendlich aussehe, antwortete sie: „Weil mei Ma so früh gschtorba isch!" *(Weil mein Mann so früh gestorben ist!)*

Nach seinem Tod herrschte in der Familie ein strenges evangelisches Regime. Alles musste seine Ordnung haben. Müßiggang war verpönt. Mühe und Arbeit, Sauberkeit und Bescheidenheit waren die höchsten Werte. Alles Streben ging in Richtung Rechtschaffenheit: Das Richtige tun und das Falsche vermeiden. Keine „Fisematenten", wie es hieß, keine überschwappenden Gefühle, keine Feste und auf keinen Fall „Extrawürste".

Alle um uns herum waren so, manche stärker, manche schwächer, aber im Prinzip genau so. Unser direkter Nachbar, Betreiber einer Flaschnerei, war von der extremeren Sorte. Jeden Tag gingen er und seine Frau in „Dschdond" *(Stunde)*, die Bibelstunde. Sie waren die Frommen, die Pietisten. Sie trafen sich, und reihum musste jeder einmal die Stunde leiten und den zur Interpretation anstehenden Bibeltext erklären. Diese „Laienpredigt" durch einfache Gemeindemitglieder verlief meist im Geiste der Verbalinspiration, nach der jedes Wort in der Bibel direkt von Gott stammen soll und somit unumstößliche Wahrheit ist. Man nannte sie die „Dschdondaleit" *(Stundenleute)*.

Eines schönen Sommertages kam dieser Nachbar an unseren Gartenzaun. In seinen Händen präsentierte er stolz und liebevoll besonders große, glänzend rote, makellose Tomaten. Beschwörend hielt er sie uns hin und sagte: „Mir hend halt da Säga!" *(Wir haben eben den Segen!)* Damit bezog er sich auf die Bergpredigt, Matthäus 7, Vers 20. Dort beantwortet Jesus seinen Jüngern ihre Frage, woran man erkennen könne, ob Gottes Segen auf einem ruhe: „An ihren Früchten also werdet ihr sie erkennen." Damit meinte unser Nachbar, beweisen zu können, dass er und seine Familie in der Gnade Gottes stünden und ins Paradies einziehen würden. Wir kleintomatigen Nachbarn würden demnach in die Hölle fahren. Es gab also nicht nur Krieg zwischen Katholiken und Evangelischen, sondern auch zwischen den besonders strenggläubigen Pietisten und den weniger strengen Normalgläubigen der evangelischen Kirche. Aber die Hauptkampffront lag zwischen Evangelischen und Katholiken. Das war klar.

Lebenslustige Katholiken

Katholisch war lebenslustig und sinnlich. Evangelisch war das Gegenteil. Am besten konnte man das an den Kirchen sehen. Die katholischen Kirchen waren voller prunkvoller Statuen und Altäre. Sie waren tagsüber immer offen für Besucher. Die evangelischen Kirchen waren – außer für Gottesdienste – geschlossen und – wenn sie nicht vor der Reformation gebaut worden waren – geradezu asketisch ausgestattet.

Das für mich eindrucksvollste Beispiel dafür war unsere Hauskirche, die Eberhardskirche in der Südstadt von Tübingen, nur einen Häuserblock von unserem Haus entfernt. Ich erinnere einen schlichten Backsteinbau ohne jede Dekoration außer einem Altarkreuz. Es gab eine kleine, scheppernd läutende Kirchenglocke. Erst viel später kam ein hässlicher Betonglockenturm mit richtigem Geläut dazu. Asketischer ging es nicht.

In katholischen Gebieten gab es die „Fasnet" (*Fassnacht oder Fasching*) mit Umzügen. Im Evangelischen war sie als heidnischer Tand verpönt. Als Kind wusste ich daher nichts vom Fasching, bis ich auf dem Nachhauseweg vom Kindergarten, der gegenüber der Kaserne lag, am „Alägle" (*einer kleinen Parkanlage*) vorbeikam und plötzlich Indianer auf der Straße standen. Panisch floh ich in die Büsche und versteckte mich, bis die Furcht einflößenden Wesen weg waren. Daheim wurde ich ausgelacht. In der katholischen Bischofsstadt Rottenburg gibt es seit jeher eine alemannische „Fasnet" mit wilden Hexen und Teufeln, die mir schreckliche Angst einjagten, als meine Großmutter mich einmal dorthin mitnahm.

An Fronleichnam, dem Fest zur Feier der leiblichen Gegenwart Christi in der Monstranz, inszenierten die Katholiken in der Tübinger Südstadt eine prunkvolle Prozession. Die Straßen waren mit Rosenblättern bestreut. Vor den prächtigen Altären, die entlang der Strecke als Stationen aufgebaut waren, hatte man wie in einem Mosaik mit Blumen Heiligenbilder auf den Boden gelegt. Unter einem Baldachin trug der höchste Priester der Kirche die heilige Hostie in der reich verzierten, in Gold, Silber und Edelsteinen gefassten Monstranz von einem Altar zum nächsten. Gegenüber der Eberhardskirche, dieser Demonstration evangelischer Askese, hatten die Katholiken einen ihrer protzigsten Altäre aufgebaut und feierten dort ihre Messe. Es war ein Kulturkampf.

Meine katholikenfeindliche Mutter erklärte den Unterschied zwischen den beiden christlichen Konfessionen mit der Möglichkeit der Katholiken, ihre gesamten begangenen Sünden in der Beichte erlassen zu bekommen. Da sei es ein Leichtes, wieder zu sündigen. Das erkläre ihren, aus evangelischer Sicht, leichtfertigen Lebensstil. Wir Evangelischen dagegen müssten mit unseren Sünden leben und auf die Gnade Gottes hoffen.

Die karge Welt der frohen Botschaft (Evangelium)

Die Stundenleute und der Pfarrer organisierten Busfahrten auf die Schwäbische Alb und ins schwäbische Oberland zwischen Donau und Bodensee zu den pietistischen Gemeinden dort. Die Dörfer und Kirchen auf der Alb beeindruckten mich sehr. Sie waren so karg wie die Landschaften darum herum und wie die Menschen, die dort lebten. Die Dächer waren steil und mit glatten Schindeln gedeckt, damit der viele Schnee leicht abrutschen konnte. Die Fenster waren schmale rechteckige Löcher in den kaum verputzten Hauswänden ohne Blumenkästen oder Verzierungen. Sie waren klein, um die Wärme zu halten, und ohne Fensterläden, weil es selten so viel Sonne gab, dass man sich vor ihr hätte schützen müssen. Verzierungen gab es auch nicht an den Geländern der Treppen, die zur Haustüre hinter einem Windfang führten. Vor dem Haus, direkt an der Straße, lag hinter einer niedrigen Mauer der Misthaufen. An seiner Größe konnte man die Bedeutung des Besitzers im Dorf ablesen, hieß es. Die Kirchen waren außen schmucklos und innen so karg wie die Eberhardskirche in Tübingen.

Alles kündete von der Botschaft des 90. Psalms: „Unser Leben währet siebzig Jahre, und wenn's hoch kommt, so sind's achtzig Jahre, und wenn's köstlich gewesen ist, so ist es Mühe und Arbeit gewesen." Es war ein freudloses Leben. Jede Wohltat, die man sich erlaubte, musste mit einem riesigen Guthaben an Leiden, Mühe und Arbeit aufgewogen werden. Wenn man sich auf dem Bänkle abends ausruhte und sich einen Most gönnte, rief die Nachbarin spitz: „So, lasset ihr euch's gut geha!" *(So, lasst ihr es euch gut gehen!)* Dann kam die automatische Antwort: „Ja, ja, mir hen aber au da ganza Dag gschafft!" *(Ja, ja, wir haben aber auch den ganzen Tag über gearbeitet!)* Es passte so gar nicht zu dem Evangelium, der frohen Botschaft, in deren Namen hier alles veranstaltet wurde. Um dieser Botschaft dennoch gerecht zu werden, trugen besonders die Frauen – aber auch unser Pfarrer – stets ein freudig-frommes Lächeln im Gesicht.

Im schwäbischen Oberland war es ein wenig anders. Dort galt in den katholischen Gebieten das Prinzip der Primogenitur. Nach ihr erbte der Erstgeborene alles. Die Geschwister gingen leer aus. Hier gab es protzige Höfe mit reichen Dekorationen und barocke Kirchen mit überbordender Stuckatur. Mitten in diesen Sinnenlandschaften lagen einige pietistische Dörfer in der Diaspora. Das griechische Wort, das wörtlich übersetzt „Verstreutheit" bedeutet, bezeichnet anderskonfessionelle Gemeinden, die umgeben sind von der Mehrheitskonfession wie das berühmte gallische Dorf von den Römern. Wie dieses kämpften sie den pietistischen Kampf gegen die sie umgebende katholische Genusssucht und Feierfreude. Doch – wie so oft – färbte etwas von dem, was sie bekämpften, auf sie selber ab. Die Dörfer waren lange nicht so karg wie die auf der Schwäbischen Alb.

Die Tübinger pietistischen Brüder und Schwestern kamen zu ihnen, um ihnen Verbundenheit und Unterstützung in ihrem heldenhaften Kampf auf verlorenem Posten zu signalisieren und um sich von ihnen eine besonders reine Form des Pietismus vorführen zu lassen. Sie erschien mir exotisch und beinahe grotesk: Frauen und Männer saßen durch den zentralen Gang getrennt voneinander auf verschiedenen Seiten der Kirche. Die Männer trugen Schwarz, die Frauen lange schwarze Röcke und Jacken, darüber weiße Schürzen, auf dem Kopf Dutt und Kopftuch. Alle hatten dieses, von innen kommende selige Lächeln und Leuchten im Gesicht, das von der frohen Botschaft kündete, derer sie sich so sicher waren: Das „Empfanggelijum" *(Evangelium)!* Der Pfarrer hob jedes Mal, wenn er den Namen Gottes aussprach, zuerst die Augen und dann das Gesicht gen Himmel und schob dabei den ganzen Körper dem Himmel entgegen, indem er auf die Zehenspitzen wippte. Dort verharrte er, bis der Name Gottes verklungen war, und ließ sich dann mit den Fersen auf den Boden zurücksinken und wandte den Blick wieder den Zuhörern zu. Da er viel von Gott sprach, schien er einen seltsamen Tanz aufzuführen wie eine von einer Himmelsschnur gezogene Kasperlefigur.

Meine Großmutter und ich nahmen an diesen Fahrten gerne teil, denn man sah seltsame Dörfer und Landschaften, war unter Leuten und es gab Kaffee und Kuchen umsonst. Gerade aus den Gemeinden in der Diaspora kamen besonders viele Missionare, die unter „den Wilden" gelebt und sie missioniert hatten. Manche der Gemeinden hatten kleine Museen mit Gegenständen, die von den Missionaren aus der Südsee, Indonesien oder Afrika mitgebracht worden waren. Wie sehr verbreitet die protestantische Missionarstätigkeit damals im Württembergischen war, zeigt sich an der Tropenklinik in Tübingen. Sie war gegründet worden, um an Tropenkrankheiten erkrankten Missionaren bei ihrer Rückkehr zu helfen. Für mich waren die Fahrten zu diesen, in Wirklichkeit ziemlich muffigen Sammlungen Ausflüge wie in eine Zauberwelt, in das völlig Fremde. Das hatte für mich eine große Anziehungskraft, beschäftigte nachhaltig meine Phantasie und lieferte vermutlich die Grundlage für meine lebenslange Reiselust.

Doch die eigentliche und letztlich wirksamste Botschaft dieser kargen, lustfeindlichen Welt war der Kampf gegen die „Sünde". Schon mit sieben war mir klar, meine Obsession mit den Mädchen und allem Anzüglichen konnte das Einzige sein, auf das sich jenes seltsame, ständig in Kirche und Kindergottesdienst benutzte Wort beziehen konnte. In der Grundschule zog ich mit einer Gruppe von anderen Jungen jeden Tag nach der Schule hinter einer Gruppe von Mädchen her, immer auf Abstand, nie in Kontakt, weit außerhalb unseres eigentlichen Heimwegs. Dennoch machten wir das beinahe jeden Tag und hielten den Fragen stand, wo wir uns denn so lange herumgetrieben hätten. Schon damals, weit vor der Pubertät, lebten wir in einer geheimen Welt.

Mein Bruder, vier Jahre älter, war schon in der Pubertät angekommen. Zu seinem Leidwesen wurde er immer zur gleichen frühen Zeit zusammen mit mir ins Bett geschickt. Das war meine Bettgehzeit, nicht die seine. Wir konnten beide lange nicht einschlafen und verbrachten die Zeit damit, uns gegenseitig in immer unwirklichere Welten weg zu phantasieren. Am häufigsten spielten wir das Spiel: „Was wäre, wenn …" Ein beliebtes Thema war, was wäre, wenn Papa wiederkäme. Alles würde gut und das Schimpfen unserer Mutter hätte ein Ende. Wir konstruierten aber auch wilde sadomasochistische Phantasien mit aus nackten Leibern gebauten Booten, auf denen wir durch dunkle Höhlengewässer stocherten.

Als ich meinen ersten nächtlichen Samenerguss hatte und anfing zu onanieren, war geklärt, was Sünde war. Die unbefleckte Empfängnis der heiligen Maria, Mutter Gottes, identifizierte das, was bei mir herauskam, als die Quelle der Befleckung. Wenn der Pfarrer aus der Apostelgeschichte vorlas, man müsse das Glied, das einen zur Sünde trieb, abschneiden, war mir klar, welches Glied er meinte. Dass es sich dabei um Glieder der Gemeinde handelte, entdeckte ich erst Jahrzehnte später. Nie wurde uns erklärt, was denn die Sünde sei, von der uns der Herr Jesus durch seinen Tod am Kreuz befreit habe. Ein Bibellehrer vom Christlichen Verein Junger Männer (CVJM) sprach davon, der Körper sei der Tempel des Herrn und man dürfe ihn nicht schädigen oder beschmutzen. Ich wusste, wovon er sprach. Ich war ein großer Beschmutzer vor dem Herrn und kämpfte den stets verlorenen Kampf um ein sündenfreies Leben. Ich fühlte mich so elend und einsam, dass ich ernsthaft erwog, mich vom damals noch öffentlich zugänglichen Bismarckturm zu stürzen.

Der Konfirmandenunterricht wurde überraschenderweise zu einer ersten großen Versuchung. Dort gab es Mädchen. Es war mein erster Kontakt mit Mädchen außerhalb der Familie seit der Zeit der wilden Doktorspiele. Sofort verknallte ich mich in eine Dunkelhaarige mit Mandelaugen und trieb mich viel vor ihrem Haus in der Achalmstraße herum, wo nebenan ein Klassenkamerad wohnte. Der lieferte den legitimen Grund zum dortigen Herumhängen.

Manchmal kam sie aus dem Haus und redete mit uns. Einmal kämmte sie mir dabei die Haare. Und eines Tages lud sie mich sogar ein, zu sich auf ihr Zimmer zu kommen. Ihre Großmutter kam alle zehn Minuten herein, um zu schauen, ob alles in Ordnung war. Dann las mir meine mandeläugige Angebetete einen Brief ihrer Freundin vor, in dem sie schilderte, wie sie im Freibad von ihrem Freund „überall angefasst" worden sei. Ich war sehr erregt und überfordert. Und ich stammelte – wohl um der Überforderung zu entgehen –, dass das nicht ginge. Wir seien schließlich im Konfirmandenunterricht zusammen, und als gläubige Christen müssten wir so etwas unterlassen. Sie war frustriert und wurde selbst auch religiös.

Ich war noch nicht einmal 14 Jahre alt und hatte schon eine ekklesiogene Neurose.

Neurosegrund „Mutti"

Die Kirche war jedoch nur eine von mehreren Ursachen für meine neurotische Angst vor dem weiblichen Geschlecht. Die Hauptursache war – wen wundert's? – „Mutti", wie wir unsere Mutter nannten. Sie hatte mir wenige Monate zuvor ein Aufklärungsbüchlein mit den Worten in die Hand gedrückt: „Das musst du wissen. Lies dir das durch. Als Mann musst du Erfahrungen haben. Aber tu es nicht bei bürgerlichen Mädchen. Geh lieber zu Prostituierten." Es war das einzige Mal, dass sie mit mir über Sexualität geredet hat. Ich war schockiert. „Bürgerliche Mädchen" wurden zur Gefahr. Ich hatte natürlich auch keine Ahnung, wie man in Tübingen an Prostituierte gelangen könnte. Und hätte ich es gewusst, hätten mir der Mut und das Geld gefehlt. Aber die klassische neurotische Trennung der Frauenwelt in Heilige und Huren hatte nun den mütterlichen Segen.

Sehr viel später fand ich in meiner Psychoanalyse heraus, dass ich mich unbewusst meiner Mutter versprochen fühlte. Ohne es zu merken, hatte ich mir ein innerliches Verbot auferlegt, normale sexuelle Beziehungen zu Frauen aufzunehmen. Beziehungen waren für mich nur auf kumpelhafte oder helfende Weise zulässig. Wenn sich Frauen meines Alters mir näherten, bekam ich Panik und suchte das Weite. Freundschaftliche Beziehungen, auch freundschaftlich flirtige Beziehungen waren möglich, aber am liebsten in einem Arbeitszusammenhang. Die meisten dieser „Liebschaften", zu denen ich die Kumpel- oder Helferbeziehungen stilisierte, in denen nichts Sexuelles passieren durfte, stellte ich meiner Mutter quasi zur Genehmigung vor. Meist „adoptierte" sie die Frauen und machte sie zu Freundinnen des Hauses.

Enttäuschung Kirche

Mit meiner Abwehr der erotischen Versuchung als Sünde wider den Herrn wurde der Konfirmandenunterricht für mich zum zentralen Ort meines Lebens. Ich beschloss, mich ernsthaft Gott zu nähern. Es gibt einen Tagebucheintrag aus der Zeit: „Ich glaube, ich glaube jetzt wirklich an Gott!"

Ich steigerte mich immer mehr in eine barocke, himmlisch orientierte, mystische Religiosität hinein. Ich glaubte an einen mir persönlich erscheinenden Gott und wartete auf seine Offenbarung. Ich war mir sicher, er müsse im Gottesdienst zur Konfirmation zu mir sprechen. Ich saß in der ersten Reihe und starrte auf das Kreuz. Ich wartete darauf, dass der Gekreuzigte sich mir irgendwie mitteilen würde, zumal mein Konfirmandenspruch lautete: „Des Herrn Wort ist wahrhaftig; und was er zusagt, das hält er gewiss" (Psalm 33, Vers 4). Doch da kam keine Zusage. Da war nichts. Ich war maßlos enttäuscht.

Damit war es aus für mich mit Gott. Ich ging zwar zur Christenlehre, dem Unterricht nach der Konfirmation, und zum CVJM. Aber ich tat es nicht mehr aus innerer Überzeugung, sondern nur, weil meine Freunde auch dort waren und ich nicht wusste, wo ich sonst hätte hingehen können.

Wenig später hielt ich ein Referat im Religionsunterricht, in dem ich die These vertrat, alle Religion sei menschengemacht und befriedige menschliche Bedürfnisse. Das Referat war heiß umstritten. Der pietistische Religionslehrer verpasste mir, der ich zuvor in dem Fach immer eine gute Note erhalten hatte, von da an nur noch ein Ausreichend.

Mein frisch gewonnener Atheismus befreite mich jedoch keineswegs von der pietistischen Grundeinstellung gegenüber dem Leben. Ich durfte nicht den breiten Weg gehen, den alle gingen. Der war der Weg der Sünde. Ich musste den schmalen, richtigen Weg finden und den mit Hingabe gehen, besonders wenn er „Mühe und Arbeit" bedeutete. Gleichgültig ob ich später Christdemokrat, Kommunist, Grüner oder Körpertherapeut war, im Innern blieb ich immer ein Pietist.

Prototypisch westdeutsch: die Inszenierung der Akademikerwelt

Ihrem Aufstiegsprogramm folgend, legte meine Mutter großen Wert darauf, mit Akademikern zu verkehren. Wir vermieteten im obersten Stockwerk des Hauses meiner Großmutter Zimmer an bis zu fünf Studenten. Damenbesuch war streng verboten, vordergründig wegen des Kuppeleiparagraphen, mehr jedoch aufgrund der zeitgemäßen antisexuellen Grundhaltung meiner Mutter. Die Geeignetsten waren Wochenendheimfahrer und solche, die in den Semesterferien weg waren, das Zimmer aber weiter bezahlten. Doch neben diesen ökonomischen Absichten hegte meine Mutter beim Vermieten der Zimmer auch heimlich einen Bildungsplan für uns. Sie nahm von den Bewerbern nur diejenigen, die für ihren Salon besonders geeignet erschienen, und baute ihn auf diese Weise nach und nach aus.

Einmal im Monat traf man sich zu gebildeten Gesprächen und klassischer Musik vom Plattenspieler. Später kamen die Verehrer meiner Schwester dazu. Meine Mutter schaffte es stets, von ihnen allen bewundert zu werden. Sie sonnte sich darin und führte stolz ein für Besucher offenes Haus – gegen den zornigen Widerstand ihrer Mutter, die immer sagte: „Mr bsuacht neemond, no kommd au

koiner!" *(Man besucht niemanden, dann kommt auch keiner!),* und:
„Du hosch an Graddl!" *(Du hast einen Größenwahn!)* Die liberalen,
intellektuellen Vorstellungen ihrer aufsteigenden Tochter waren ihrem, immer noch bäuerlichen Denken zutiefst zuwider. Meine
Mutter setzte sich über ihre Schimpfereien hinweg und genoss die
philosophischen und literarischen Diskussionen, die manchmal bis
weit nach Mitternacht gingen. Sie veranstaltete für meine Schwester Ulrike Hausbälle, rauschende Feste, bei denen ich immer selig
zwischen den Erwachsenen herumtobte und es genoss zu sehen,
wie meine schöne Schwester gefeiert wurde.

Mein Bruder Eberhard weigerte sich, an diesen, aus seiner Sicht,
langweiligen Gesprächen teilzunehmen. Er war eher an bodenstän-
digen Gesprächen und technischen und naturwissenschaftlichen
Fragen interessiert. Darum verkehrte er lieber mit Lehrlingen.
Meine Mutter meinte, er weiche Herausforderungen aus und wolle
nur in Kreisen verkehren, in denen er von vornherein der Beste war.
Sie versuchte alles, um ihn in den Salon zurückzuholen. Sie lernte
sogar Skat, weil er damit zu ködern war. Nächtelang spielten wir
Skat. Als er sich auch noch mit einem Lehrlingsmädchen einließ,
sah meine Mutter ihre Aufstiegspläne bedroht. Sie tat alles, um die
Beziehung zu hintertreiben, traf sich sogar mit den Eltern des Mäd-
chens und bat diese – man glaubt es kaum – ihrer Tochter den Umgang mit meinem Bruder zu verbieten. Sie hatte damit keinen Erfolg. Im Gegenteil: Mein Bruder hielt erst recht zu seiner Freundin
und heiratete sie. Doch meine Mutter gab ihre Abneigung nie auf.
Mein Bruder hielt weiterhin zu seiner Frau und reduzierte den
Kontakt zu unserer Mutter auf ein Minimum. Er verweigerte sich
zeitlebens dem Aufstieg.

Ich dagegen wollte meiner Mutter gefallen und folgte ihrem
Aufstiegswillen, wo ich nur konnte. So holte ich mir z.B. in der
Stadtbibliothek ein Buch über die großen Komponisten der klassischen Musik und verkündete meiner Mutter stolz: „Mein Lieb-
lingskomponist ist Beethoven!" Ich hatte nie zuvor seine Musik gehört. Es war sein „tragisches" Leben, das mich für ihn einnahm. Es
passte zu meinem vorpubertären Bedürfnis nach Drama und ich

beschloss, ihn zu meinem „Lieblingskomponisten" zu erklären. Ich ahnte wohl, dass klassische Musik einen zentralen Pfeiler unserer bildungsbürgerlichen Prestigefassade darstellte. Dadurch verpasste ich das Zeitalter des Rock'n Roll – den wohl einzigen positiven Aspekt der Fünfzigerjahre.

Die „rote Trudel"

Meine Mutter war nach dem Tod ihres Mannes eine leidenschaftliche Pazifistin. Als es 1952 und danach immer neue Parlamentsdebatten über die Wiederbewaffnung der Bundesrepublik gab, hörten wir denen im Radio zu. Ich machte meine Hausaufgaben und sie bügelte und faltete die Wäsche. Sie gab leidenschaftliche, wütende oder begeistert zustimmende Kommentare zu allen Reden, je nachdem, ob die Redner sich für oder gegen die Wiederbewaffnung aussprachen. Das beeindruckte mich tief und war wohl die Ursache für mein anhaltendes Interesse für Politik.

Bei der Wahl zum Oberbürgermeister 1954 stand ein parteiloser Kandidat zur Wahl, Hans Gmelin, einer der schrecklichen Juristen der Uni Tübingen, die im Hitler-Reich einen wesentlichen Teil des Führungspersonals der nationalsozialistischen Vernichtungsmaschine stellten. Sein Freund und Vorgesetzter, Hanns Ludin, war in der Slowakei für die Vernichtung der dortigen Juden zum Tode verurteilt worden. Er hatte sich der Verfolgung entziehen können. Folgerichtig war er nun Teil der restaurativen Kräfte in der Bundesrepublik und setzte sich für ein starkes Deutschland ein.

Obwohl alle im Umfeld meiner Mutter für diesen Kandidaten waren, setzte sie sich mit Leidenschaft gegen seine Wahl ein. Unsere Familie stand am Wahlabend auf dem Tübinger Marktplatz und fieberte für unseren Kandidaten des Friedens und gegen den Kandidaten der Wiederbewaffnung. Wir verloren. Der Altnazi wurde mit beinahe 60 Prozent der Stimmen gewählt.

Der Pazifismus meiner Mutter machte sie in der damaligen Bundesrepublik zur Linken, zur „roten Trudel", wie sie manchmal geneckt wurde. Ihre Emotionalität bei dem Thema steckte mich an. Ich las Wolfgang Borcherts „Draußen vor der Tür", eine expressionistisch-pathetische Anklage gegen den Krieg, und wünschte mir zur Konfirmation seine gesammelten Werke.

Aber ihr Aufstiegswille und ihr Standesdünkel führten sie unweigerlich zurück in das Milieu der akademisch gebildeten, sich selbst als kulturelle Elite verstehenden Altnazis. Dort passte sie sich an. Weil ihr Mann gefallen war, duldete man ihren Pazifismus. Ansonsten war man stramm rechts gegen SPD und Gewerkschaften und für den Wiederaufstieg eines völkischen Deutschlands.

In dieser widersprüchlichen Welt wuchs ich auf. Wahrscheinlich schützte mich einerseits meine Abscheu vor dem protzigen, selbstgefälligen Gehabe der Nazimänner, andererseits der Pazifismus und die Abneigung meiner Mutter gegen alles Pathetische und Großspurige davor, den chauvinistischen „Vorbildern" zu folgen.

Auch darin war ich ein prototypischer Westdeutscher. Helmut Schelsky, selbst ein „alter Kämpfer" der Nazis, aber erster, streng empirisch arbeitender Soziologe der Bundesrepublik und Mitbegründer der soziologisch orientierten Uni Bielefeld mit der ersten Soziologischen Fakultät, veröffentlichte 1957 die Ergebnisse seiner empirischen Studie über die westdeutsche Nachkriegsgeneration unter dem bezeichnenden Titel: „Die skeptische Generation."

Gymnasium: Selektion des Aufstiegs

Zum Aufstiegsprogramm gehörte selbstverständlich und an erster Stelle der Bildungsaufstieg. Wir mussten aufs Gymnasium. Unsere Mutter hätte uns Jungen am liebsten auf das humanistische Uhland-Gymnasium mit Latein und Griechisch geschickt, weil da die Kinder aus den „besten" Familien hingingen. Aber wir sperrten uns. Denn unsere Freunde aus der Volksschule, die ans Gymnasium wechselten, gingen ans naturwissenschaftlich-mathematische Kepler-Gymnasium. Die anderen Freunde aus der Volksschule ließ ich ohne jede Trauer, Skrupel oder Zweifel zurück. Ich wechselte in eine neue Welt und empfand dies vor allem als eine spannende Herausforderung, auch als Ehre, sodass ich gar nicht bemerkte, dass es eine Selektion war, bei der die meisten Verlierer waren, denn damals, 1954, kamen nur etwa zehn Prozent eines Jahrgangs aufs Gymnasium. Ich habe jeden Kontakt zu meinen ehemaligen Mitschülern in der Volksschule verloren. Ich war in eine andere Welt gewechselt mit anderem Schulweg und anderen Themen. Helmut Schelsky schrieb 1953 von der „nivellierten Mittelstandsgesellschaft", weil der Aufstieg in die Mittelschicht zum Massenphänomen der Bundesrepublik werde.

Am Gymnasium setzte sich die Selektion des Aufstiegs fort. In meiner Klasse blieben jedes Jahr welche „sitzen", mussten das Jahr wiederholen oder ganz abgehen. Neue kamen von oberen Klassen als „Sitzenbleiber" dazu. Sie waren die Spannenden, eher Unangepassten. Diejenigen, die es immer anstandslos schafften, waren die Langweiler. Aber es gab immer einige unter den Sitzenbleibern, auf die sich die Lehrerinnen und Lehrer einschossen, um sie von der Schule zu vertreiben. Ihre Hausaufgaben wurden regelmäßig überprüft, ihre Verfehlungen ohne Nachsicht bestraft. Heute würde man es Mobbing nennen.

Ich saß dabei und schaute schaurig fasziniert zu und tat nichts. Unsere Mitschüler wurden vor unseren Augen aussortiert, und wir ließen es geschehen und waren froh, dass es nicht uns getroffen hatte. Wenn es wie im Nationalsozialismus jüdische Mitschüler gewesen wären, hätten wir vermutlich auch nicht anders reagiert. Auf dem Weg zum Abitur wurde etwa die Hälfte aller Mitschüler aussortiert. Manche, weil sie zum zweiten Mal durchfielen. Damals in den Fünfziger- und frühen Sechzigerjahren schafften es höchstens fünf Prozent eines Jahrgangs bis zum Abitur und Studium. Gleichgültig wie gut oder schlecht sie waren, sie stellten die zukünftige Elite.

Ich war ein besonders geeigneter Kandidat für das Aussortieren, denn ich war bei allem Aufstiegswillen ein schlechter Schüler. Ich war faul und vorlaut dazu. Wenn es zu irgendeinem Streich oder Unsinn kam, an dem ich beteiligt war, sagten die Lehrer als Erstes, wenn sie unser habhaft wurden: „Und der Wagner ist natürlich auch wieder dabei!"

Als ich 1954 an das „Kepi" kam, war das Klima an der Schule immer noch vom Nationalsozialismus geprägt, in dem sich das Kepler-Gymnasium als besonders linientreu hervorgetan hatte. Der ebenfalls 1954 frisch gekürte und im gleichen Jahr zum Honorarprofessor an der Uni Tübingen ernannte Rektor, Wilhelm Schweizer, war 1937, gleich nach der Aufnahmesperre, also so bald als nach 1933 überhaupt möglich, in die NSDAP aufgenommen worden, was seiner Karriere offensichtlich nie geschadet hat. Mit ihm waren die meisten Lehrer in ihrem Verhalten und ihren alltagskulturellen Einstellungen immer noch Nazis: Ein Deutschlehrer las mit uns Walter Flex' „Wanderer zwischen den Welten" – eine ultrakitschige völkisch-nationalistische Verherrlichung des Ersten Weltkrieges –, was sicher nicht mehr im Lehrplan stand. Im Geschichtsunterricht wurde uns eine deutschnationale Sicht auf die Welt beigebracht. Er endete mit dem Ausbruch des Ersten Weltkriegs. Über den Nationalsozialismus und seine Verbrechen erfuhren wir im Geschichtsunterricht nichts. Es war der gleiche Lehrer, der mit uns Walter Flex las. Die Begründung war, alles nach dem Ersten Weltkrieg sei keine Geschichte mehr, sondern Zeitgeschichte und die sei nicht im Lehrplan. Im Biologieunterricht redete die Lehrerin – es gab nur drei Frauen im Kollegium – dem Sozialdarwinismus das Wort. Im Sportunterricht wurde uns von dem alten Militärknochen Hugo Boess neben Sport vor allem das Marschieren beigebracht: „Im Gleichschritt marsch! Stillgestanden! Rechts um!" usw. Wenn wir nicht funktionierten, wie er wollte, schlug er uns mit einem kurzen Strick um die Beine.

Der erste Bluff

Ein neuer Musiklehrer war dabei, eine Blaskapelle aufzubauen. Dafür wurden Instrumente beschafft und an Interessierte kostenlos verliehen. Es gab preiswerten Unterricht. Meiner Mutter war es sehr recht, mich in die standesgemäße Hausmusik eingegliedert zu sehen. In der Schule wurde mir ein goldglänzendes Horn ausgegeben, auf das ich sehr stolz war. Mein Stolz hielt nicht lange. Waldhorn war schwierig zu spielen und ekelig. Ekelig war es wegen des Speichels. Man musste immer eine Zeitung auf dem Boden liegen haben. Etwa alle fünfzehn Minuten musste man das Instrument absetzen und mit einer kunstvollen Drehbewegung den Speichel, der sich inzwischen durch den feuchten Atem im Instrument angesammelt hatte, auf die Zeitung kippen. Wartete man zu lange, verwandelten sich die klaren, weichen Töne in gurgelnde Urlaute. Schwierig war das Instrument, weil man nicht wie beim Klavier die Töne einfach anschlagen konnte, sondern mit den Lippen und dem richtigen Druck und Atem formen musste. Alles hing vom „Ansatz" ab. Und den hatte ich nicht. Die Töne kamen bei mir schnarrend heraus, kippten oder klangen wie Flatulenz, weil ich zu viel Luft gab.

Im Blasorchester spielte ich selbstbewusst und mit Freude. Doch bald brach der Dirigent, Helmut Calgéer, ein Organisationsgenie, aber ein unpädagogischer Tyrann, das Spiel ab und rief: „Irgendetwas stimmt hier nicht!" Dann ließ er eine Instrumentengruppe nach der anderen die letzte Passage spielen, bis schließlich die Hörner dran waren. Und da rief er: „Daran liegt es! Jetzt jeder einzeln!" Und als ich spielte, schrie er: „Wagner, Schluss! Das ist ja schlimmer als ein Boschhorn!" Ich stand da, zutiefst blamiert vor dem ganzen Blasorchester, und hätte in den Boden versinken mögen. Ich war schockiert und beschloss, eine solche Demütigung sollte mir nicht noch einmal passieren. Von da an bluffte ich. Im Orchester führte ich mit den anderen zusammen mein Instrument zum Mund, blies die Backen auf wie die anderen, formte aber keinen Ton, sondern blies nur leere Luft in das Horn.

Es war mein erste Bluff-Erfahrung. Sie war, wie meist auch sonst, aus der Angst vor Blamage geboren. Ich hielt den Bluff jahrelang durch. Ich wollte unbedingt bei den kostenlosen, gut organisierten Musikkreisen des Blasorchesters dabei sein. Es hieß, wir würden bald internationale Auftritte haben. Auf einer Konzertreise nach Esslingen kam es zum Konflikt. Vor dem Beginn der Probe, als alle ihre Instrumente warm spielten, ich aber natürlich wieder nur leere Luft in mein Horn blies, brüllte der Musiklehrer „Ruhe", und als er mich immer noch blasen sah, warf er, cholerisch und unbeherrscht wie er war, seinen dicken Schlüsselbund nach mir. Er traf zwar nicht, aber diesen Angriff würde ich nicht auf mir sitzen lassen. Ich stand auf und ging.

Wenig später kam ein Experte an die Schule, der alle Instrumente schätzen sollte, damit man ihren Wert bilanzieren konnte. Als er mein Horn spielte, setzte er es sofort wieder ab und rief: „Dieses Horn hat kein F. Das hat nur noch fünf Mark Schrottwert. Ein Wunder, dass der Junge das Instrument spielen konnte!"

Bloß kein Streber sein

Meine schulischen Leistungen blieben schlecht. Das lag vor allem daran, dass zwischen uns Gleichaltrigen Normen galten, die in krassem Gegensatz zu dem standen, was die Erwachsenen von uns erwarteten. Wer sich mit den Lehrern gut stellte und sich um gute Noten bemühte, galt als „Streber" und wurde geschnitten. Unsere Norm war: Der Lehrer ist der Feind. Hinter dem Rücken der Lehrer machte man Faxen. Wenn sie keine Strenge zeigten, tobte man, spielte Skat oder Schiffe versenken. Besonders gegen Referendare nutzten wir jede Unsicherheit, um sie zur Verzweiflung zu treiben. Auch gestandene Lehrer trieben wir vor uns her.

Weil ich nicht gut im Sport war, außer beim Schwimmen, musste ich besonders nachdrücklich klarstellen, dass ich kein „Streber" war. Bei Mannschaftssportarten war ich ein Versager. Wenn die Mannschaften ausgewählt wurden, war ich immer der Letzte, der noch dastand. Manchmal wurde angeboten: „Wenn ihr den Wagner nehmt, bekommt ihr noch einen dazu!" Im Fußball wurde ich in die Verteidigung gesteckt, wo ich auf die Schienbeine der Gegner zielte, um sie abzuschrecken. Doch meist wurde ich souverän umspielt. Als Jüngster in der Klasse war ich der körperlich am wenigsten Entwickelte und Ungelenkigste.

Dennoch legte ich mich ständig mit den Stärkeren und Älteren an. Wurde ich zum Beispiel wegen meines Zitterns oder weil ich so schlecht im Sport war gehänselt, drehte ich durch, wurde blind vor Wut, schlug und trat um mich ohne jedes Maß und ohne jede Chance. Meine Gegner hielten mich mit ihren längeren Armen auf Distanz, warfen mich souverän auf den Rücken und knieten auf meinen Oberarmen und lachten mich aus, während sie mich schlugen.

Da ich in der körperlichen Konkurrenz kaum eine Chance hatte, wich ich in die Intellektualität aus. Ich las alles, was ich in die Finger bekommen konnte, nur nicht das, was ich für die Schule lesen sollte. In unseren Bücherschränken daheim, in der Stadtbibliothek und einer privaten Leihbibliothek stöberte ich nach Erwachsenenbüchern. Ich las Hemingway, Borchert, Remarque, Böll, Kogon, viel Geschichte zum Nationalsozialismus und zum Ersten Weltkrieg, Existenzialisten wie Sartre und Camus, Platon und Schlüpfriges. Fernsehen gab es noch nicht. Ich las und las und las. Oft saß ich dabei auf der sonnigen Mauer am Neckar beim Hölderlinturm. Die Bücher, die mir die Augen öffneten für die Schandtaten meiner Vätergeneration, passten wunderbar in meinen beginnenden moralischen Rigorismus. Ich konnte mich der Erwachsenenwelt gegenüber überlegen fühlen, sie schrecklich peinlich finden mit ihrer Scheinheiligkeit, ihrer Fresswelle und ihrem Wirtschaftswunder. Ich begann zu rauchen und stilisierte mich mit Cool Jazz zum Existenzialisten, schrieb ein existenzialistisches, schwülstiges Tagebuch und entsprechende Gedichte.

In der Schule löste ich das Dilemma, kein „Streber" sein zu wollen und mich dennoch intellektuell zu bestätigen und zu bewähren, indem ich mich Projekten anschloss, die außerhalb des Unterrichts stattfanden und die ich herausfordernd fand. Es gab einen feingeistigen, sehr freundlichen und unterstützenden Lehrer für Englisch und Deutsch, Alfred Dürr, der an der Schule eine Theater-Arbeitsgruppe leitete. Ich machte begeistert mit, in Nebenrollen zwar, aber immerhin auf der Bühne. Das erste Projekt, „Robinson darf nicht sterben", war ein voller Erfolg. Mit dem zweiten Projekt, Shakespeares „Sturm", traten wir sogar beim Schultheatertreffen in Marburg auf. Ich war der Kapitän auf dem untergehenden Schiff, hatte einen angeklebten Bart, eine wilde Seemannskluft und durfte sogar zwei Sätze sagen. Um wenigstens ein wenig das Sturmgefühl zu erzeugen, stand hinten im Saal einer mit einer Stange, die er hin und her schwenkte, und wir auf der Bühne schwankten mit ihr.

Ich beobachtete den Lehrer Alfred Dürr bei seiner Regiearbeit und merkte mir, welche Anweisungen er gab, und wollte unbedingt selbst ein Stück auf die Bühne bringen. Wir lasen im Deutschunterricht „Die schwarze Galeere" von Wilhelm Raabe, eine schrecklich pathetische Novelle über den niederländischen Befreiungskrieg. Ich machte daraus an langen Winterabenden ein Theaterstück. Der Deutschlehrer nannte es „ein gewaltiges Werk" und ich inszenierte es mit der Klasse. Für die Frauenrollen nahm ich die zierlichsten Jungen. Sie mussten sich Tischtennisbälle ins Kostüm stecken und sahen damit sehr weiblich aus. Im Programmheft kam mein Name gleich dreimal vor als Autor, Regisseur und Schauspieler. Wir erhielten viel Beifall und waren stolz und glücklich, obwohl es eine grotesk-grauenhafte Aufführung gewesen sein muss. Unser Klassenlehrer, Arno Tausch, ein notorischer Sadist und Misanthrop kam zu meiner Mutter und sagte: „Stücke kann er möglichweise schreiben, aber an Ostern wird er durchfallen!"

Ich fiel nicht durch, aber nur knapp. Damit war ich über jeden Streberverdacht erhaben.

Der Weg zum „einsamen Intellektuellen"

In der nächsten Klasse war es so weit für die Tanzstunde. Es war die Hölle. Ich war sichtlich der Jüngste in der Klasse. Ich neigte zum Rotwerden und hatte dann rote Wangen wie ein Bauernbub. Dazu zitterte ich. Beides steigerte sich in Gegenwart der „Damen" ins Unerträgliche.

Beim Nachhausebringen durch die Straßen Tübingens hielt ich Ausschau nach geeigneten dunklen Stellen, wo ich meine Partnerin hätte küssen können. Aber wenn wir sie erreichten, passte es immer doch nicht. Ich muss auf meine Partnerinnen einen schrecklich verkrampften Eindruck gemacht haben, denn ich brachte immer die intellektuellsten Themen zur Sprache, um wenigstens damit Eindruck zu machen. Beim Verabschieden an der Tür des Hauses der „Dame", wo eigentlich der kleine Kuss auf die Wange obligatorisch war, war ich bereits so aufgelöst und niedergeschlagen von all den von mir erlebten, von ihr unbemerkten Niederlagen, dass ich mich mit einem kurzen Gruß schnellstmöglich davonmachte. Ich schämte mich auf dem Nachhauseweg in Grund und Boden, wünschte mir, ich wäre ein Mädchen, könnte mich umwerben lassen und müsste nicht selbst die Initiative ergreifen. Bei den Frauen war ich genauso gescheitert wie im Sport. Von da an versteifte ich mich auf die Rolle des einsamen Intellektuellen.

Jede Woche ging ich zweimal ins Kino, meistens ins „Hirsch", ein Studentenkino in der Altstadt, wo die neuesten Filme mit intellektuellem Anspruch liefen. Die Altersbegrenzungen machten mir Probleme, doch meist konnte ich mich durchschmuggeln. Ich saß in der ersten Reihe, weil von dort das Bild so groß war, dass man auch aus den Augenwinkeln nichts als den Film sah und in die Bilder wie hineingezogen wurde. Bis mindestens eine Stunde nach dem Film war ich nicht ansprechbar, weil ich noch im Film steckte. Als ich in dem Film „Fahrstuhl zum Schafott" von Louis Malle die Musik von Miles Davis hörte, wurde ich süchtig nach ihr. Sie drückte mein trauriges, sehnsuchtsvolles Lebensgefühl perfekt aus. Wann immer möglich, ging ich in Jazzkonzerte und kaufte mir Platten. Ich lernte die Rituale, das Klatschen nach jedem Solo, den coolen Blick und den genervten, weltverachtenden Habitus, die schlaffe Haltung. Rauchen gehörte dazu. Zigaretten kaufte ich einzeln am Bahnhofskiosk, wo niemand auf mein Alter achtete. Kein Sport gehörte auch dazu. Das passte hervorragend zu meinem Profil.

Dann lernte ich über den Pfarrer unserer Kirche zwei intellektuelle amerikanische Studenten kennen. Sie kamen mit dem prestigeträchtigsten Stipendium zu uns, das vom US-amerikanischen Senator Fulbright 1946 zwischen den USA und der Welt initiiert worden war. Sie waren schlank, groß, schlaksig und ungemein humorvoll. Ich besuchte die beiden beinahe jeden Tag in ihrer Studentenbude in der Unterstadt hinter der Jakobuskirche, rauchte ihre Zigaretten und las ihre Comics. Burt, der Blonde und Witzigere der beiden, wurde zum Freund der Familie und besuchte uns häufig. Wir saßen oft im Wohnzimmer, wo der Plattenspieler stand, hörten Miles Davis und arbeiteten schweigend vor uns hin. Er schrieb hinreißende Gedichte auf Englisch. Und auch ich begann zu dichten in seinem freien Stil ohne Reime. Wir hatten noch einen anderen Dichter zur Untermiete. Auf der Visitenkarte an seiner Tür stand unter seinem Namen „Dichter". Er schrieb Gedichte, die sogar gedruckt wurden, wie: „Zwei Spuren im Schnee. Ich und Du!" Wir veranstalteten in unserer Wohnung Dichterlesungen.

Prototypisch westdeutsch: Schülerzeitung

Für mich war diese Welt der Intellektuellen eine große Herausforderung und Anregung. Bald waren mir meine Klassenkameraden zu langweilig und der Schulstoff sowieso. Ich versuchte mich mit eigenen Texten. Sie waren inspiriert von der expressionistischen, pathetischen Sprache Wolfgang Borcherts. Einen besonders pathetischen Text über einen Sonnenuntergang am Galgenberg reichte ich bei der Schülerzeitung *UKW (die Anfangsbuchstaben der drei Tübinger Gymnasien)* ein, und sie druckten ihn nicht nur ab, sondern fragten an, ob ich nicht mitmachen wolle. Bald stand im Impressum: „Für den Inhalt verantwortlich: Wolfgang Wagner, KG." Für Kepler-Gymnasium. Wir waren mit unserer Arbeit in der Schülerzeitung alle prototypische Westdeutsche. Gegründet wurde die Schülerzeitung *UKW* 1956. Ich war ihr zweiter Chefredakteur. Die Westalliierten sahen die Schulen als wichtigstes Feld für die Erziehung der Deutschen zur Demokratie. Deshalb unterstützten sie die Schülermitverwaltung an den Schulen und stellten zuerst in West-Berlin, dann auch anderswo Mittel für die Gründung von Schülerzeitungen bereit. Daraus entwickelte sich das Modell der „Jungen Presse". Die Kultusministerien der Länder etablierten eingetragene Vereine, in denen die Schülerzeitungen des Landes Mitglieder waren. Diese Vereine wurden von den Ministerien mit genügend Geld für regelmäßige kostenlose Weiterbildungen und Tagungen ausgestattet.

Die „Junge Presse" war für mich der Schlüssel zur Welt. Wir waren lauter besonders aufgeweckte und umtriebige Jugendliche, die in ihren Schülerzeitungen Akzente setzten. Die Parteien und Organisationen für politische Bildung umschmeichelten uns und luden uns zu spannenden Tagungen mit äußerst kompetenten Referenten ein. Manchmal war das Luxus pur: Der damalige Bundestagsabgeordnete der CDU Gustav-Adolf Gedat – auch er ein Alt-Nazi – hatte sich für eine von ihm 1952 gegründete „Gesellschaft zur Förderung überkonfessioneller, überparteilicher und übernationaler Zusammenarbeit" die völlig zerstörte Burg Liebenzell als fürstlich ausgestattete Tagungsstätte aufbauen lassen. Die Landeszentrale für Politische Bildung lud uns ins Kurhaus in Bad Niedernau. Die SPD hatte eine etwas herbere Gewerkschaftsfortbildungsstätte zu bieten. Wir fühlten uns groß und wichtig und genossen unseren Status. Oft machten wir Nächte durch mit Rauchen, Trinken, Diskutieren und Skat spielen.

Prototypisch westdeutsch: Amerika-Austauschschüler

In den Sommerferien arbeitete ich bei einem Maler, um mir das nötige Geld für mein Intellektuellenimage mit Kino, Jazzkonzerten und Zigaretten zu verdienen. Ich hatte davor schon einmal auf dem Bau gearbeitet und gelernt, dass schwere manuelle Arbeit nichts für mich war. Darum landete ich beim Maler. Das war stupide, aber leichte Arbeit, meist in geschlossenen Räumen. Ein Mitschüler und ich mussten bei der Renovierung der Hindenburg-Kaserne in den freigeräumten Blocks die Wände und Röhren abschmirgeln und zum Streichen vorbereiten. Da erzählte mein Mitschüler, im *Schwäbischen Tagblatt,* der Tübinger Tageszeitung, werde dazu aufgerufen, sich für ein Stipendium für ein Jahr Schulbesuch in den USA zu bewerben. Veranstalter sei der American Field Service

(AFS). Er wolle da mitmachen. Das elektrisierte mich. Seitdem ich die beiden Fulbright-Stipendiaten aus Amerika kennengelernt hatte und ständig bei ihnen herumhing, war Amerika mein Traum. Noch am gleichen Abend überzeugte ich meine Mutter von meinen Amerikaplänen. Ich durfte mich bewerben.

Nach den Ferien wurde ich zum Interview ins Amerikahaus gebeten. Einer der gefürchtetsten, weil anspruchsvollsten Lehrer des Kepler-Gymnasiums, Dr. Dahms, saß im Auswahlausschuss. Mein Englisch war schlecht, meine Noten auch. Ich rechnete mir keine großen Chancen aus und bluffte darum unverdrossen drauf los, dass ich Kants „Kritik der reinen Vernunft" gelesen hätte. Dennoch wurde ich angenommen. Entscheidend war wohl mein Engagement außerhalb des Lehrplans, mein Theaterstück und meine Arbeit bei der Schülerzeitung und dass ich ein klares Interesse angegeben hatte: Journalismus. Das passte zu Amerika.

Irgendwann, nachdem wir viele Formulare und Fragebögen ausgefüllt hatten, kam die Nachricht, dass ich nach Clark, South Dakota, in die Familie Bert Moritz kommen würde. Im Amerikahaus fand ich einen Atlas, der für jeden Staat ein eigenes Kapitel hatte und daher groß genug war, um auch Clark, South Dakota, zu zeigen. Es war eine winzige Stadt mit 1400 Einwohnern im Nordosten des Staates Süd Dakota. Sie hatte ein nach ihr benanntes County um sich herum. Die Stadt war also Hauptstadt des Kreises. Der Staat Süd Dakota liegt unterhalb von Nord Dakota oben in der Mitte der USA. Im Atlas stand, der Staat sei von der Fläche so groß wie etwa die Bundesrepublik Deutschland, habe aber nur 500.000 Einwohner.

Ich war aufgeregt. Es war das ganz andere, das große Abenteuer. Es kamen Briefe aus Amerika, in denen die Gastfamilie schrieb, wie „anxious" sie seien, mich zu treffen. In meinem Wörterbuch wurde „anxious" mit ängstlich übersetzt. Sie meinten aber, wie aufgeregt auch sie seien.

Lehrer des Kepler-Gymnasiums, insbesondere der sadistische Französischlehrer Arno Tausch, kamen zu uns nach Hause und versuchten meine Mutter von dem Vorhaben abzubringen, mich nach

Amerika zu lassen. Ein Schüler war zwei Jahre zuvor „drüben" gewesen und war nach Meinung dieser Lehrer zurückgekommen als sichtlicher Vollidiot. Er trug in der Schule angeberisch die amerikanischen Footballjacken mit den riesigen Buchstaben seiner Schule drauf. Er sprach deutsch mit einem amerikanischen Akzent. Er war ein Versager im Englischunterricht. Und er war ein aufgeblasener Angeber – so jedenfalls sahen sie es. Er wurde mir als warnendes Beispiel vorgehalten. Sogar der Rektor des Kepler-Gymnasiums wandte alles auf, um meine Mutter umzustimmen. „Der arme Junge!", hieß es. Ich würde das Schuljahr sicher verlieren und in dem schrecklich schlechten amerikanischen Schulsystem alle akademischen Fähigkeiten und die Disziplin verlernen.

Meine Mutter kümmerte das nicht, obwohl sie tausend Mark, für uns eine Riesensumme, zu dem Aufenthalt beisteuern musste. Sie hatte aus den Briefen zusätzliches Vertrauen gewonnen. Ich würde in eine anständige, liebevolle Familie kommen und vor allem einen fürsorgenden Vater erleben. Ihre Hoffnung war, ich würde endlich die aus ihrer Sicht mir fehlende männlich-väterliche Prägung bekommen. Sie hielt stand.

An der Tatsache, dass ich erst der zweite Austauschschüler aus Tübingen war, und an dem immensen Widerstand dagegen, zeigt sich klar, dass ich auch mit diesem biografischen Abschnitt ein prototypischer Westdeutscher war. Wenige Jahre später war es eine Massenerscheinung und galt als selbstverständlicher anzustrebender Abschnitt einer westdeutschen Mittelklassenbiografie.

Reise nach Amerika

Im Sommer 1960 brachte mich meine Mutter nach Stuttgart zum Zug, wo sich drei andere Austauschschüler aus Württemberg einfanden. Unter der Aufsicht eines ehrenamtlichen älteren AFSlers (American Field Service) fuhren wir nach Rotterdam. Dort trafen wir auf weitere Austauschschüler aus ganz Europa, 200 davon aus Deutschland. Wir wurden mit Bussen zum Hafen gebracht und bestiegen ein Schiff mit dem Namen „Seven Seas". Es war ein uraltes Schiff: Zuerst Frachter, dann Flugzeugträger, dann Passagierschiff, dann Schulschiff für die „University of the Seven Seas", jetzt an den AFS ausgeliehen zum Transport der europäischen Schüler und Schülerinnen.

Wir hatten eine herrliche Zeit auf dem Schiff, bis wir in schweres Wetter gerieten, als wir das Wellenfeld eines Hurrikans durchquerten. Dann fuhren wir bei herrlichem Wetter und ruhiger See an der Freiheitsstatue vorbei und landeten an einer der vielen Anlegestellen im Hudson auf der Westseite der Halbinsel Manhattan. Damals waren die Flussufer Manhattans zu beiden Seiten gesäumt von unglaublich hässlichen Hafen- und Industrieanlagen. Die amerikanischen Zoll- und Einwanderungsbehörden behandelten uns wie Dreck, unfreundlich, feindselig und gelangweilt. Daran hat sich in all den Jahren nichts geändert.

Am Hafen standen Greyhound Busse, und wir wurden nach unseren Bestimmungsorten auf diese verteilt und fuhren tage- und nächtelang in völlig unterkühlten Bussen über wahnsinnig großzügige Autobahnen, von denen aus das Land immer gleich aussah.

Wir erreichten Minneapolis und ich wurde von einer sehr freundlichen Familie am Busbahnhof abgeholt. Der AFS-Begleiter erklärte, ich würde bis zum Wochenende bei dieser Familie untergebracht, weil meine Familie in Clark erst noch die Zeitung drucken und versenden müsste. Sie würden mich dann abholen.

Meine Interimsfamilie fuhr mit mir aus dem heruntergekommenen Zentrum von Minneapolis hinaus in die Vorstädte, deren Wachstum in diesen Jahren den Niedergang der Innenstädte einleitete. Wir hielten vor einem wunderschönen alleinstehenden Haus mit Doppelgarage direkt an einem See in grüner hügeliger Landschaft. Im Garten beim Steg war der Grill aufgebaut und ein köstliches Buffet. Ich aß meinen ersten Hamburger mit Gurken, Tomaten, Ketchup und Senf und fand ihn großartig. Dann schwammen wir im warmen, klaren Wasser. Am Steg lag wie selbstverständlich ein starkes Motorboot. Der Vater fragte mich, ob ich Wasserski fahren wollte. Ich sagte: „Ja, aber ich weiß nicht wie!" Da zeigten sie mir, wie man Wasserski fährt, und drehten mehrere Runden mit mir. Sofort war ich süchtig. Nachts träumte ich davon, wie ich über die Bugwellen sprang und fliegen konnte.

Es war alles unwirklich wie in einem besonders gelungenen Werbespot. Irgendwie war ich im Paradies gelandet. Alle waren unglaublich freundlich, die Mutter mit zuckersüßer Stimme und süßestem Lächeln. Ich wurde für alles, was ich tat, in höchsten Tönen gelobt und bewundert. Wenn das also das oberflächliche und falsche Amerika war, vor dem ich von den Lehrern und amerikakritischen Erwachsenen in Tübingen so sehr gewarnt worden war, würde ich es mir gerne gefallen lassen.

Beim Abendessen erklärte der Vater, sie würden demnächst umziehen. „Aber warum denn? Hier ist es doch perfekt!" Er fühlte sich geschmeichelt, erklärte mir aber, er sei Friseur und betreibe eine Kette von Läden und Friseurgeschäften. Das Geschäft laufe so gut, dass er sich ein besseres Haus in einer besseren Gegend leisten könne, und die Gelegenheit wolle er nutzen, um sich zu verbessern („*to improve our situation*"). Ich war sehr irritiert, denn ich hatte gesehen, wie herzlich sie mit den Nachbarn umgegangen waren, wie mit richtigen Freunden. Und die würden sie so einfach verlassen?

Diese Szene blieb mir im Kopf und lieferte mir Jahre später einen Schlüssel zum Verständnis Amerikas. Dieses Wegziehen wegen einer verbesserten Einkommenssituation war eine Massenerscheinung. Denn die meisten Amerikaner wohnten nicht in Miete, sondern in Häusern, die sie mit Grund und Boden gekauft und abbezahlt hatten. Ihr Erspartes steckte in der Immobilie. In Notsituationen konnten sie auf das Haus eine Hypothek aufnehmen und sich so gegen die Wechselfälle des Lebens absichern. Es war also nur rational, jede Gelegenheit zur Verbesserung der Situation zu nutzen und in eine bessere Gegend mit wertvolleren Immobilien zu ziehen.

Das hatte jedoch schwerwiegende gesellschaftliche Folgen. Der wachsende Wohlstand der Fünfzigerjahre zersplitterte die US-amerikanische Gesellschaft. Wer es sich leisten konnte, zog aus problematischen Vierteln weg hinaus in die Vorstädte. Zurück blieben die

Probleme und die Menschen mit zu wenig Geld. Die Viertel der einstigen Mittelschicht wurden zu Slums. In Minneapolis besichtigte ich später solche Slums und war erstaunt über die Häuser, sie glichen denen aus der Gründerzeit in Deutschland, mit Stuck und Simsen und Figuren.

Draußen in Suburbia entstanden vielfältig differenzierte Inseln der Gleichheit. Man wusste genau, welche Adresse welches Wohlstandsniveau signalisierte. Innerhalb jeder der Inseln herrschte das, was sich Benjamin Franklin als Utopie unter Amerika vorgestellt und was die Französische Revolution proklamiert hatte: Freiheit, Gleichheit, Brüderlichkeit. Amerikanische Kinder und Jugendliche wachsen in solchen Inseln der Gleichheit und Geborgenheit auf und lernen zu glauben, dies sei die Welt. Das erklärte ihren unglaublichen Optimismus, der aus europäischer Sicht an Naivität grenzte. Es erklärte die Großzügigkeit und Offenheit, die mich so überwältigte. Denn unter gleich Wohlhabenden gleicht sich alles aus, ist es kein Risiko, großzügig und offen zu sein.

All das ahnte ich damals noch nicht. Ich hatte jedoch einen perfekten Einblick in das zu jener Zeit neu entstehende Amerika der Suburbs erhalten. Es erschien mir unwirklich paradiesisch. „Amerika, du hast es besser", dieser berühmte Anfang eines Goethe-Gedichts hatte sich für mich überwältigend bestätigt. Nie zuvor hatte ich eine solche Atmosphäre des unbeschwerten, fröhlichen Genusses und Schwelgens in einem für mich unvorstellbaren Luxus erlebt. Da war keine Spur vom pietistischen, automatisch schlechten Gewissen nach jedem Genuss.

So war meine Amerikaerfahrung von Anfang an eine Befreiung! Es war, als ob man von meinem Leben einen bis dahin alles niederdrückenden Deckel genommen hätte. Ich blühte auf und wurde ein anderer Mensch. Ganz im Sinne des Humboldt'schen Verständnisses von Menschenbildung begann ich mein bestes Potenzial zu erahnen und zu verwirklichen.

Clark, South Dakota

Am Wochenende holte mich meine Gastfamilie. Es war ein weiter Weg nach Clark, beinahe 400 km. Wir fuhren auf einer schnurgeraden, zweispurigen Straße, dem Highway 212, Richtung Westen. Kurven wurden lange vorher angezeigt und in der meist rechtwinkeligen Kurve führte die alte Straße noch ein Stück weiter geradeaus für solche, die die Kurve verschlafen hatten. Auf beiden Seiten der Straße lagen Grünstreifen, die zusammen noch einmal so breit waren wie die Straße. Es erschien mir im Vergleich zu deutschen Straßen eine immense Verschwendung von Land.

Links und rechts unseres Highways lagen Farmen und Felder. Die Farmen waren oft überwältigend. Wie die Türme der Frauenkirche in München standen die hohen Getreidesilos neben riesigen, aus Holz gezimmerten, rot bemalten Scheunen. „American Cathedrals" nannte ich sie.

Clark vereinte alles, was eine typische Kleinstadt im Mittelwesten ausmacht. Die Straßen folgten dem Schachbrettmuster des Umlandes und bildeten es im Kleinen mit parallelen Verbindungs- und Querstraßen nach. Über das Stadtgebiet verteilt waren viele verschiedene Kirchen der unterschiedlichsten christlichen Konfessionen. Clark gehört zum „bible belt", dem stark religiösen Gebiet in den Agrarstaaten des Mittleren Westens.

Clark war in keiner Weise vergleichbar mit einem Dorf im Schwäbischen. In der Stadt wohnte kein einziger Bauer. Die lebten draußen auf ihren Farmen. In der Stadt wohnte das Servicepersonal: die Juristen, die Banker, die Angehörigen der Medizinberufe, die Lehrer, die Ladenbesitzer, die Geschäftsleute, die Vertreter der großen Agrarmaschinenfirmen, die Pfarrer, der Bäcker und der Zeitungsmacher, mein Gastvater.

Erste Annäherung

Bis zum Beginn des Schuljahrs gab es noch einige schöne freie Sommertage. Schon am ersten Abend gab es ein Problem. Von Tübingen war ich gewohnt, abends noch spazieren zu gehen, meist auf den Galgenberg südlich von Tübingen, um den Nachthimmel und die erleuchtete Stadt zu sehen. Ich wollte mit mir allein sein. Also ging ich auch hier einige Schritte zu der Stelle, wo die Bahnschienen die Straße querten, und folgte den Gleisen in die Dunkelheit. Sobald die Lichter der Straße verschwunden waren, meinte ich in ein Wunder geraten zu sein. Der nördliche Nachthimmel war voller rötlicher, lilaner und grünlicher Lichterscheinungen, die sich wie Seidenvorhänge im Wind wabernd bewegten. Dann hörte ich ein Geräusch vor mir und es begann schrecklich zu stinken. Gleichzeitig hörte ich in der Ferne meinen Namen rufen. Meine Gastfamilie suchte mich voller Sorge über mein plötzliches Verschwinden und sie waren froh, mich gefunden zu haben. Sie hatten befürchtet, dass es mir schlecht gehe. Als ich sie beruhigt und ihnen von meinen nächtlichen Spaziergängen in Tübingen erzählt hatte, baten sie mich, vorher Bescheid zu sagen. Dann würde jemand mitgehen. Was ich gesehen hätte, sei das Nordlicht gewesen, selten in dieser Jahreszeit. Und was ich gerochen hätte, sei ein Skunk gewesen, der sich wohl bedroht gefühlt habe. Ich könne von Glück sagen, dass er mich nicht bespritzt habe.

Schon am dritten Tag wurde mir nach einer kurzen Instruktion und einem Test eine Jagdlizenz ausgestellt, und gleich am vierten fuhren die Männer mit mir und meinem ältesten Gastbruder David auf Pickups hinaus zu den Maisfeldern. Dort wurden wir am Rand des Feldes verteilt. Auf ein Zeichen hin liefen wir mit viel Lärm los. Es war eine Treibjagd auf Fasanen. Unser Lärm sollte jedoch nicht die Vögel vor die Gewehre der Jäger auf der anderen Seite treiben, sondern sie vor unseren eigenen aufschrecken. Die Fasanen versteckten sich in Bodenmulden, bis man beinahe auf sie trat. Dann flogen sie panisch erschreckt mit viel Lärm auf und man konnte sie schießen. Der Lärm sollte sie früher zum Auffliegen bringen. Ich erlegte an diesem Tag zwei Fasanen, war sehr stolz darauf und fühlte mich sehr erwachsen. Während des Jahres und bei späteren Besuchen ging ich mit Begeisterung mit auf die Jagd und genoss das Gefühl der Macht und meine Zielgenauigkeit trotz meines Zitterns. Später war ich entsetzt über mich und sah das Ganze als einen großen Irrtum, als eine Verirrung. Doch ich wusste nun aus eigener Erfahrung, was Menschen am Schießen und Jagen faszinieren kann, was sie motiviert.

In diesen Tagen vor dem Schulbeginn wurde ich auf Partys zu meinem Willkommen herumgereicht. Es gab Buffets, Kaffee und Kuchen und keine Sitzgelegenheiten. Ich lernte schnell, in der linken Hand in der Handfläche einen Teller und zwischen Daumen und Zeigefinger eine Kaffeetasse auf dem Unterteller zu balancieren, mit der rechten Hand Hände zu schütteln und von dem Teller zu essen. Ich traf sehr viele alte Damen mit seltsamen Hüten und Poren voller Puder. Einmal ging ich zur Gastgeberin und leitete aus der Bezeichnung „hostess" für Gastgeberin das Wort für Gastfreundschaft ab und dankte ihr für ihre „hostility". Als ihr Gesicht vor Entsetzen und Unverständnis auseinanderfiel, fragte ich, was los sei. Nach und nach wurde mir klar, dass ich mich für ihre Feindseligkeit bedankt hatte. „Hospitality" wäre richtig gewesen.

Ich erfuhr, dass man in Clark Geld gesammelt hatte, um das Stipendium für mich zu finanzieren. Für das eine Jahr waren über 700 US-Dollar vom kleinsten Ort der USA, der an dem Programm teilnahm, aufgebracht worden. Besonders der Rotary Club hatte reichlich gespendet. Als ich hörte, dass es am Sonntag vor Schulbeginn eine große Parade, die „Homecoming Parade", geben würde mit Kapellen und Tanzgruppen und Präsentationen, schlug ich vor, dass ich bei dem Umzug mit einer eigenen „Float" mitmachen könnte: Ich besorgte mir ein Fahrrad, einen Lodenmantel und einen Hut und befestigte am Fahrrad links und rechts breite Spruchbänder, auf die ich den Text malte: „THANK YOU CLARK" auf der einen und „FOR INVITING ME" auf der anderen Seite. Damit fuhr ich in der Parade immer im Kreis, um dem Publikum beide Seiten zu präsentieren, und schwenkte meinen Hut zur Begrüßung und zum Dank. Auch damit machte ich einen guten Eindruck und kam auf die Titelseite der Zeitung. Dort war an viel prominenterer Stelle meine um ein Jahr ältere Gastschwester Jane abgebildet. Sie war die „Homecoming Queen", die von den Mitschülern gewählte schönste und beste Frau der Abschlussklasse.

Clark High

Mein Start in der Stadt war gut gelungen. Doch der Start in der Schule fiel mir schwer. Meist verstand ich nichts. Oder wenn ich ein Wort gut genug verstand, um zu ahnen, wie es geschrieben wurde – was im Englischen bekanntlich häufig Glückssache ist –, war ich Minuten damit beschäftigt, es nachzuschlagen und mir das Wort und seine Übersetzung in einer Kladde aufzuschreiben. Inzwischen war der Unterricht längst weitergegangen und ich schlug das nächste Wort nach, das ich genügend verstand, um auf seine Schreibweise schließen zu können. Es war sehr mühsam. Die Lehrer waren barmherzig und nahmen mich nicht dran.

Ich fühlte mich in dieser Zeit einsam und verlassen. Die erste Euphorie war verflogen. Bald fand ich die Nettigkeit und Begeisterung, mit der ich von allen behandelt und begrüßt worden war, unglaubwürdig. Gemessen an der von mir in Deutschland gewohnten Brummigkeit, musste ich ein Star sein, so wie die mich hier behandelten. Aber ich wusste, ich war keiner. Ich war desillusioniert. Das, was mich zuerst so begeistert hatte, erkannte ich nun als die berühmte amerikanische Oberflächlichkeit. Die große Unterstützung, die ich und alle Kinder und Jugendlichen um mich herum erfuhren, sah ich nach einiger Zeit mit meinen schwäbischen Augen als die typisch amerikanische Verwöhnerei, das „Verziehen" und „Verweichlichen" der Kinder, – meine von der Naziwelt geprägten Klischees gegen Amerika wurden aktiviert.

Ich schrieb recht enttäuschte und kritische Briefe nach Hause. Ich hatte Heimweh. Das Essen war so anders: Der Kaffee so dünn, das Brot so lappig und geschmacklos, die Kuchen so elendiglich süß, alles schmeckte so künstlich. Ich sehnte mich nach der deftigen schwäbischen Kost. Auch hatte ich niemanden, mit dem ich reden konnte, weil mein Englisch immer noch so schlecht war. Meine kleine Schwester Ann sagte bei Tisch: „I hate Germans!" *(Ich hasse Deutsche!)* Ihr Vater parierte sehr geschickt, indem er lachend sagte: „You are half German yourself, you dummy!" *(Du bist doch selbst halb deutsch, du Dummchen!)* Aber trotzdem, es war gesagt und ich fühlte mich fehl am Platz.

Was ich da erlebte, war prototypisch in einem weiten Sinn. Der Begriff dafür, was ich durchmachte, wurde im gleichen Jahr 1961 von Kalvero Oberg erfunden, als er über die typische Erfahrung von Austauschstudenten bei einem längeren Aufenthalt in einer fremden Kultur berichtete: Es war ein Kulturschock. Nach einer ersten Euphorie kommt die Entfremdung, in der man merkt, dass man doch ein Fremder ist. Die Eskalation ist die Phase des Heimwehs. Man verteufelt die Gastkultur und verherrlicht die Herkunftskultur. Ich steckte in der Eskalation.

In den ersten Wochen meiner Einsamkeit war ich entsetzt über das Niveau der Schule. Da gab es Hauswirtschaftskurse, Buchhaltung, Maschinenschreiben und Landwirtschaftskunde, sogar Fahrunterricht als Fach. In der „Solid Geometry" mussten wir Sätze auswendig lernen, die auch abgefragt wurden. Ich schrieb an den Rektor meines Gymnasiums, einen Gymnasialprofessor der Mathematik, wie sehr er doch recht gehabt habe mit seiner Einschätzung des Niveaus der amerikanischen Oberschule. Begeistert antwortete er und lobte mich für meine Einsicht.

Bald merkte ich, dass die auswendig gelernten Sätze die Axiome der Geometrie waren. Sie definierten Linie, Punkt, Fläche. Wir mussten sie auswendig lernen, weil wir aus ihnen die Beweise für die Berechnung zum Beispiel des Inhalts eines Tetraeders zusammensetzen mussten. Wenn es uns gelang, einen neuen Beweisweg zu finden, durften wir diesen an der Tafel der Klasse vorführen und wurden dafür sehr gelobt. Eigentlich, so begriff ich, lernten wir in diesem Unterricht wie Mathematik und Geometrie aufgebaut waren und wie sie funktionierten. Am deutschen naturwissenschaftlich-mathematischen Kepler-Gymnasium hatte ich Mathematik bis dahin immer gelernt wie Stricken: Formeln nachbeten, ohne sie je begriffen zu haben. Kurvendiskussionen handwerklich durchgezogen nach einem primitiven Algorithmus ohne je begriffen zu haben, was die erste Ableitung eigentlich bedeutet und abbildet.

Der Unterricht war streng, aber regte zunehmend meine Neugier an, forderte mich intellektuell heraus und war gleichzeitig so bestätigend und fördernd, dass ich ihm bald mit großer Begeisterung folgte. Ein weiterer großer Ansporn war, dass ich mit jedem Tag mit meinem Englisch besser vorankam. Ich las viel, schaute Fernsehen, ging ins Kino und schlug immer alles nach, was ich nicht verstand, und schrieb es mir auf. Nach etwa zwei Monaten hörte ich auf, das Deutsch-Englische Wörterbuch zu benutzen. Immer häufiger erschloss sich mir die Bedeutung der unbekannten Wörter aus dem Kontext oder ich schlug sie im „Webster's Dictionary" in der Schule nach. Ich hörte auf, innerlich zu übersetzen. Ich begriff Englisch auf Englisch. Es machte mir Spaß, schwierige und seltene Wörter aufzuschnappen und sie in meine Sätze einzubauen. Das verhalf mir in dem Fach „Journalism/Debate" zu großen Triumphen. In diesem Fach veranstaltete das Schulsystem Wettkämpfe zwischen den Schulen nach einem zentral festgelegten Debattenthema. Ich war wegen meiner umfangreichen Lektüre und meinen europäischen Erfahrungen gut und wurde immer besser. Einmal wurde ich zum „Superior Debator of the Meet" (*Überlegener Debattierer des Wettkampfs*) gekürt und bekam einen Pokal. Ich schwamm regelrecht auf einer Welle des Erfolgs und war überglücklich.

Meine Verwandlung

Dieser völlig andere Lehr- und Lernstil verwandelte mich. Aus einem gelangweilten und widerspenstigen Schüler, dessen größte Furcht es war, als „Streber" zu gelten, wurde ein interessierter, von der eigenen Neugier und Entdeckungslust motivierter Student. So wurde ich ja auch offiziell genannt: „Student". Im ersten vierteljährlichen Zeugnis hatte ich durchweg die besten Noten A und B und erreichte damit die „Honor-Roll". Die Namen derjenigen, die es darauf geschafft hatten, wurden in der Zeitung veröffentlicht. Bald korrigierte ich mein gesamtes Bild von Clark High und dem amerikanischen Highschoolsystem insgesamt. Ich hatte die Schule immer mit meinem Tübinger Gymnasium verglichen. Doch das war völlig abwegig. In der Study Hall saß vor mir ein Junge von einer Farm, der im Sport sehr gut war, aber keinerlei akademischen Ehrgeiz zeigte. Er, einziger Sohn des Farmers, würde einmal die väterliche Farm übernehmen. Das war klar. Sein Hauptfach war „Agriculture", in dem er in den vier Jahren Highschool das ganze notwendige theoretische, rechtliche und ökonomische Wissen vermittelt bekam, das er für seine Zukunft brauchte. In der Reihe neben mir saß ein Mädchen, die Tochter des Lebensmittelhändlers auf der „Main Street". Auch sie hatte keinen akademischen Ehrgeiz und belegte neben den Pflichtkursen vor allem „Home Economics". Clark High wurde von allen Kindern besucht, die in Clark und auf den Farmen drum herum aufwuchsen.

Der grundlegende Unterschied zwischen dem deutschen und dem amerikanischen Bildungssystem war: Das amerikanische Bildungssystem war inklusiv, das deutsche exklusiv. Laut Daten der UNESCO schlossen 1961, dem Jahr, in dem ich an der Clark High graduierte, in den USA 64 Prozent eines Jahrgangs 12 Jahre Highschool ab. In Deutschland schlossen 6 Prozent eines Jahrgangs die 13 Jahre Gymnasium ab. In Deutschland studierten 3 Prozent eines Jahrgangs und 1,5 Prozent schlossen das Hochschulstudium ab. In den USA begannen 38 Prozent ein Hochschulstudium und 16 Prozent schlossen mit einem ersten Hochschulexamen ab, 6 Prozent mit einem postgradualen Abschluss. Man kam nicht darum herum, anzuerkennen, dass der durchschnittliche Amerikaner besser gebildet war als der durchschnittliche Deutsche. Das widersprach allem, was ich in Deutschland über die kulturlosen Amerikaner gelernt hatte.

Ich war in Deutschland einem großen Irrtum über das US-amerikanische Bildungssystem aufgesessen. Er war Resultat der deutschen Bildungshybris, der völlig verfehlten Vorstellung von der deutschen kulturellen Überlegenheit über die Amerikaner. Die mag es für die Eliten zeitweise gegeben haben. Doch nie für die allgemeine Bevölkerung.

Sunday School

Sonntag früh sagte meine Gastmutter. "Now you go to Sunday School!" *(Jetzt gehst du in die Sonntagschule!)* Ich antwortete mit Bestimmtheit, denn mit Kirche war ich seit der Konfirmation durch: "I have been to Sunday School and I shall not go again!" *(Ich bin in der Sonntagsschule gewesen und ich werde nicht nochmal dahingehen!)* Sie: "You go!" *(Du gehst!)* Und ich ging. Und ich hatte viel Spaß und Freude daran.

Sonntags verbrachte ich ab da mehrere Stunden in der Kirche. Zuerst Sunday School für die noch Schulpflichtigen, dann der Gottesdienst. Der war immer sehr gut besucht. Alt und jung, Männer und Frauen, alle waren sie da. Für die Mütter mit kleinen Kindern gab es auf der Empore einen abgeschlossen Schreiraum hinter einem großen Fenster. Einen gleichen Raum hatte man an der Seitenempore für die Raucher eingerichtet. Die Predigten waren spannend und unterhaltsam. Es wurde viel gelacht. Der Kirchenchor, in dem ich bald mit meinen älteren Geschwistern Mitglied war, sang mehrstimmige Choräle. Dazu mussten wir einmal in der Woche abends für zwei Stunden zur Chorprobe. Nach dem Gottesdienst und häufig in der Woche gab es aus mancherlei Anlässen wie Taufen, Beerdigungen, Jubiläen, Hochzeiten etc. Empfänge im Tiefgeschoss der Kirche mit Essen und Trinken, Reden und Tanz. Die Kirchenjugend der Sunday School unternahm selbstständig oder mit dem Pfarrer Ausflüge übers Wochenende oder länger. Es entwickelte sich zwischen uns eine richtige Kameradschaft. Das soziale Leben der Familien fand in und mit der Kirche statt. Dort trafen wir Leute aus anderen Zusammenhängen, Farmer, Pflegekräfte, Handwerker, Banker und Händler.

Während meines Aufenthaltes in Clark besuchte ich alle Kirchen der Stadt und der Umgebung, meist um dort eine Rede zu halten, häufig auch, um an ihrem Gottesdienst teilzunehmen. Die Sponsoren meines Stipendiums verstanden das als Auftrag der interkulturellen Verständigung im Sinne des AFS. Es war eine hochinteressante Erfahrung. Innerhalb der protestantischen Kirchen gab es gigantische Unterschiede in der Liturgie, in der Art zu beten und zu predigen, als ob es völlig verschiedene Religionen wären. Es reichte von dem nüchternen Protestantismus zwinglischer Prägung in der Congregational Church bis hin zum ekstatischen Reden in Zungen und Singen von Bekenntnissen und Heilungen in der Assembly of God Church, einer pfingstlerischen Kirche.

Als ich besser Englisch sprach, fragte mich der Pfarrer, ob ich nicht mal die Predigt im Erwachsenengottesdienst halten wolle. Ich sagte, ich müsse nachdenken. Dann ging ich zu ihm und sagte: „Bob, ich habe ein Problem mit der Predigt!" Er antwortete: „Was ist es? Sag's mir." Ich zögerte und kam dann heraus mit meinem Geständnis, von dem ich annahm, dass es mich hier im „bible belt" aus der Gemeinschaft ausschließen würde: „Ich glaube nicht an Gott." Darauf sagte er zu meinem großen Erstaunen und zu meiner noch größeren Erleichterung: „Wolf, das ist kein Problem. Hier geht es nicht um Gott, sondern um die Menschheit *(humanity)!* Du wirst in drei Wochen die Predigt halten." Und so hielt ich eine Predigt bei ihm und noch eine in der Nachbargemeinde über die wohltätige Wirkung von Religion in der Geschichte der Menschheit.

Dieser erstaunliche Pfarrer war Teil eines internationalen kirchlichen Radionetzwerkes und hatte in der Arbeit dafür schon die ganze Welt bereist, hatte Programme in Afrika und Asien gemacht. Mit mir nahm er für eine internationale Weihnachtssendung ein Programm in einer Indianerreservation auf, in dem zwischen erläuternden Texten Bobs abwechselnd ich deutsche Weihnachtslieder („Oh Tannenbaum") und die Schüler der Sioux ihre Lieder sangen. Er hatte viele Kulturen kennengelernt und war dabei nicht missionarisch und chauvinistisch geworden (was sonst häufig der Fall ist), sondern hatte seine Erfahrungen zu einer gewährenden, liebevollen Distanz verarbeitet, die ich als wahre Toleranz schätzen lernte. Er machte mir eine neue Annäherung an das Christentum möglich, und zwar als Agnostiker, der sich aus der Frage, ob es einen Gott gibt oder nicht, heraushält und das Christentum als weltlichen, humanistischen Auftrag versteht.

Dad

Das Beste, was mir in Amerika passieren konnte, war Dad. Meine deutsche Mutter meinte, ich müsse ein Defizit haben, weil ich ohne männliche Bezugsperson, ohne Vater, aufgewachsen war. Dad sollte das Defizit kompensieren. Wenn das vorhanden war, was ich sehr bezweifelte, und wenn es möglich war, ein solches frühkindliches Defizit später zu kompensieren, hat er das Beste dazu geleistet.

Dad begriff die Teilnahme an dem Stipendienprogramm des AFS als ein weltpolitisches Projekt nicht nur für die Familie, sondern für den ganzen Ort. In der Woche vor meiner Ankunft hatte er in einem Editorial geschrieben:

"It is a rare opportunity for the people of Clark county to have a part in international relations. All we need do is to be friendly and helpful – this is the story we want to get across." *(Es ist eine seltene Chance für die Einwohner des Kreises Clark sich an internationalen Beziehungen zu beteiligen. Alles, was wir tun müssen, ist freundlich und hilfsbereit zu sein – das ist die Botschaft, die wir vermitteln wollen.)*

Er nahm seine selbst gesetzte Aufgabe sehr ernst. Er machte mich mit allen wichtigen und spannenden Leuten in der Stadt bekannt. Er kannte alle, weil er immer und überall mit allen Leuten redete. Selbst als er uns später in Europa besuchte, fing er in allen Ländern, die wir besuchten, mit den Leuten Gespräche an, obwohl er ihre Sprache nicht kannte. Und es funktionierte. Er konnte sich verständlich machen. Er nannte es „visiting" (*besuchen*).

Dad war ein Republikaner im Geist der Gründer der Partei. Sie verstanden die amerikanische Verfassung als das Versprechen der Freiheit für alle Menschen, auch die Schwarzen, und gründeten darum eine Partei gegen die Sklaverei. Für Dad war es das Höchste, die traditionelle amerikanische Freiheit zu verteidigen. In seinem Verständnis bestand sie darin, dass die Menschen ihr Überleben aus eigener Kraft und Anstrengung organisierten und nach ihren eigenen Vorstellungen gestalteten. Die Grundeinheit war die Township, in der alle Menschen als Gleiche und Gleichwertige die gemeinsamen Angelegenheiten demokratisch entschieden. Übergeordnete staatliche Einheiten sollten sich daraus, so weit wie möglich, heraushalten. Kennedy mit seinen sozialstaatlichen Plänen war für Dad eine Bedrohung dieser Freiheit.

Sein Standpunkt war: Man musste in Amerika den gesegneten Zustand bewahren, dass jeder für sich selber sorgen, sich auf seine Fähigkeiten verlassen konnte und mit ihrer Hilfe sein Leben nach eigenen Vorstellungen gestaltete. So verstandene Freiheit war für ihn das, was Amerika ausmachte.

Viel später erst habe ich begriffen, dass er damit den Kern der amerikanischen Identität repräsentierte. Ich bemerkte diesen zentralen Unterschied zwischen Europa und den USA erst, als ich viele Male dort gewesen war. Es ging um den Begriff der Freiheit. In Deutschland wurde sie vom Staat garantiert und gesichert. In Amerika war sie die Fähigkeit zur „Selfreliance", das sich auf sich selbst verlassen können ohne den Staat. Als ich das verstanden hatte, konnte ich ihn überall sehen, diesen in Körpersprache und Gesichtsausdruck sichtbar werdenden Stolz, selbst zurechtgekommen zu sein. Diesen Stolz, dieses Selbstbewusstsein traf man in allen Schichten und in allen Ethnien an. Es war keine Schande zu stürzen. Es war eine Schande, nicht wieder aufzustehen und für seine Selbstständigkeit zu kämpfen. Das war der amerikanische Geist. Er hob die Amerikaner über die europäische Klassengesellschaft hinaus, machte sie gleichwertig und gleich jenseits aller Unterschiede. Dad war dafür ein Musterexemplar.

Ich bewunderte Kennedy. Darin wurde ich von einer sehr gebildeten Frau, Margret Willen, bestärkt, die mich sozusagen adoptierte. Sie war die universitär ausgebildete Krankenschwester und Frau des einzigen Arztes in Clark. Er war Jude, was ich erst nach seinem frühen Tod erfuhr und sich in unserem Verhältnis nicht bemerkbar machte. Sie war eine „Southern Belle", eine Schönheit aus South Carolina, christlich, liberal im amerikanischen Sinne, sehr belesen und selbstbewusst. Sie hatten sich beim Medizinstudium (er zum Arzt, sie zur „Nurse") in New York kennengelernt. Clark suchte einen Arzt und eine Krankenschwester und sie ließen sich in dem kleinen Ort nieder. Sie gründeten ein Pflegeheim, das sie leitete. Sie hatte drei Töchter und zwei Söhne und ein Haus direkt gegenüber der Schule. Fast jeden Tag nach der Schule ging ich dorthin in ihre Küche, wo ich rauchen durfte, und redete mit ihr über Gott und die Welt. Sie war Teil eines Kreises von liberalen, aufgeschlossenen Intellektuellen, die sich regelmäßig gegenseitig zum Grillen und zum Abendessen trafen und mich häufig dazu einluden. Ihre eher sozialdemokratischen Argumente waren mir aus Deutschland wohlvertraut. Ein enger Freund der Familie und späterer Präsidentschaftskandidat, George McGovern, war Sonderberater für John F. Kennedy. Meine Fördererin schickte ihm einige meiner wöchentlichen Kolumnen, die ich bald für den County Courier schrieb, in denen ich die Propagandaschlachten der immer noch aktiven McCarthy-Kommunistenjäger kritisierte. Daraufhin erhielt ich Post aus dem Weißen Haus mit anerkennenden Worten McGoverns und einem von Kennedy handsignierten Exemplar seines Buches „Profiles of Courage".

Clark County Courier

Auch aus ganz anderen Gründen war er meine Hoffnung. Ich wollte Journalist werden. Und Dad betrieb eine Zeitung. Ich erhoffte mir, dass ich bei ihm das Zeitungshandwerk von der Pike auf lernen, dass ich in ihm einen Förderer finden würde. Und diese Hoffnung erfüllte sich.

Ich durfte von Anfang an bei der Zeitung mitarbeiten. Sie wurde noch mit großen Bleibuchstaben per Hand für die Überschriften und Linotype-Setzmaschinen für die Texte in Holzrahmen gesetzt und mit Holz- und Metallkeilen fixiert, Seite für Seite. Ich lernte die Überschriften in einem Setzrahmen zu setzen. Lernte, wie man die Seiten mit den Keilen stabil macht, wie man die von einer Firma in Watertown, der nächsten großen Stadt, hergestellten Druckplatten mit Werbung oder Fotografien einfügt, wie man Probe- und Korrekturabzüge zieht, wie man die große Druckerpresse mit Papier füttert. Dad war unglaublich geduldig mit mir, ließ mich ausprobieren, duldete meine Fehler und lachte dabei. An die Linotype-Setzmaschinen durfte ich allerdings nicht. Das war zu gefährlich, denn da wurden mit einer zur Flüssigkeit erhitzten Bleilegierung die Zeilen der Texte in die vorher getippten Gussformen gegossen. Sonst durfte ich alles. Ich fuhr mit ihm hinaus zu seinen Reportagen, machte mit der großen Kamera mit Wechselplatten und großen Magnesium-Blitzlichtern Aufnahmen. Es war ein Fest des Lernens, wie ein kleines Volontariat. Schon nach einem Monat schlug Dad mir vor, ich solle doch eine Kolumne schreiben. Wir einigten uns auf den Titel: „Andere Völker, andere Sitten." Mit in Fraktur gesetzter Überschrift erschien die erste Kolumne am 29. September 1960. Ich schrieb sie mit wenigen Unterbrechungen bis 1968. Ende Dezember und noch einmal im Frühjahr meines Austauschjahres durfte ich die Titelseite der Zeitung in deutscher Aufmachung setzen mit Überschriften, die über mehrere Spalten gingen und einem jeweils abgeschlossenen Text auf der Titelseite ohne Verweise auf Fortsetzungstexte im Innenteil.

Der *Clark County Courier* – den es heute noch gibt – ist eine seltsame, für das ländliche Amerika typische Zeitung. Sie erscheint wöchentlich und folgt dem Prinzip, dass jeder Leser mindestens einmal im Jahr in der Zeitung vorkommen muss. Darum wurde über jede Township im Kreis ausführlich berichtet mit Nachrichten wie dieser: "Mrs. and Mr. Paul Graff were visited by their uncle Joe Winter and his wife Gracy from Omaha over the weekend. They attended services together and served a barbeque for their visitors and friends." *(Frau und Herr Paul Graff wurden über das Wochenende von ihrem Onkel Joe Winter und seiner Frau Gracy aus Omaha besucht. Sie besuchten gemeinsam den Gottesdienst und grillten zusammen mit ihrem Besuch und Freunden.)* Auf diese Weise waren der Absatz des Blattes und damit auch die Werbeeinnahmen gesichert, denn die lokalen Geschäftsleute konnten praktisch alle Einwohner des Kreises über diese wöchentlich erscheinende Zeitung erreichen.

Ich liebte es, in die Druckerei zu gehen. Ich wurde dort wie ein Erwachsener behandelt und bekam wichtige Aufgaben zugewiesen. Es roch nach Druckerschwärze, frischem Papier, dem flüssigen Metall der Linotypes, Putzmittel und nach Dads Pall Mall Zigaretten. Er legte sie überall angezündet ab, wenn er beide Hände brauchte und sie kokelten vor sich hin und brannten dunkle Streifen in die Holztische. Es war kreuzgefährlich, aber gemütlich und es ist nie etwas passiert. Die Leute waren sehr freundlich und trieben kameradschaftlich ihren Spott mit mir: "Just kidding!" *(Nur eine Veräppelung!)* war die entschuldigende Erklärung, wenn sie zu weit gegangen waren.

In den Kolumnen erklärte ich meinen amerikanischen Lesern Deutschland. Dabei entwickelte ich eine eigene Art Ethnologie der Plausibilität. So erklärte ich etwa aus den unterschiedlichen Fenstern in USA und Deutschland wesentliche gesellschaftliche Unterschiede. In Amerika, wo guillotinenhafte Schiebefenster mit Mückengittern davor vorherrschen, kann ein nachbarschaftlicher Verkehr nicht von Fenster zu Fenster erfolgen, wie damals zumindest im Schwäbischen üblich. Man muss sich entweder draußen auf dem immer gleichmäßig kurz gehaltenen Rasen unterhalten, oder man muss sich in den Wohnungen besuchen im nachbarschaftlichen „just dropping in", den unangekündigten Schnellbesuchen. Dadurch entstanden viel engere und intimere nachbarschaftliche Beziehungen als in Deutschland.

Vorträge

In der Weihnachtsausgabe des *Courier* von 1960 hatte Dad angekündigt, dass man bei ihm mit Beginn des neuen Jahres kostenlose Vortragstermine mit mir buchen könne. Meinen ersten Vortrag vor dem Rotary Club, dem wichtigsten Finanzier meines Aufenthalts in Clark, bereitete ich in höchster Aufregung und schlimmem Lampenfieber so sorgfältig vor, dass ich alles falsch machte. Stotternd und unsicher las ich einen vorbereiteten Text ab mit komplizierten hochtrabenden Formulierungen, keine Rede, sondern einen Aufsatz. Die Zuhörer waren gelangweilt und ungeduldig.

Ich lernte daraus und hielt von da an alle Vorträge frei, erlaubte mir Fehler und Hänger, benutzte aus Tübingen mitgebrachte Dias als Stütze und Gliederung und war immens erfolgreich damit. Ich hielt in dem halben Jahr 51 von Dad vermittelte und mindestens 15 vom AFS oder der Schule organisierte Vorträge. Dabei sammelte ich mehr Spenden, als die Stadt für mein Stipendium aufgebracht hatte, finanzierte also den nächsten AFS-Schüler.

Ich sprach vor den unterschiedlichsten Menschen, aus den unterschiedlichsten Anlässen, an den unterschiedlichsten Orten, in Schulen, in vielen Kirchen aller möglichen Denominationen, in Stadtversammlungen, Turnhallen, bei allen Lions und Rotary Clubs im nordöstlichen Süd Dakota, in Kindergärten, Altenheimen, bei Versammlungen der Townships, vor Bauernvereinen. Ich lernte meine Rede auf den jeweiligen Anlass und das jeweilige Publikum hin zuzuschneiden. Vor Farmern, die nach einem schweren Arbeitstag zu meinem Vortrag kamen, musste ich mich besonders anstrengen, um sie am Einschlafen zu hindern. Wenn ich bei einem die Augenlider sinken sah, erhob ich meine Stimme oder senkte sie zu einem Flüstern. Meist gewann ich den Kampf gegen die Müdigkeit. Es war schwere Arbeit. Jedes Mal hatte ich Lampenfieber, eine Gewöhnung setzte nicht ein. Aber dadurch war ich aufmerksam und gut und meist waren die Leute begeistert. Nach dem Lichtbildervortrag durften sie Fragen stellen. Das dauerte oft länger als der Vortrag. Ich bekam die verrücktesten Fragen gestellt, die zeigten, wie wenig die Menschen in Süd Dakota von der Welt wussten: Ob es in Deutschland Elektrizität gäbe? Ob wir noch einen Kaiser hätten? Ob wir tatsächlich immer nur Kraut äßen? Ob ich die Frau Soundso kennen würde, die in Deutschland wohne? Manchmal wurde ich gebeten, deutsche Lieder vorzusingen. Nach den Reden war ich umlagert von Leuten, die mir persönlich gratulieren und danken oder mich zu sich nach Hause einladen wollten. Einmal sagte ein Farmer, Jesus erscheine regelmäßig ihm und seiner Frau und seinem Sohn. Ich solle doch fürs Wochenende zu ihnen kommen und mir auch Jesus erscheinen lassen. Mit Erlaubnis meiner Gasteltern ging ich darauf ein und verbrachte ein grauenhaft düsteres Wochenende, das mich an meine Besuche bei den Pietisten auf der Schwäbischen Alb erinnerte. Von Jesus sah ich nichts.

Einmal war ich zu einer Konferenz der Rotary Clubs der Staaten Minnesota, South Dakota und North Dakota eingeladen, um über Deutschland zu reden. Vor meinem Vortrag sangen sie stehend die Nationalhymne mit der Hand auf dem Herzen und sprachen im Chor den Schwur auf die Flagge: "I swear Allegiane to the Flag." In meiner Rede ging ich darauf ein und sagte, dass man so etwas in Deutschland nicht mehr erleben könne. Seit Hitler habe der Nationalismus in Deutschland ausgedient. Und das sei auch gut so. Denn der Nationalismus habe unendliches Leid über die Welt gebracht, den Ersten und Zweiten Weltkrieg mit all den Gräueln und Millionen Toten. Deutschland habe sich so ziemlich mit der Spaltung in DDR und BRD abgefunden. Es sei klar, dass die Siegermächte keine Wiedervereinigung in einem neutralen Deutschland zulassen würden. Die Blockkonfrontation mache das schlicht unmöglich. Dafür bekam ich „standing ovations".

Dabei hatte ich mich gründlich geirrt! Der amerikanische Nationalismus ist mit dem europäischen nicht zu vergleichen. In Europa ist der Nationalismus seit seiner Mobilisierung gegen Napoleon eine völkische, ethnische, auf die Befreiung oder Einigung der Angehörigen eines „Volkes" gegen andere „Völker" ausgerichtete, verhängnisvolle Ideologie. Amerika würde auseinanderfliegen, wenn sich dort ein ethnischer Nationalismus breit machen würde. Die große Vielfalt der Menschen aus aller Welt, die in Amerika leben und dorthin eingewandert sind, macht aber eine einigende Symbolik mit entsprechenden Ritualen unverzichtbar. Der amerikanische Nationalismus, den ich täglich erlebte, hatte eine ganz andere Funktion als der europäische. Er war nicht ethnisch spaltend, sondern ein vereinigender Verfassungspatriotismus – aber mit einer Leidenschaft wie die schlimmsten europäischen Chauvinismen.

Driving around

In Clark gab es eigentlich abends nichts zu tun als fernzusehen und gelegentlich ins Kino zu gehen. Um aus dieser Eintönigkeit zu flüchten, trafen sich die Jugendlichen beiderlei Geschlechts abends mit den Autos (beinahe alle „high school seniors" hatten eines) und fuhren durch die wenigen Straßen die immer gleichen Runden um die immer gleichen Häuserkarrees. „Driving around" nannte man das.

Dabei war es unvermeidlich, dass man sich ständig begegnete. Man machte auf cool und hielt an, um sich von Auto zu Auto zu unterhalten. Die meisten Jungen und Mädchen gingen „steady", das heißt sie waren ein offiziell deklariertes Paar, hatten die Schulringe getauscht und waren damit vergeben. Sie saßen in den riesigen Straßenkreuzern der damaligen Zeit mit den durchgehenden Vorderbänken grotesk eng zusammengerückt auf der linken Seite. Oder sie fuhren in die paar dunklen Ecken zum „parking". Es gab im Kirchenjugendkreis lange Diskussionen, was beim „parking" zulässig war, nur „necking" *(küssen)* oder auch „petting" *(streicheln)* oder gar „heavy petting".

Mit mir, der ich ja nur ein Jahr da war, wollte keines der Mädchen etwas anfangen. Bei den „dances" in der Turnhalle saßen die Mädchen auf der einen Seite der „bleachers" *(Zuschauerbänke)* und die Jungen hingen auf der anderen Seite herum. Man beäugte sich und es dauerte ewig, bis das Tanzen in Gang kam. Ich war als Tänzer nicht richtig begehrt, weil ich gerade die Tanzstunde hinter mir hatte und immer wieder in die erlernten Standardtänze verfiel, obwohl eigentlich nur Rock'n Roll gespielt wurde mit athletischen Schleuderfiguren. Mir war das recht. Ich gab vor, in Deutschland warte ein Mädchen auf mich. Dadurch blieben mir die Komplikationen des „dating" mit den mir unbekannten Ritualen und mög-

lichen Eifersüchteleien erspart. Auch passte es zu meiner Angst vor
Frauen.

Wir wenigen, übrig gebliebenen Junggesellen taten uns zusammen und fuhren je zu viert um die Blocks und schauten neidisch auf die Autos mit Pärchen. Während sich die beiden auf der Vorderbank über Mädchen unterhielten, saß ich mit dem Sohn der Arztfrau auf der Hinterbank des Autos und diskutierte mit ihm über Kosmologie, ob das Universum sich ständig ausdehnen oder pulsieren würde.

Das andere Amerika

Nach einer Runde hoch emotionaler Abschiedspartys brachte mich die ganze Familie auf der gleichen schnurgeraden Straße wieder zurück nach Minneapolis. Dort wartete ein Greyhound Bus. 23 AFSler aus den umliegenden Staaten fuhren los zu einer dreiwöchigen Rundfahrt durch die nordöstlichen USA. In jedem Ort, in dem wir ankamen, wartete eine muntere Schar von Erwachsenen und Jugendlichen auf uns. Es waren die Mitglieder des lokalen AFS-Chapters. Das waren die ehemaligen AFS-Austauschschüler und ihre Familien und Freunde aus dem Ort, die in einer Art Verein organisiert waren. Sie klatschten Beifall, während wir den Bus verließen. Nach Willkommensreden wurden wir auf Familien aus dem AFS-Chapter verteilt, die uns zu ihren Häusern brachten. Jeden Abend gab es eine Party mit Buffet, Aufführungen, Tanz und immer ohne Alkohol.

Ich lernte bei dieser Reise ein völlig anderes Amerika kennen. Es war das reiche Amerika. Die lokalen AFS-Chapters bestanden meist aus sehr wohlsituierten Damen aus den reichen Suburbs. Die meisten besaßen wunderschöne Villen mit einer Unzahl von Schlafzimmern und Bädern (die Anzahl der Bäder ist ein übliches amerikanisches Maß, um die Größe eines Hauses anzugeben) und einem Swimmingpool. Die Familien, in denen ich untergebracht war, erwiesen sich als weltoffene, tolerante und liberale Kennedy-Anhänger. Sie waren äußerst freundlich und großzügig, nie gönnerhaft. Sie verhielten sich in einem sehr amerikanischen Geist der Gleichheit und Brüderlichkeit und forderten uns schon gleich beim ersten Kontakt auf, sie mit dem Vornamen anzusprechen. Sie zeigten sich sehr interessiert an unseren Erfahrungen und Ansichten über die USA und unser Herkunftsland. Nie trafen wir auf Snobismus, aber es war klar, dass sie einer kultivierten Sonderwelt mit Privatschulen und exklusiven Countryclubs angehörten und Schwarze höchstens als Bedienstete kannten. Aber sie beherrschten die Symbolik der Gleichheit perfekt.

Zum Ende der Reise kamen alle Busse in der University of Massachusetts in Amherst zusammen. Es waren über zweitausend Schülerinnen und Schüler aus aller Welt. Wir waren in den „Dormitories" der Studierenden untergebracht. Ich staunte über den erbarmungswürdigen Standard dieser Studentenbuden. Es waren Mehrbettzimmer mit mindestens zwei, oft vier Betten in Häusern in billigster und einfachster Bauweise. Innen waren die rohen Wände oberflächlich weiß übertüncht. An der Decke hingen schlecht verfugte, abgehängte Plastikdecken. Deutsche Jugendherbergen oder Berghütten hatten einen höheren ästhetischen Standard als diese Studentenzimmer. Hier war alles kühl, kahl, abweisend, asketisch. Und die Studierenden hatten Residenzpflicht. Sie konnten sich nicht irgendwo in der Stadt ein kuscheliges Appartement mieten. Auch wenn sie noch so reich waren, mussten sie in dieser protestantischen Kargheit leben.

Von Massachusetts wurden wir in Bussen nach Washington D.C. in den Rosengarten des Weißen Hauses gebracht. Dort sprach John F. Kennedy zu uns. Er sagte, er sei sich sicher, dass ein zukünftiger Präsident der Vereinigten Staaten mit einem oder einer von uns als „head of state" verhandeln werde. Darum sei es wichtig, dass die USA einen guten Eindruck auf uns gemacht hätten. Mit brausendem Beifall (johlen war damals noch nicht üblich) bestätigten wir ihm dies.

Kulturschock Rückkehr

Dann wurden wir von einem abseitig gelegenen Flugplatz in einer Propellermaschine mit Zwischenlandung auf Neufundland nach Frankfurt am Main geflogen. Es war mein erster Flug. Ich fühlte mich großartig und wichtig. Während des Fluges sprachen wir die ganze Zeit englisch miteinander, obwohl wir alle Deutsche waren. Wir konnten kein Deutsch mehr. Wir lachten uns kaputt, wenn wir es zu sprechen versuchten. Es wirkte so unelegant und unbeholfen.

Als ich in Frankfurt aus dem Flugzeug kommend meine Mutter und meine Frankfurter Lieblingstante umarmte, wurde mir klar: Kein Deutsch zu können, war nicht witzig, sondern eine Katastrophe. Mir fielen nur englische Worte ein, und weil ich schon vor Monaten das innerliche Übersetzen aufgegeben hatte, kannte ich die deutschen Äquivalente zu den englischen Wörtern nicht. Es war zum Verzweifeln. Und es war peinlich, weil ich wusste, dass es als affektierte Arroganz eines schnöseligen Angebers erscheinen musste, so wie mir der vorherige AFS-Schüler am Kepler-Gymnasium mit seinem amerikanischen Akzent erschienen war.

Man verlernt seine Muttersprache genauso wenig wie das Fahrradfahren. Zwei Tage lang waren meine Mutter und ich zu Gast bei unseren Frankfurter Verwandten in ihrer Villa mit großem Garten. Er war Fabrikant und reich. Ich stotterte herum, musste das Wörterbuch zu Hilfe nehmen wie am Anfang in Amerika. Das wenige, was ich sagen konnte, kam heraus mit einem starken amerikanischen Akzent. Alle schauten mich mit großen, entsetzten Augen an wie ein Monster aus einer fremden Welt – und schwiegen.

Dann kamen wir auf dem Tübinger Bahnhof an und meine Großmutter stand da und nahm mich in die Arme. Von dem Moment an ging es. Ich konnte immer noch kein Deutsch, dafür aber fließend Schwäbisch, ohne Stocken und Wortsuche. Ich war unendlich erleichtert, meine Mutter ebenso.

In Amerika hatte ich mich gefühlt, als ob ich in meiner Zeit davor in einer Kiste mit geschlossenem Deckel gefangen gewesen und in Amerika nun dieser Deckel abgesprengt worden wäre. Ich fühlte mich befreit. Wieder zurück in Tübingen merkte ich, wie nach und nach der Deckel wieder zuging.

An Amerika und meinen Erfahrungen mit diesem Land war kaum jemand interessiert. Bald hieß es: „Ach hör doch endlich mit deim ewiga Amerika uff!" *(Hör doch mit deinem ewigen Amerika auf!)*

In der Vorbesprechung zur Wiedereinschulung am Kepler-Gymnasium fragte niemand, welche Fächer ich in Amerika gehabt und was ich gelernt hatte. Für sie war klar, Amerika taugte nichts. Sie würden sich von mir nicht eines Besseren belehren lassen. Der Rektor, Wilhelm Schweizer, meinte, ich müsse ein Jahr zurückgestuft werden. Ich hielt dagegen, ich sei vom AFS informiert worden, dass ich das Recht auf eine Aufnahmeprüfung hätte. Er antwortete: „Wagner, da haben Sie keine Chance! Da werden Sie durchfallen, und wenn nicht da, dann spätestens im Abitur!"

Er hatte durchaus berechtigte Gründe für diese Aussage, denn meine Leistungen waren vor Amerika immer knapp durchschnittlich gewesen und gerade war mein Austauschvorgänger tatsächlich im Abitur durchgefallen, dazu auch noch mit einer schlechten Englischnote.

Ich wusste das in dem Moment aber noch nicht und nahm dem Rektor die versuchte Herabstufung persönlich übel. Meine Wut weckte meinen Ehrgeiz. Ich würde es ihnen zeigen. Ich würde beweisen, dass man aus Amerika zurückkommen konnte und einfach viel besser und freier und selbstbewusster sein konnte als zuvor. Ich arbeitete von morgens bis abends die Schulbücher durch, zehn Stunden am Tag. Mittendrin in dieser Phase bekam meine Mutter die Diagnose Brustkrebs. Der Rektor bedauerte mich und sagte: „Daran ist meine Mutter auch gestorben." Meine Großmutter jammerte nach der Operation weinend am Krankenbett meiner Mutter im gleichen Stil: „Du wirsch nemme gsond!" *(Du wirst nicht mehr gesund!)* Meine Mutter wurde aber wieder gesund und lebte noch bis zu ihrem 84. Lebensjahr.

Die Prüfung bestand ich mit Glanz und Gloria und kam also wieder in meine alte Klasse. In der ersten Englischarbeit, einer

Übersetzung, schrieb ich eine Vier. Ich war am Boden zerstört. Ich kannte zwar die englischen Wörter, wusste aber nicht das deutsche Gegenstück, konnte also nicht übersetzen. Der Englischlehrer, Franz Schlichte, eigentlich ein sehr freundlicher Mensch, der sich an meinem großen englischen Wortschatz erfreute, erklärte mir darüber hinaus, dass ich mit meinem mittelwestlichen amerikanischen Akzent im Englischunterricht nicht bestehen könne, denn der Lehrplan sehe ein britisches Englisch vor. Die Schüler in der Klasse schnitten mich. Warum, wusste ich nicht. Ich war, so wie früher, der seltsame Außenseiter.

Mit meiner Amerikaerfahrung wurde ich fast überall zurückgewiesen, ja missachtet. Dafür ein eklatantes Beispiel: Aus Amerika hatte ich die Wimpel der Rotary Clubs der drei Staaten Minnesota, Süd Dakota und Nord Dakota mitgebracht. Ich rief den örtlichen Vorsitzenden des Rotary Clubs an und sagte, dass ich beauftragt sei, diese Wimpel und die meines Heimatclubs Clark zu überreichen. Er bestellte mich zu sich ins Uhland-Gymnasium und machte mit mir aus, dass ich einen Vortrag über Süd Dakota halten solle. Ich erschien zu dem Rotary-Treffen im Hotel Krone, dem führenden in Tübingens Innenstadt, und merkte schnell, dass Rotary in Deutschland etwas ganz anderes war als in Amerika. Dort galt das Prinzip, dass von jedem Beruf nur ein Vertreter aufgenommen werden sollte, um so eine Vielfalt und soziale Streuung der Mitglieder zu erreichen. In Tübingen jedoch galt das Prinzip, dass man die gesellschaftliche Elite der Stadt zusammenbringen wollte. Alle renommierten Professoren der Universität waren vertreten. Statt von jedem Beruf schien hier die Regel zu gelten, von jedem Fach einen Vertreter zu bestellen. Auch sonst standen nur die angesehensten Namen aus Tübingen und Reutlingen auf der Liste der Anwesenden.

Man setzte mich zum Mittagessen an einen Tisch mit zwei renommierten Professoren und einem ebenso renommierten Verlagsleiter. Sie redeten nach der Begrüßung und dem Vorstellen kein Wort mehr mit mir, aber eifrig miteinander über Themen, die mich ausschlossen. Sie demonstrierten einen Snobismus und eine Missachtung gegenüber jüngeren und unbedeutenderen Menschen, die ich in Amerika in solchen Kreisen nie erlebt hatte.

Dann verkündete der Vorsitzende das Programm. Ich kam darin gar nicht vor. Ich machte auf mich aufmerksam, woraufhin er sagte: „Ach ja, wir haben hier noch einen Austauschschüler vom Kepler-Gymnasium, der ein paar Wimpel überreichen will." Ich stand auf und sagte mein Sprüchlein, überreichte die Wimpel und setzte mich wieder auf meinen Platz. Jetzt wusste ich, ich war zurück in Deutschland. Der Deckel war wieder drauf. Ich muss nur durchhalten bis zur Uni, tröstete ich mich.

Auch das war wieder ein prototypisch westdeutsches Erlebnis. Die Amerikanisierung Westdeutschlands in den Fünfzigerjahren war ein proletarisches Jugendphänomen. Die westdeutschen Jugendlichen, die Kontakt zu den GIs hatten, wurden von diesen beschenkt und ausgeführt, insbesondere die „Fräuleinwunder". Die Filme aus Amerika für das junge Publikum wurden vor allem von proletarischen Jugendlichen als Vorbilder in Kleidung, Frisur und musikalischem Geschmack angesehen und imitiert. So entstand die deutsche Halbstarkenszene, die von den deutschen akademischen Eliten hochnäsig als kulturlos, wenn nicht gar kulturfeindlich verachtet und abgewehrt wurde. Darum herrschte in diesen Eliten, denen ich im Rotary Club Reutlingen-Tübingen in großer Verdichtung begegnete, ein snobistischer Antiamerikanismus, den ich zu spüren bekam.

Calvero Oberg, der Erfinder des Wortes „Kulturschock", hat auch beschrieben, dass ein ganz analoger, wenn auch abgeschwächter Prozess bei der Rückkehr in die Heimatkultur zu beobachten sei. Was ich erlebte, war also typisch.

Kompensationen

Doch ich ließ mich nicht beirren. Ich paukte Übersetzungen, las das *TIME Magazine*, von dem ich von der Arztfrau ein Abonnement geschenkt bekommen hatte, und schaute jedes Wort im Wörterbuch nach, zu dem ich nicht die deutsche Übersetzung wusste. Mit meiner Schwester, die ein Jahr als Au-pair in England gewesen war, lernte ich britisches Englisch. Ich redete mit ihr auf Amerikanisch und sie korrigierte mich und sprach mir vor, wie das im britischen Englisch ausgesprochen werden musste. So erlernte ich immerhin ein Englisch, von dem die Amerikaner meinten, ich sei ein Brite, und die Briten, ich sei ein Amerikaner. Mein deutscher Akzent war in dieser doppelten Camouflage jedenfalls besser verborgen als zuvor. Zur Erholung spielten meine Schwester und ich Streitpatiencen und verstanden uns wie Zwillinge in einer feindlichen Welt. Auch sie musste erleben, dass sich kein Mensch für ihre Erfahrungen in England interessierte und dass es schwer fiel, sich in Deutschland wieder zu orientieren.

In allen Fächern erarbeitete ich mir aus den Lehrbüchern Schritt für Schritt den Stoff der letzten Jahre und fuchste mich nach und nach in die innere Logik der Fächer ein, wurde immer routinierter. Das Lernen fing wieder an Spaß zu machen. Was ich in Amerika begonnen hatte, die Wende vom widerständigen, erzwungenen Arbeiten hin zu einem Arbeiten aus Neugier und Wissensdurst, vervollkommnete ich in diesen Monaten. Ich wurde ein sehr guter Schüler. Alles fiel mir leicht. Es gab auch nicht mehr den Stress mit den Lehrern, den ich von früher her gewohnt war. Sie waren dankbar für meine Beiträge und meine interessierte Mitarbeit. Die Mitschüler nannten mich gelegentlich „Streber". Das war mir gleichgültig. Sie kamen mir sowieso vor wie Kinder. Im Osterzeugnis erhielt ich eine Belobigung, hatte in Englisch eine Eins. Beim Abitur erreichte ich einen Preis, war der zweitbeste Schüler. Ich hatte es ihnen gezeigt!

Heimweh als konservative Wende

Wenn ich in Tübingen allein unterwegs war, etwa auf dem Weg zur oder von der Schule, führte ich auf Englisch mit breitem amerikanischem Akzent Selbstgespräche oder sang die Ohrwürmer aus

Gershwins „Porgy and Bess". Beim Spülen und Abtrocknen sangen meine Schwester und ich englische und amerikanische Lieder. Beinahe täglich ging ich auf den Galgenberg im Süden von Tübingen, von dessen Westflanke aus man einen weiten Blick in die Ebene des breiten Neckartals über das zwölf Kilometer entfernte Rottenburg hinweg bis hin zum Schwarzwald hat. Es war der einzige Platz, wo ich mich in die Weite Süd Dakotas zurückversetzen konnte. Ich hatte Heimweh nach Clark.

Das Amerikahaus besuchte ich beinahe täglich, häufig mittags nach der Schule und noch einmal abends zu Veranstaltungen. Es wurde zu einer zweiten Heimat für mich. Dort konnte ich die geliebten Zeitungen und Zeitschriften lesen und mir amerikanische Literatur ausleihen. Das Amerikahaus organisierte mit mir Vorträge in Tübingen und Bad Waldsee über AFS und meine Erfahrungen in Amerika. Es waren zugleich Werbeveranstaltungen für das Austauschprogramm und unser AFS-Komitee.

Daheim hörte ich beim Arbeiten den amerikanischen Armeesender AFN mit Jazz und Rock und dem lässigen Slang der GIs. Das *TIME Magazine* verschlang ich jede Woche Zeile für Zeile von der ersten bis zur letzten Seite. Dort fand ich das gleiche staatskritische Grundverständnis von Freiheit wieder, das ich bei meinem amerikanischen Gastvater kennen- und schätzen gelernt hatte. In meinem Rückkehrer-Kulturschock verstieg ich mich in eine trotzige Bewunderungshaltung für alles Amerikanische. Wie das *TIME Magazine* stand ich voll hinter allem, was die USA machten: dem Vietnamkrieg, dem imperialen Interventionismus auf der ganzen Welt, der Kuba-Politik, der atomaren Abschreckungspolitik.

Es war nur eine logische Folge dieser staatstragenden Sicht auf die Politik, dass ich 1962 in die Tübinger CDU und gleichzeitig in die Junge Union eintrat. Im Hinterzimmer vom Prinz Karl, einer Tübinger Kneipe, die heute als Mensa dient, tagte die Junge Union. Wir waren meist acht bis zwölf junge Männer, keine Frauen. Wir hatten eine Tagesordnung und fassten Beschlüsse. Häufig hatten wir Besuch von zum Teil hohen CDU-Politikern, die Referate hielten und mit uns diskutierten. Um in der Partei aufzusteigen, musste man wohl die Ochsentour durch die Hinterzimmer machen. Ich lernte auf diese Weise spätere Größen der CDU kennen wie zum Beispiel Heiner Geißler.

Kulturschock Uni Tübingen

Die Uni war meine große Hoffnung. Dort würde ich wieder all die Freiheit und intellektuelle Förderung erfahren, die ich in meinem Jahr Amerika erlebt hatte. Es würde sich sehr bald herausstellen, dass ich mich mit dieser Erwartung schwer geirrt hatte.

Ich wollte Journalist werden. Das war klar. Ein Studium der Journalistik gab es damals nur in Ansätzen. Auch war mir von einem befreundeten Journalisten geraten worden, etwas „Anständiges" zu studieren. Die Medien verlangten Leute, die wenigstens in einem Gebiet wirkliche Fachleute seien. Das journalistische Handwerk würde ich dann beim Volontariat lernen. Am besten sei es jedoch, auf Lehramt zu studieren. Dann hätte ich Alternativen, falls es mit dem Journalismus nicht klappen sollte.

Also schrieb ich mich für die Fächer Amerikanistik, Germanistik und Politische Wissenschaft an der geisteswissenschaftlichen Fakultät ein. Das bedeutete, als Erstes musste ich das Große Latinum nachmachen. In beinahe allen Fächern, vor allem in den Geisteswissenschaften und für das Philosophikum, der Zwischenprüfung für das Lehramt, war es Voraussetzung. An Latein kam ich nicht vorbei. Ich hegte eine tiefe Abneigung gegen das aus meiner Sicht völlig sinnlose Pauken einer toten Sprache. Ihr einziger Sinn schien mir darin zu bestehen, durch das Einstreuen lateinischer Zitate wie „quod erat demonstrandum" die eigene Zugehörigkeit zur Akademikerkaste zu signalisieren. Ich hasste es. Doch war es wie der Breiberg um das Schlaraffenland. Man musste sich durchfressen, um in das gelobte Land zu kommen.

Der von mir so ersehnte Besuch der Universitäts war für mich ein völlig überraschender Kulturschock. Obwohl ich in Tübingen immer noch in der elterlichen Wohnung wohnte und sehr viele

Menschen kannte, fühlte ich mich in der Uni dumm, einsam und verlassen.

Dumm fühlte ich mich, weil ich im Audimax unter hunderten Studentinnen und Studenten in der Vorlesung über die „Philosophie des 19. Jahrhunderts" saß und meist nicht einmal verstand, worüber der da vorne redete. Aber alle um mich herum blickten verständig und schrieben mit. Um nicht aufzufallen, tat ich es ihnen nach. Ich schrieb die Namen und Lebensdaten der Philosophen auf und markante Wörter, deren Sinn ich nicht kannte und die ich dann daheim im „Philosophischen Wörterbuch" nachschlug. Auch das war so verklausuliert und selbstbezüglich, dass es mir nur selten half. Ein nachzuschlagender Begriff wurde mit nachzuschlagenden anderen Begriffen erklärt, die dann wieder auf den ersten verwiesen. Es war zum Verzweifeln. Ich wünschte mir so etwas wie das „Webster's Dictionary" herbei, in dem alle Begriffe in verständlicher Sprache erklärt wurden.

In der großen Vorlesung von Walter Jens im Festsaal (wegen der vielen Zuhörer und Zuhörerinnen aus der Stadt) war ich ebenfalls überfordert. Er, der Star der Tübinger Uni, setzte viel zu viel voraus und erging sich in feinster Sprache über die Feinheiten der Werkinterpretation und in Abgrenzung zu Autoren der Sekundärliteratur, von denen ich noch nie etwas gehört hatte. Ich schrieb fleißig mit und machte ein kluges Gesicht.

In beiden Veranstaltungen fühlte ich mich zwar erhaben, weil ich an so anspruchsvollen, da unverständlichen Themen teilhaben durfte, war aber zugleich schwer frustriert, weil ich nichts verstand. Es musste an mir liegen.

Einsam fühlte ich mich, weil ich niemanden kannte. In jeder Veranstaltung saßen andere Leute. Man siezte sich, wenn man überhaupt miteinander sprach. Viele trugen Krawatte und Jackett, am Gürtel den Zipfel. Das ist ein am Gürtel hängendes, mit Silberspangen beschwertes Stoffband mit den Farben der studentischen Verbindung, den national-konservativen Eliteklubs des deutschen Hochschulwesens. Der Große Senat der Uni Tübingen hatte sich schon 1949 gegen das öffentliche Tragen von Farben ausgesprochen. Im Jahr 1950 übernahm die Westdeutsche Rektorenkonferenz den Beschluss für alle westdeutschen Hochschulen. Es galt also ein Verbot des Farbentragens in der Öffentlichkeit, wenigstens für das Universitätsgelände. Mit dem Zipfel wurde dieses Verbot ständig unterlaufen. Man konnte ihn zur Not leicht verstecken, indem man ihn in das Innere der Hose steckte.

In den Veranstaltungen redeten außer dem Professor oder Assistenten nur die höheren Semester. Weil sie den Professor von ihrer Belesenheit und Klugheit überzeugen wollten, waren ihre Beiträge genauso unverständlich wie die des Professors. Ich sehnte mich nach der Uni in Amherst Massachusetts, die ich zuvor so verachtet hatte. Die dortige Residenzpflicht in Mehrbettzimmern hätte keine Einsamkeit aufkommen lassen. Das Curriculum für jeden Jahrgang, mit großer Wahlfreiheit, aber Teilnehmern nur aus dem eigenen Jahrgang, sodass sich alle kannten, hätte der Unverständlichkeit zumindest Grenzen gesetzt. Da hätte ich Orientierung und angemessene Einführungen bekommen, sodass ich hätte verstehen können, worum es ging. An der Uni Tübingen fühlte ich mich wie damals in der Anfangszeit in Clark, als ich beinahe jedes Wort, dessen Schreibweise ich erahnte, nachschlagen musste. Doch hier traute ich mich das nicht. Ich fürchtete, mich zu blamieren.

Verlassen fühlte ich mich, weil ich nicht wusste, an wen ich mich in meiner Not wenden konnte, ohne meine Dummheit zu offenbaren. In der Hoffnung, es aus eigener Kraft zu schaffen, las ich wie verrückt. Ich kaufte mir die gesammelten Werke von Platon und fing bei Band 1 an. Ich kaufte mir Max Webers „Wirtschaft und Gesellschaft" und fing bei Seite 1 an. Ich kaufte mir eine Philosophiegeschichte und fing bei Seite 1 an. Bald merkte ich, dass es hoffnungslos war. In jeder Vorlesung und jeder Seminarsitzung gaben die Lehrenden eine solche Fülle von Literaturhinweisen, dass es mir aussichtslos erschien, sich die Fächer sozusagen von Anfang an zu erarbeiten und sich nach und nach zu den aktuellen Schriften durchzuwühlen. Überforderung und Orientierungslosigkeit schienen beabsichtigt zu sein, wenigstens in den Geisteswissenschaften.

Ich hatte auf Förderung und intellektuellen Austausch, auf schöpferische Zusammenarbeit wie an der Schule in Clark gehofft. Die fand an der Uni Tübingen kaum statt. Nur in dem Seminar des Honorarprofessors Martin Wagenschein zur „Didaktik am Beispiel der Himmelskunde" erlebte ich den lebendigen Austausch und das gemeinsame Finden einer Problemlösung, die ich mir erhofft hatte. Er spielte den doofen oder naseweisen Schüler und wir mussten Vorschläge entwickeln, wie wir solchen Schülern die Himmelskunde beibringen könnten. Dann durften wir selbst die Doofen und Naseweisen sein. Dort wurde ich herangeführt an ein Denken und eine Methode, sprach frei und nahm mit Freude am Seminar teil ohne die sonstigen Minderwertigkeitsgefühle. Das war Pädagogik vom Feinsten.

Der Kontrast zwischen der Veranstaltung von Wagenschein und all den anderen Veranstaltungen brachte mich zum Nachdenken.

War die Tendenz zur Unverständlichkeit Absicht? Betrieben sie bewusst eine Art Antipädagogik? Handelten sie aus Angst vor Niveauverlust? Würde man die Themen pädagogisch vermitteln, etwa in der Philosophievorlesung erklären, worum es bei der Ontologie ging, wäre das hohe Niveau kaputt. War das der Grund für die Arroganz und Ignoranz gegenüber dem Lernprozess der Masse der Studierenden? Gab es darum keine begleitenden Tutorien oder Übungen? Sie redeten nur für die Besten, die auf dem hohen Niveau mitturnen konnten. Die anderen interessierten sie nicht. Das erklärte die Unverständlichkeit im System.

Ich gehörte nicht zu dieser Spitze. Ich war bestenfalls guter Durchschnitt. Diese Einsicht deprimierte mich zutiefst.

Love

Verschlimmert wurde mein Zustand durch den Briefwechsel mit einem dänischen AFSler, mit dem ich bei der Besichtigung des Kongressgebäudes in Washington DC angesichts all der Statuen großer Männer eine Art sokratisches Gespräch geführt hatte, was einen „großen Mann" ausmache. Während der Schuljahre nach der Rückkehr war mir der Briefwechsel als eine Verbindung zu meinem Amerikaerlebnis Trost gewesen.

Doch mit Beginn des Studiums wurde er zur Belastung. Offensichtlich erhielt er in Dänemark eine solide philosophische Ausbildung. Ihm wurden nicht nur die Erkenntnisse der Professoren auf höchstem Niveau um die Ohren geschlagen wie mir, sondern er wurde eingeführt in die Begrifflichkeiten und Problemstellungen der Philosophie und in die unterschiedlichen Lösungsansätze. Ich dagegen trieb orientierungslos in dem Meer von Büchern. Während er auf seinem sokratischen Standpunkt beharrte, dass man nichts sicher wissen und nur im Nebel herumstochern könne, präsentierte ich mit jedem Buch, das ich gerade gelesen hatte, ein neues System zur Erklärung der Wirklichkeit. Er zerpflückte es mit milder Ironie und großer Geduld. Für mich war es jedes Mal eine Demütigung. Ich fühlte mich dümmer und dümmer.

Inzwischen hatte er die Schule der analytischen Sprachphilosophie Wittgensteins und Hartnacks kennengelernt, für die die Probleme der Wirklichkeit sich auf Probleme der Sprache reduzierten. Er verspottete mich als ziemlich zurückgeblieben, weil ich immer noch auf einer Wirklichkeit beharrte. Schließlich ließ ich mich auf ihn ein, las Hartnack und fand es durchaus einleuchtend, dass viele Probleme, von denen wir annehmen, sie seien Probleme der Wirklichkeit, eigentlich nur Sprachprobleme waren.

Als Musterbeispiel knüpfte ich mir die Liebe vor. Ich hatte mich in Amerika an dem leichtfertigen Umgang mit dem Wort „Love" gestört. Zu allem wurde ausgerufen: „Oh, I love it!" Käse, Pizza, Filme, Spiele. Und beinahe alle Briefe von Amerikanern, auch von solchen, die ich kaum kannte, endeten mit dem Wort „Love" vor dem Namen. Als Schwabe waren mir solche starken positiven Gefühlsäußerungen zuwider. Die schwäbische, distanzierende Grundhaltung, „Was wird des scho au sei!?" *(Was wird das wohl auch sein?),* gegenüber jedem Überschwang schloss für mich den Gebrauch des Wortes Liebe in persönlichen Beziehungen aus. Ich zweifelte sehr, ob es ein eigenständiges, von anderen positiven Zuwendungsgefühlen klar unterscheidbares Gefühl „Liebe" überhaupt gab. Ich kam vielmehr zum Ergebnis, dass das Wort „Liebe" der Superlativ einer abgestuften Skala zur Bewertung von Graden der Zuneigung gegenüber anderen Personen war. Im Schwäbischen war mir das wohlbekannt. Denn wir unterschieden sehr genau zwischen entfernten Bekannten, flüchtigen Bekannten, nahen Bekannten, engen Bekannten, Freunden (auch wieder fern, mittel, nah, eng und bester) und als höchstes der Gefühle „Liebe"! Das Wort „Liebe" drückte demnach kein Gefühl aus, sondern war ein willkürlich vergebenes Etikett, mit dem man einer Zuneigung die beste Zensur gab. Besser als „Liebe" ging nicht. Da die Amerikaner Superlative „liebten", vergaben sie sehr leichtfertig an alles Mögliche das Superetikett „Love".

Ich war stolz auf mein sprachanalytisches Lehrlingsstück und machte ein Gedicht daraus.

What is love anyway?	Was ist überhaupt Liebe?
It lies in the nature of youth	Es liegt in der Natur der Jungen,
that they seek for the truth.	dass sie nach Wahrheit suchen.
One was in love,	Einer war verliebt,
yet found it a bluff!	fand sich aber versiebt!
He disclosed in his search,	Entdeckte in seiner Suche,
'twas sheer sexual urge.	's war sexueller Trieb.
Yes, the truth is tough,	Ja, die Wahrheit ist schwer,
there ain't no such feeling called	es gibt kein Gefühl genannt
love.	Liebe.
It's autosuggestion,	's ist Autosuggestion,
distempered digestion,	verdorbene Verdauung,
too much TV	zu viel TV,
a surplus of hormones,	ein Überfluss an Hormonen,
misunderstood sermons,	falsch verstand'ne Sermone,
social conformity,	soziale Konformität,
or plain curiosity	oder einfache Kuriosität,
that causes a feeling called	was ein Gefühl macht wie
love.	Liebe.

Yes, the truth is tough,	Ja, die Wahrheit ist schwer,
there ain't no such feeling called	es gibt kein Gefühl genannt
love.	Liebe.

Mein dänischer Brieffreund war beleidigt, nannte mein Gedicht abstoßend. Es sei überhaupt nicht im Stil Hartnacks. Es schmerze ihn, dass ich so respektlos gegenüber der Tatsache der Liebe sei, die Menschen aus allen Schichten erfahren. Er verwies mich auf 1. Korinther 13,4–13: Eine Lobpreisung der Liebe, „hätte ich die Liebe nicht, so bin ich nichts" (2), und zum Schluss: „Nun aber bleibt Glaube, Hoffnung, Liebe. Diese drei; aber die Liebe ist die größte unter ihnen" (13). Ich stand da wie ein begossener Pudel. Plötzlich gab es wieder die Wirklichkeit. Und der Beweis dafür? Eine Bibelstelle!

Erste Demonstration

Zu Beginn des zweiten Semesters rief der AStA zu einer Demonstration am 9. November 1963 auf zum Gedenken an den 25. Jahrestag der Reichskristallnacht, wie man damals das Pogrom noch verharmlosend nannte.

Am 9. November 1938 hatte die Naziregierung im deutschen Reich aus Anlass des tödlichen Attentats auf einen deutschen Legationsrat in Paris eine reichsweite Gewaltorgie gegen Juden, ihre Wohnungen und Geschäfte, vor allem gegen jüdische Einrichtungen wie Synagogen und Betstuben organisiert. Meine Mutter hatte mir erzählt, wie entsetzt mein Vater von der Arbeit heimgekommen sei und von den Pogromen in der Berliner Innenstadt berichtet habe.

Es war eine gezielte Aktion, um möglichst viele Juden aus Deutschland zu vertreiben. Das Vorbild war das hemmungslose Pogrom in Wien nach dem Anschluss Österreichs an das Deutsche Reich. Die waren so schrecklich und in aller Öffentlichkeit niederschmetternd entwürdigend gewesen (die Juden mussten mit ihren Zahnbürsten die Straße reinigen und niemand wagte es einzuschreiten), dass wer von den Juden irgend konnte, Österreich verlassen hatte – genau das, was die Nazis anstrebten. So wollte man auch in Deutschland die „Judenfrage" lösen. Es war die letzte Stufe vor dem Vernichtungsprogramm.

SS und SA waren auch in Tübingen aufmarschiert, hatten die Synagoge in der Gartenstraße angezündet und die Kultgegenstände in den nahen Neckar geworfen. Fünf Tübinger Juden (es gab nicht viele in Tübingen) wurden aus ihren Wohnungen geholt und in KZs verschleppt. Zwei starben an den Folgen ihrer Misshandlungen.

Ich nahm an der Demonstration teil. Sie führte von der Gartenstraße zum Hauptgebäude der Universität, ins Audimax. Dort war die Schlusskundgebung. Nach einigen Reden wurde eine Diskussion zugelassen. Ich stand auf und fragte, warum die Professoren der Universität Tübingen, die doch über eine höhere Einsicht hätten verfügen müssen, bei all dem schweigend zugesehen oder aktiv mitgemacht hätten. Ein Philosophieprofessor, Walter Schulz, der immerhin an der Demonstration teilgenommen hatte, stand aus der ersten Reihe auf, wandte sich zu mir und sagte: „Das ist eine sehr gute Frage! Doch leider haben wir keine Antwort darauf." Und setzte sich.

Auch das war ein prototypisches westdeutsches Verhalten von mir. Die Organisatoren der Demonstration im Tübinger AStA waren die Avantgarde, die mutigen Erfinder. Sie waren ein paar Jahre älter als ich und mir entsprechend voraus. Ich gehörte zur zweiten Welle, zur heranwachsenden Generation derjenigen, die sich mit dem Verschweigen und Rechtfertigen der Nazigräuel ebenfalls nicht weiter abfinden wollten. Der Satz der Studentenbewegung, „Trau keinem über 30!", bezog seinen Sinn aus dieser Geschichte. Gremliza, der Herausgeber der Zeitschrift des Tübinger AStA, war damals 23, ich 19. Die über Dreißigjährigen waren alle auf die eine oder andere Weise in die Nazigeschichte verwickelt. Das war das westdeutsche Lebensgefühl meiner Generation: „Trau keinem über 30!"

Inzwischen war mir klar geworden, dass ich meinem Berufsziel Journalist näherkäme, wenn ich mich auf Politische Wissenschaft konzentrierte. Geisteswissenschaften würden mich aufs Feuilleton ausrichten. Bei den wenigen Stellen, die es dort gab, war ich einfach nicht gut genug. In der Politik ging es um tagesaktuelle Geschichten. Da musste man nicht die gesamten Philosophie und Literatur der Welt im Kopf haben.

Es war damals üblich, dass man den Studienort mehrfach wechselte nach dem Vorbild der fahrenden Handwerksgesellen, die bei mehreren Meistern lernen sollten, um möglichst viele Herangehensweisen kennenzulernen, möglichst auch bei berühmten Meistern, und dabei die Welt zu erleben. Auch sollte man lernen, auf eigenen Füßen zu stehen. Kurzum, es war also klar, dass ich nicht in Tübingen weiterstudieren würde.

Ich entschied mich für Bonn als Studienort, denn Bonn war Hauptstadt. Da spielte die politische Musik. Dort würde ich Politik vor Ort beobachten und studieren können. Also, welch besseren Ort könnte es für mein Vorhaben geben?

Zum Sommersemester 1965 reiste ich mit Sack und Pack von Tübingen nach Bonn, ohne jemals vorher dort gewesen zu sein, suchte die Uni und das Immatrikulationsbüro, schrieb mich ein und fragte beim Studentenwerk nach Studentenbuden, wie das damals hieß. Auf der anderen Seite des Rheins, in Beuel, einem kleinbürgerlichen, beinahe bäuerlichen Ortsteil, fand ich bei einer griesgrämigen, älteren alleinstehenden Frau mit Kittelschürze ein billiges Zimmer. Es lag im Dachgeschoss mit schrägen Wänden und einem Mansardenfenster, Bett, Tisch, kleines Regal, Wandschrank, Ofenheizung und Toilette auf dem Flur. Waschen musste man sich mit kaltem Wasser am Waschbecken der Toilette oder im Hallenbad.

Zur Uni nach Bonn auf der anderen Seite des Rheins musste ich einige Blocks zum Rheinufer gehen und dort auf die kleine Fähre warten. Sie war etwa so groß wie ein Stocherkahn und mit einem Stahlseil mit Laufrad an einem sehr hoch über den Rhein gespannten Drahtseil verankert, sodass man das Boot nur quer in die Strömung stellen musste und es wurde von ihr auf die andere Seite getrieben. Die Überfahrt kostete nur wenige Pfennige und bildete für mich ein wunderbares Ritual, das meinen Arbeitstag an der Uni eröffnete und abschloss. Ich liebte den Rhein und das Tuckern der Lastkähne mit ihren Schub- und Schleppmaschinen. Ich hörte es bis in mein Zimmer.

Ich kannte keinen Menschen in Bonn und das blieb lange so. Monatelang sprach ich mit kaum einem Menschen außer dem Fährmann oder beim Einkaufen ein paar Worte. In den Veranstaltungen sagte ich auch nichts. Auch hier siezte man sich, trug Krawatte, mindestens aber Jackett und verhielt sich sehr distanziert und förmlich zueinander. In der Mensa bat man um das Salz. Sonst gab es keinen legitimen Anlass zur Kommunikation. Die Veranstaltungen überforderten mich erneut. Ich hatte mehrere Referate übernommen und saß außerhalb der Veranstaltungen von morgens bis abends in Bibliotheken und las und exzerpierte Stellen, die sich für meine Referate zu eignen schienen. Für Kneipen hatte ich kein Geld. Abends saß ich in meinem Zimmer und las. Dazu hörte ich Radio, mein einziger Luxus. Die Beatles kamen gerade auf und ich schwärmte für sie.

Das Institut für Politische Wissenschaft war in einem Bürgerhaus aus der Gründerzeit untergebracht. Es lag direkt am großen Hofgarten mit alten Bäumen und großer Rasenfläche gegenüber dem Hauptgebäude der Universität. Beinahe jeden Tag kam dort ein Straßenfeger vorbei. Ich schaute ihm zu, wie er seine klare und einfache Tätigkeit mit Sorgfalt jeden Tag gleich ausführte. Und in meiner Einsamkeit und Überforderung beneidete ich ihn und wünschte mich an seine Stelle.

Dennoch war Bonn besser als Tübingen. Es gab eine „Einführung in die Politische Wissenschaft", eine „Einführung in die philosophische Terminologie", eine Anfänger-Übung „Einführung in Begriff und System der Philosophie" und eine Übung zur großen Vorlesung über Erkenntnistheorie, all das, was ich in Tübingen vermisst hatte. Hier fand Pädagogik statt, und zwar gute.

In der „Einführung in die Politische Wissenschaft" hatte ich zusammen mit einem anderen Studenten das Referat „Die Politische Wissenschaft in den USA" übernommen. Wir redeten miteinander und einigten uns darauf, das Referat gemeinsam zu erarbeiten und zu halten. Endlich hatte ich jemanden, mit dem ich sprechen konnte. Wir freundeten uns an und lieferten eine empirische Arbeit ab. Wir nahmen die vergangenen drei Jahrgänge aller US-amerikanischen Zeitschriften der Politischen Wissenschaft und ordneten sie ein, ob sie dem Behaviorismus anhingen oder einer anderen methodischen Schule. Es war meine erste eigenständige wissenschaftliche Arbeit und sie wurde entsprechend gut benotet. Ein erster Triumph. Und für mich erster Boden unter den Füßen.

Meine Erwartung, in Bonn etwas von realer Politik mitzubekommen, stellte sich schnell als naiver Irrtum heraus. Man bekam nur die Staus mit, wenn es einen Staatsbesuch gab oder wenn Staatsgäste gleich neben dem Institut ihre Kränze im Hofgarten am Mahnmal für die Opfer des Faschismus ablegten. Ansonsten war von der Bundespolitik in der Hauptstadt nichts zu merken. Der Bundestag und das politische Bonn lagen wie auf einer Insel. Sie hatten ihre eigenen Lokale. Die Ausschüsse tagten meist nicht öffentlich. Zum Bundestag gab es kaum Eintrittskarten für Einzelpersonen. Meistens wurden sie an Schulen oder Gruppen vergeben und waren immer zeitlich begrenzt. Ganze Sitzungen bekam man als Normalsterblicher nicht mit. Nicht einmal in der Stadt traf man bekannte Personen aus der Politik. Abgeordnete, die uns im Institut vorgestellt wurden, berichteten, dass sie ihre Hauptaufmerksamkeit auf ihren Wahlkreis richteten und Bonn so schnell wieder verließen, wie es irgend ging. Das politische Bonn lag für sie wie auf einem anderen Planeten, war nicht Teil der normalen Erde und vor allem nicht Teil Bonns.

In Bonn nahm ich, obwohl immer noch Mitglied, keinen Kontakt zur CDU auf. Es wäre sowieso nur der Ortsverband gewesen, an dem ich genauso wenig interessiert war wie an dem in Tübingen. Gewählt habe ich die CDU nie. Mein politologisches Kalkül war: Wenn die SPD stark ist, aber noch keine Mehrheit hat, muss sich die CDU nach links hin öffnen, um mehr Wähler aus der SPD abzuziehen, muss aber genügend konservative Positionen verteidigen, um die konservativen Wähler zu halten. Dies erschien mir der beste Weg, um einerseits das mir lieb gewordene amerikanische Freiheitsrecht des mündigen Bürgers zu verteidigen und andererseits doch genügend europäischen Sozialstaat zu realisieren. Darum wählte ich konsequent SPD.

Erlernen des Uni-Bluffs

Im Sommersemester hatte ich drei Referate zu schreiben. Ich hatte inzwischen erlernt, wie man in etwa drei Wochen intensiver Arbeit eine gut eingegrenzte Fragestellung solide wissenschaftlich bearbeiten und beantworten konnte. Wenn sich die Antworten wiederholten und in der Literatur nichts Neues mehr zu finden war, hatte ich die wissenschaftlich mögliche Lösung gefunden und machte Redaktionsschluss. Das war sehr befriedigend und bestätigte mich in meiner Erfahrung seit Amerika, dass man sich nur genügend hineinknien musste und man konnte beinahe alles hinbekommen.

Doch das ging nur bei einer eng begrenzten Anzahl von Themen. Die Anforderungen waren jedoch uferlos. Die Literaturangaben in den Veranstaltungen waren nicht bewältigbar. Das Gefühl der völligen Überforderung, des Versagens, blieb bestehen.

Da erlernte ich nach und nach den Uni-Bluff. Wie in Alice Millers „Drama des begabten Kindes" beschrieben, lernte ich, beim Reden die subtilen Signale der Missbilligung, der Skepsis oder der abweichenden Meinung in den Gesichtern und Stimmen meiner Gegenüber schon in der Entstehung zu erkennen und meine Sätze entsprechend zu relativieren, einzuschränken oder ins Ungewisse zu heben. Ich erwarb die Fähigkeit, wie ein Flugzeug auf dem Radarstrahl auf den subtilen Signalen in Gesichtern meiner Gesprächspartner mit meinen Redebeiträgen eine sichere Landung hinzukriegen. Das unbezwingbare Meer des Wissens konnte ich so dem Scheine nach bezwingen.

Mit der Zeit lernte ich, noch einen draufzusetzen. Ich verwies auf die schwierigsten Bücher, von denen ich ziemlich sicher annehmen konnte, dass sie keiner tatsächlich gelesen hatte (Hegels Ästhetik, Max Webers Wirtschaft und Gesellschaft, Kants Kritiken). Nahm ich einen überraschten Ausdruck in den Augen meiner Gegenüber wahr, der darauf schließen ließ, dass sie das Werk tatsächlich kannten und von meinem Gebrauch irritiert waren, konnte ich meine Aussagen schnell relativieren mit Formulierungen wie: „eine möglicherweise unkonventionelle, aber doch interessante Interpretation".

Die Kombination von solide erarbeitetem Stoff in wenigen begrenzten Gebieten und darauf gepacktem Bluff für den Rest gab mir Oberwasser. Ich fühlte mich immer sicherer, schien meine Krise überwunden zu haben.

Das Mauer-Berlin

Professor Bracher lud mich ein, bei ihm zu promovieren. Als ich ihm sagte, ich würde erwägen nach Berlin an das Otto-Suhr-Institut (OSI) an der Freien Universität zu gehen, stimmte er dieser Absicht begeistert zu. Er hatte das Institut selbst mit aufgebaut.

So kam ich im Sommersemester 1966 in das verrottete, immer noch beinahe überall vom Krieg geprägte Mauer-Berlin. Ich fand ein Zimmer in der Winterfeldstraße 56, von der Potsdamer Straße aus kurz hinter dem Winterfeldplatz. Jedes vierte Haus war noch zerstört. Überall klafften die Lücken. Die noch stehenden Häuser hatten zerschossene und abbröckelnde Fassaden. Die Spiegel in den Hausaufgängen waren blind. Die meisten Aufzüge waren leere Höhlen.

Mein Zimmer war billig und schrecklich. Es lag im dritten Stock des Vorderhauses nach hinten zum ersten Hinterhof hin. Es war ein perfekter hohler Quader, drei Meter hoch, breit und lang, kanariengelb tapeziert mit einem knallgrünen schmucklosen Kachelofen, einem zerschlissenen Teppich, einem wackeligen Bett mit quietschenden Federn und einem Tisch mit Wachstuch. Das

Schlimmste war ein kleines, ebenfalls gelbes Waschbecken mit Wasserhahn an der Wand. Es hatte einen gemeinsamen Abfluss mit dem analogen Waschbecken im Nebenzimmer, wo ein Schichtarbeiter wohnte, der zu den unmöglichsten Zeiten aufstehen musste und sich wusch. Wenn das Wasser gurgelnd abfloss, klang es, als ob ein Mensch erdrosselt würde.

In heißen Nächten, wenn man das Fenster offen lassen musste, wirkte der weite baumlose Hinterhof wie ein Schalltrichter. Aus allen Fenstern hörte man die unterschiedlichen Geräusche des Familien- und Ehelebens. Im Erdgeschoss gab es eine Berliner Kneipe ohne Polizeistunde, die für die ganze Gegend als Wohnzimmerersatz fungierte. Die Fenster der Toiletten gingen auf den Hinterhof. Man hörte die ganze Nacht die Unterhaltungen der Besoffenen beim Erledigen ihrer Geschäfte bis hin zum Kotzen.

Meine Vermieterin war Klofrau. Ihre Haare standen ihr vom Kopf ab wie ein Feuerwerk. Wenn sie heimkam, nahm sie ihr Gebiss heraus und ihr Gesicht fiel in sich zusammen. Sie war streng, verbot mir irgendwelche Verschönerungen oder Veränderungen in meinem Zimmer, etwa Bilder aufzuhängen. Sonntags klopfte sie bei mir und wollte sich über Aktienkurse beraten lassen. Eigentlich war sie herzensgut, ließ sich das aber nicht anmerken – ein sehr berlinerisches Muster. Sie brachte mich bei ihrem Freund in einem noch viel schlimmeren Zimmer unter, als ich am Ende des Semesters schon gekündigt hatte, aber kein anderes Zimmer fand.

Die Winterfeldstraße und Potsdamer Straße waren Rotlichtgegenden mit Straßenstrich. Die Prostituierten machten sich einen täglichen Spaß daraus, mich auf dem Weg zum Bus anzumachen und sich daran zu freuen, wie ich rot anlief und flüchtete.

Es war typisch westdeutsch, dass ich mich für Ostberlin kaum interessierte. Die Westberliner waren anders, hatten Verwandte und Freunde „drüben", die sie regelmäßig besuchten. Sie kannten Ostberlin aus den Zeiten vor dem Mauerbau. Für mich war Ostberlin ein feindlich mythisches Gebiet. Feindlich, weil ich nichts kannte, Vieles war noch zerstört, der Wind war voller, aus den Trümmergrundstücken aufgewirbeltem Sand. Die erhaltenen Häuser waren stark abgewirtschaftet mit grauem, abbröckelndem Putz. Alles war abweisend, besonders die moderneren Bauten um den Alexanderplatz herum. Kaum etwas war zugänglich, kaum Cafés, noch weniger Restaurants. Und es roch unangenehm nach einem allgegenwärtigen Reinigungsmittel. Mythisch war Ostberlin, weil es der Wohnort „unserer Brüder und Schwestern in der Ostzone" war, derer wir jeden 17. Juni mit Kerzen in den Fenstern gedachten. Sie waren arm und unterdrückt und irgendwie unbedarft. Mythisch war Ostberlin auch wegen seiner grandiosen Kulturstätten: Ich besuchte Bertolt Brechts Berliner Ensemble und Walter Felsensteins Komische Oper und war zutiefst beeindruckt. Aber die Besuche waren immer mühsam. Die langen Wartezeiten für die Grenzkontrolle und die Kaltschnäuzigkeit der Grenzorgane, die sichtlich ihre Macht über die Westdeutschen, die an separaten Übergängen abgefertigt wurden, mit sadistischer Freude genossen. All das waren gezielt aufgebaute Hürden, die den Westlern den Besuch in Ostberlin verleiden sollten. Bei mir war diese schikanöse Strategie erfolgreich. Ich ging immer seltener nach „drüben". Auch nach der Wiedervereinigung blieb Ostberlin für mich sehr lange eine fremde Welt.

Zum Ausgleich kam die DDR zu mir. Das Ostfernsehen war in West-Berlin gut zu empfangen. Für mich bot es häufig ein attraktiveres Programm als das Westfernsehen. Sie sendeten die französischen Krimis mit Jean Gabin, die urkomischen Filme mit Louis de Funès, die erotischen Filme mit Brigitte Bardot und Jean-Paul Belmondo. Die Kinderfilme aus Prag waren phänomenal. „Der schwarze Kanal" mit Karl-Eduard von Schnitzler war eine meiner Lieblingssendungen als unfreiwillige Satiresendung, aber auch oft als zutreffende Entlarvung westdeutscher Propagandasendungen.

In die DDR konnte ich nicht, weil ich dort keine Verwandten hatte, die mich hätten einladen können. Ich war hundert Prozent westdeutsch. Aber die Fahrten durch die DDR über die Transitstrecken und im Zug genügten mir. In den Raststätten gab es zwar gutes, fettes Essen für sehr wenig Geld mit seltsam krummen Preisen: ein Rumpsteak für 6,12 Mark, aber dafür musste man sich den Kellnern unterwerfen. Man wartete gefühlte Ewigkeiten in einer

Schlange vor einem halb leeren Restaurant bis einem Plätze zugewiesen wurden. Dann wurde man in sehr verhaltenem Tempo mit ausgesuchter Unfreundlichkeit bedient. Schlimm wurde es, wenn man sich einen Stuhl von einem anderen Tisch holte oder die Jacke über die Stuhllehne hängte oder das Bein auf einen anderen Stuhl legte. Man wurde schroff zurechtgewiesen „Stühle verschieben verboten!", „Bringen Sie Ihre Oberbekleidung in die Garderobe, hier könnten Leute stürzen." Und: „Haben Sie keine Erziehung!?" Erziehungsdiktatur eben.

FU Berlin

So schrecklich die Wohnverhältnisse waren, so gut war die Uni. Am Otto-Suhr-Institut fand tatsächlich eine durchdachte Ausbildung statt. Da ging es nicht um ein praxisfernes exklusives Bildungserlebnis wie in Tübingen. Es wurden Einführungen in die empirische Soziologie, in die Hauptfragen der Wirtschaftspolitik, in die Geschichte des politischen Denkens geboten. Frontalunterricht war die Ausnahme. Das diskursive, problemlösende Lernen stand im Vordergrund. Ich buchte 18 Semesterwochenstunden und war mit Freude dabei. Berlin bekam mir gut. Die Freie Universität war in Vielem nach dem US-amerikanischen Vorbild gestrickt. Die Amerikaner hatten das Gelände in einer Villengegend in Dahlem zur Verfügung gestellt und die demokratisch offene Campusarchitektur ausgewählt und finanziert.

Als sozusagen hauptberuflicher Politikwissenschaftler – ich hatte keine anderen Fächer mehr – war ich wieder ein prototypischer Westdeutscher. Erst 1959 wurde die 1949 wiedergegründete Hochschule für Politik als Otto-Suhr-Institut in die Freie Universität eingegliedert. Etwa 700 Studierende wurden von 11 Professoren aus mehreren Fakultäten betreut. In ganz Westdeutschland lehrten weitere 19 Professoren Politische Wissenschaft. 1966, als ich ans OSI kam, waren es 800 Studierende und 12 Professoren. Heute rangiert die Politikwissenschaft mit 30000 Studierenden und 1700

Lehrenden unter den 20 am meisten nachgefragten Fächern. Zusammen mit anderen sozialwissenschaftlichen Fächern ist es ein westdeutsches Modestudium geworden. Was man damit beruflich anfängt, ist heute so ungewiss wie damals.

Studentendorf Schlachtensee

Schon bei der Erstimmatrikulation an der Freien Universität hatte ich einen Antrag auf ein Zimmer im Studentendorf Schlachtensee gestellt und hatte für das Wintersemester 1966/67 eine Zusage bekommen.

Das Studentendorf war eine amerikanische Erfindung. Nach dem Zweiten Weltkrieg war es das ehrgeizige Ziel der amerikanischen Besatzungsmacht, aus Nazideutschland eine westliche Demokratie zu machen. Dafür setzte sie auch architektonische und landschaftsgestaltende Mittel ein. Dem protzigen Monumentalismus der Nazidiktatur sollte eine bescheidene, sachliche und kleinteilige Architektur entgegengesetzt werden. Der grandiosen Einheitlichkeit in der Gleichschaltung der Nazis setzten die Erbauer eine große Vielfalt entgegen, indem sie den gleichen Gebäudetyp rotierten oder spiegelbildlich bauten. Mit Mitteln des State Departments wurden nach Entwürfen einer Berliner Architektengruppe 18 unterschiedliche (Viefalt), jeweils asymmetrisch gestaltete (gegen den Monumentalismus) zwei- bis dreistöckige Häuser mit großen Gemeinschaftsräumen (Gesellschaftlichkeit) und kleinen Einzelzimmern immer gleicher Größe (demokratische Gleichheit) in einer hügelig gestalteten Landschaft, nach dem Vorbild englischer Gartengestaltung (Vielfalt und Natürlichkeit) um einen zentralen Anger nach dem Vorbild der griechischen Agora (Demokratie) in einem lockeren dorfartigen Arrangement (gegen den Gigantismus) gebaut. Dazu kamen Institutionen wie ein Dorfrat, ein Bürgermeister mit Bürgermeisteramt im Rathaus sowie eine Dorfkneipe, die nach dem einzigen Bus, der das Studentendorf bediente, Club A18 benannt wurde. Aus der Miete und den Zuschüssen stand dem

Bürgermeister ein Etat zur Verfügung, aus dem Tutorenprogramme, Arbeitsgruppen, Feste und Veranstaltungen mit prominenten Rednern finanziert wurden. Die demokratische Elite von morgen sollte hier ihr Handwerk lernen und ihre Einstellungen schulen. Die Architektur war ein europaweit einzigartiges Ensemble der Nachkriegsmoderne und wurde 1991 unter Denkmalschutz gestellt.

Als ich im Oktober 1966 in Zimmer 101 in Haus 1 einzog, hatte das Konzept schon mehr als ein Jahrzehnt auf dem Buckel. Eigentlich war das Projekt glorios gescheitert. Doch keiner gab es zu. Die Gemeinschaftsräume waren aller nutzbarer Möbel beraubt worden. Sie wurden, wenn überhaupt, als Tischtennisräume genutzt. Die Küchen, die ebenfalls als Begegnungsräume gedacht waren, standen meist leer. Sie wurden nur zum schnellen Kochen genutzt. Dann zogen sich die meisten Bewohner mit ihrem Essen in ihre Zimmer zurück. Die Kühlschränke waren mit abschließbaren Fächern nachgerüstet worden, weil das „versehentliche" sich Bedienen an fremden Nahrungsmitteln immer wieder zu schweren Konflikten geführt hatte. Die meisten siezten und hassten einander, weil man durch die dünnen Wände beinahe alles vom Nachbarn und seiner Freundin mitbekam. Nur indem man das Radio laut stellte, konnte man so etwas wie Privatheit herstellen.

Es hatte sich gezeigt, dass sich Gemeinschaft durch Architektur nicht herstellen lässt. Das war in Berlin überall zu besichtigen. Die Nachkriegsmoderne hatte in den Neubauvierteln zur Bauausstellung im Hansaviertel Begegnungsplätze und Gemeinschaftsräume bereitgestellt. Sie blieben fast immer ungenutzt und wurden kannibalisiert.

So wurde Haus 1 im Studentendorf für mich zu einem Ort großer Einsamkeit, obwohl ich mitten unter Gleichaltrigen wohnte. Die Flure mit den Türen zu den immer gleichen, zehn Quadratmeter großen, auf einer Seite holzverkleideten Zimmern kamen mir wie die Gänge eines Schweigeklosters mit den immer gleichen, fest verriegelten Klausuren vor. In meinem Zimmer hatte ein Vorgänger eine damals weitverbreitete Tapete mit darauf gemalten Natur-

steinen verklebt. Sie machte den Raum optisch noch enger und be-
drückender. Ich wollte am Ende des Semesters die Zwischenprüfung ablegen und saß in meinem schrecklichen Zimmer und
paukte.

Der 2. Juni 1967

Als völlig unkritischer Befürworter aller US-amerikanischen Politik sah ich im von den USA unterstützten Schah von Persien einen
segensreichen Modernisierer des Iran, der mit seiner „Weißen Revolution" den Kampf gegen die Geistlichkeit und die Großgrund-
besitzer aufgenommen hatte, kein Demokrat, aber immerhin gegenüber dem islamischen Klerus ein Diktator des Fortschritts. Ich
war also gegen die Demonstrationen und verbrachte den Abend
des 2. Juni in meinem Zimmer im Studentendorf.

Gegen 23 Uhr hörte ich auf dem Flur panische Stimmen und
Schreie. Ich schaute hinaus und sah dort eine Gruppe völlig aufge-
löster Studenten, die von der Demonstration eben zurückgekommen waren und von Polizisten durch die Straßen gejagt und
geschlagen worden seien. Es habe Tote gegeben und viele Schwer-
verletzte bei der Prügelorgie der Polizei. Wir versammelten uns in
der Küche und sahen von dort, dass die Leute aus allen Häusern
zum Dorfanger strömten, der demokratischen Agora, die sonst immer leer war. Wir gingen auch hin. Augenzeugen berichteten, wie
ihre Freunde krankenhausreif geschlagen und wie sie selbst von der
Polizei durch die Straßen gehetzt worden seien. Die Polizei habe
über Megafone von einem erstochenen Polizisten gesprochen und
die Polizisten zur Jagd auf die „Mörder" aufgerufen. Ich war entsetzt. In meinem Bild von der Bundesrepublik als einem wohlge-
ordneten demokratischen Rechtsstaat konnte so etwas nicht sein.
Es musste sich als Irrtum herausstellen. Da war ich mir sicher. Im
Radio war von schweren Ausschreitungen der Studenten zu hören
und von einem Todesopfer. Wer zu Tode gekommen war und wie,
blieb offen. Der Regierende Bürgermeister habe ein Demonstrati-

onsverbot erlassen, hieß es. Gerüchte schwirrten. Alle waren in heller Aufregung. Wir holten uns Bier aus dem Club A18 und diskutierten bis in die frühen Morgenstunden.

Mein Vom-Saulus-zum-Paulus-Erlebnis

Am nächsten Tag, es war ein Samstag, kamen sehr viele Studierende zur Uni. So bildete sich unter freiem Himmel, weil die Hörsäle abgeschlossen waren, auf der Wiese vor der Wirtschaftswissenschaftlichen Fakultät eine spontane Vollversammlung der Studenten. Viele Augenzeugen berichteten. Manche von ihnen trugen Verbände wegen ihrer Verletzungen. Das Entsetzen war allgemein. SDSler argumentierten, jetzt zeige der Kapitalismus seinen faschistischen Kern. Als Beleg dafür wurde aus der Springer-Presse vorgelesen. Sie stellte die Ereignisse auf den Kopf. Die Studenten sollten durch ihren „Aufruhr" den Todesfall verursacht haben. Die für den Schah aufgebotenen Perser, die gegen die demonstrierenden Studenten mit Dachlatten vorgegangen waren, wurden von der Springer-Presse als Opfer dargestellt. Unter dem Bild einer nach einer Prügelattacke durch die Polizei von Blut überströmten Frau stand der Text: „Blutüberströmt wird ein junges Mädchen vor dem Steinhagel (der Demonstranten) in Sicherheit gebracht."

Der eher sozialdemokratisch ausgerichtete SHB (Sozialdemokratischer Hochschulbund), der den AStA stellte, setzte wie ich auf die bürgerliche Öffentlichkeit. Man müsse sie über den wahren Sachverhalt aufklären, nämlich dass es hier zu einem skandalösen „Ausrutscher" gekommen war, dann würde sie für uns Partei ergreifen und dafür sorgen, dass die Rechtsstaatlichkeit wieder hergestellt würde. Dazu hatte der AStA in großer Auflage ein Flugblatt gedruckt, auf dem in Englisch und in deutscher Übersetzung ein Artikel aus dem *Guardian* abgedruckt war, der die Vorgänge unabhängig und wahrheitsgetreu darstellte als einen systematisch geplanten Übergriff der Polizei. In meinem Vertrauen auf den Rechtsstaat stimmte ich dieser Strategie zu, schnappte mir einen

Stapel der Flugblätter und fuhr noch einmal ins Studentendorf, um mich theaterfein zu machen.

Ich hatte mir vorgenommen, das Flugblatt mit dem aufklärenden Text aus dem *Guardian* direkt an die bürgerliche Öffentlichkeit zu verteilen. Und die würde ich am ehesten im Theater treffen. Ich fuhr also in meinem besten Anzug mit Krawatte und Scheitel zur Schaperstraße, wo im geteilten Berlin zu Mauerzeiten der Theatersaal der Freien Volksbühne stand. Zum Eingang führte eine Freitreppe. Auf der stellte ich mich auf und wartete, dass die Bürger aus dem Theater kämen.

Als sie kamen, erlitt ich einen Schock, der mein Leben veränderte: Ich wurde aufs Übelste beschimpft. „Geh doch nach Drüben!", gemeint war Ostberlin, war noch das Harmloseste. „Dich hat man beim Vergasen vergessen!", „Erschlagen müsste man euch!", „Ins KZ mit euch!", „Reicht es nicht, dass ihr gestern einen umgebracht habt?!" und immer wieder: „Vergasen sollte man euch!", „Früher hätte man so was wie Sie vergast!" Niemand nahm ein Flugblatt von mir an. Zweimal wurden mir die Flugblätter aus der Hand geschlagen.

Die gleichen Leute, dir mir sonst immer ermutigend und freundlich zugelächelt hatten, wenn sie mich in der Theaterpause mit meinen roten Wangen, dem sauber gezogenen Scheitel und meinem Konfirmandenanzug mit Krawatte wandeln sahen, diese Leute, in deren Wahrheitsliebe, Weltoffenheit und Toleranz ich so großes Vertrauen gesetzt hatte, stellten sich nun als Nazis heraus. Die SDSler auf der Versammlung hatten recht. Hinter dem biederen Schein der Rechtsstaatlichkeit lauerte ein gewalttätiger Faschismus, sobald es mal nicht so ging, wie es die Bürger erwarteten. „Trau keinem über 30!" hatte sich für mich eben als eine nur zu berechtigte Warnung bewahrheitet. Hier stimmte etwas grundsätzlich nicht. Ich musste alles neu überdenken. Denn wenn das mit der Rechtsstaatlichkeit und der Demokratie, worauf ich mein bisheriges Leben aufgebaut hatte, nicht stimmte, dann könnten sich auch viele andere „Wahrheiten" als Irrtümer herausstellen.

Lernorgie Studentenbewegung

Als Erstes trat ich aus der CDU aus.

Dann stürzte ich mich in eine Lernorgie. Ich las und diskutierte wie manisch. Das normale Studium trat in den Hintergrund. Wichtig waren mir die Diskussionen mit denjenigen, die schon länger gegen die Politik der USA und des Westens demonstrierten und sich in linker Theorie auskannten. Am Otto-Suhr-Institut (OSI) gab es eine Ad-hoc-Gruppe, die für das Wintersemester die Gründung einer Kritischen Universität vorbereitete. Ich wollte unbedingt dabei sein.

Das Studentendorf hatte sich vollkommen verändert. Plötzlich war es das demokratische, kommunikative Gemeinwesen, als das es einst erbaut worden war. Wir saßen nächtelang in der Küche und diskutierten. Der Club A18 und der Platz davor wurden zum politischen Forum, zur demokratischen Agora, als die sie gebaut worden waren. Im Kreis der Ad-hoc-Gruppe erklärten die Linksradikalen vom SDS, auf welche Quellen sie sich stützten, nannten wichtige Literatur. Bücher, von denen ich noch nie gehört hatte und die seltsamerweise nie im Studium der Politischen Wissenschaft vorgekommen waren. Sofort lieh ich sie mir aus oder kaufte sie und las und las und las.

Frantz Fanons Buch „Die Verdammten dieser Erde" zeigte mir eine völlig neue Sichtweise auf die Welt. Ich sah erstmals die Unterdrückung des größten Teils der Welt durch die Industriestaaten, vorneweg die USA. Bahman Nirumands gerade erschienenes Buch „Persien, Modell eines Entwicklungslandes oder – Die Diktatur der Freien Welt" zeigte mir die Rolle der USA beim Sturz des frei gewählten Premiers Mossadegh, der die Verstaatlichung der iranischen Erdölindustrie durchsetzen wollte, und wie sich daraufhin die USA hinter das diktatorische Regime des Schahs stellten. Mein Amerikabild geriet ins Wanken. In höchster intellektueller Erregung saß ich in der Bibliothek des Otto-Suhr-Instituts und zog ein amerikakritisches Buch nach dem anderen aus den Regalen und lernte, dass sich die USA nahezu überall auf der Welt gegen jede demokratische, als links einzustufende Bewegung gestellt hatten und mit Putschen, Geld und Drohungen so manche Diktatur eingesetzt und jahrzehntelang am Leben gehalten hatten gegen den Willen des Volkes. Das Kuba vor Castros Revolution war dafür ein Musterbeispiel. Ganz Lateinamerika wurde von den USA wie ihr Hinterhof behandelt.

Das Land meiner Befreiung verwandelte sich in meinen Augen in ein, wenigstens in seiner Außenpolitik faschistisches Land. Aus der Weltmacht der Freiheit, die immerhin Hitler niedergerungen hatte, wurde mehr und mehr die Weltmacht des Imperialismus. Je detaillierter ich die Nachkriegsgeschichte studierte, desto deutlicher wurde die Rolle der USA. Alles, was antikommunistisch war, wurde nach der Devise „Der Feind meines Feindes ist mein Freund" zur Bündnismacht und von den USA gestützt, gleichgültig ob sie Diktatoren, Putschisten, Sklavenhalter, Rassisten der Apartheid, Schlächter und Folterer waren. Weil sich die Masse der Amerikaner nicht für Außenpolitik interessierte, konnten die interessierten Kreise anstellen, was sie wollten.

Meine Amerikaliebe verkehrte sich ins Gegenteil. Damit wurde ich wieder zum prototypischen Westdeutschen. Es war eine harte Zeit für mich. Ich steckte in dem emotionalen Dilemma einer starken Ablehnung der USA als Ganzer und einer mindestens ebenso starken Zuneigung für die Menschen und Zustände in Clark. Nach einem Jahr der Zerrissenheit fand ich eine Erklärung, in der beide Seiten meines Dilemmas stimmten und sie keinen Widerspruch mehr darstellten: Clark sei eine Oase, schrieb ich in meiner letzten Kolumne 1968 (danach schrieb ich nur noch vereinzelt), eine übrig gebliebene Utopie der Demokratie Benjamin Franklins mit real existierender Freiheit, Gleichheit und Brüderlichkeit Man konnte nicht wissen, wie lange Clark noch so eine Oase der übrig gebliebenen Utopie bleiben konnte. Sie war bedroht, aber noch existierte sie und war es wert, verteidigt zu werden. Ich endete: "I think this is exaggerated pessimism, yet I too am worried – as you are. And since I know that you too are worried, I know that America cannot go fascist ... yet." (*Ich halte das für übertriebenen Pessimismus, aber ich mache mir auch Sorgen – so wie ihr. Und da ich weiß, dass ihr euch ebenfalls sorgt, weiß ich, dass Amerika nicht faschistisch werden kann … noch nicht.*)

In Winter 1967/68, las ich wie ein Maniker die Frühschriften von Marx und Engels, die mich begeisterten, besonders „Die Kritik der deutschen Ideologie". Ich las Hegels „Phänomenologie des Geistes", weil jemand aus der Ad-hoc-Gruppe gesagt hatte, ohne ihn könne man Marx nicht verstehen. Besonders begeisterte ich mich für die Dialektik. „Die Wahrheit ist das Ganze, an dem kein Glied nicht trunken ist", diese zusammenfassende Kennzeichnung der Hegelschen Sicht auf die Welt revolutionierte zeitweise mein Denken.

Man durfte nichts aus seinen historischen und tatsächlichen wie logischen Zusammenhängen und Widersprüchen herauslösen, denn damit geriet man in ein „abstraktes" Denken. Diese Verkehrung der Bedeutung von abstrakt und konkret bei Hegel faszinierte mich. Er beklagte, dass seine Studenten zu sehr zu „abstraktem" Denken neigten, und meinte damit, dass sie die Dinge von ihren Zusammenhängen und Widersprüchen abschnitten, abstrahierten. Konkretes Denken verfolge alle historischen und logischen Zusammenhänge und lande damit unweigerlich beim Ganzen, an dem kein Glied nicht trunken, also in Bewegung ist. Man musste alles mit allem in Verbindung setzen und in seiner Dynamik betrachten. Dieser Holismus, das Bestehen auf der Betrachtung des Ganzen, passte sehr schön zur kybernetischen Systemtheorie, deren Anhänger ich damals war. So las ich Hegel mit kybernetischen Augen und meinte, ihn damit erst richtig zu verstehen.

Ich erlitt jedoch schnell eine herbe Enttäuschung. Weil ich eine präzise Beschreibung der Dialektik suchte, um sie als Bezugspunkt für ihre Darstellung in den Begriffen der kybernetischen Systemtheorie zu nutzen, exzerpierte ich alle Stellen, die ich bei Hegel, Marx und Bloch las, in denen von „Dialektik" die Rede war. Bei Marx gab es die wenigsten Stellen, bei Hegel und Bloch umso mehr, und sie hatten nichts gemeinsam. Dialektik konnte alles und sein Gegenteil sein. Wenn ein Wort alles bezeichnen kann, dann bezeichnet es nichts. Ich strich das Wort aus meinem Wortschatz.

Ich las vor allem und mit besonderer Begeisterung alles, was die Kommune 1 an Raubdrucken und Nachdrucken vor der Mensa der FU verkaufte. Wilhelm Reichs „Die Funktion des Orgasmus" und „Die Massenpsychologie des Faschismus" gaben der Unterdrückung der Sexualität als Hauptursache für die Herausbildung einer autoritären Persönlichkeit große Glaubwürdigkeit. Mit Horkheimers und Adornos durchaus positivistischer und darum hervorragender empirischer Studie zur autoritären Persönlichkeit war diese als Hauptgrund, als Bedingung der Möglichkeit für den Faschismus identifiziert. So konnte man erklären, dass ganz normale Männer beim Abschlachten einer Unzahl unbewaffneter Menschen, darunter Frauen und Kinder, gehorsam mitmachten.

Antiautoritäre Studentenbewegung

Der antiautoritäre Teil der Studentenbewegung um die Kommune 1 war meine Erlösung von der deutschen Welt der Deckel. Sie veräppelten auf genial einfache Weise all das, was mich in Tübingen und an den Unis unterdrückt hatte. Und sie lieferten mit Wilhelm Reich, Bronislaw Malinowski und Margaret Mead eine wunderschöne Theorie und Anleitung, wie man die Welt retten konnte: Durch Sexualität und ihre Befreiung!

Malinowski hatte bei den Trobriandern, den Bewohnern eines Südseearchipels, herausgefunden, dass ein Stamm mit freier Sexualität unter den Heranwachsenden außerordentlich friedlich, während ein Nachbarstamm mit strenger antisexueller Moral sehr kriegerisch eingestellt war. Mead berichtete vom gleichen Zusammenhang auf Samoa. Und Reich hatte einen direkten Zusammenhang zwischen repressiver Sexualmoral und Faschismus gefunden.

Es schien klar: Mit der sexuellen Befreiung würden die autoritäre Ausrichtung und der Gehorsam und damit die Gewalt und Aggression aus der Welt verschwinden. Diese Theorie überzeugte mich. Sie stimmte mit meinen Erfahrungen überein. Meine verklemmte Welt war voller Hass und Gewaltphantasien.

Die antiautoritäre Revolte war meine Revolte. Ich versprach mir davon, dass jetzt, wo mein Befreiungstraum Amerika wie eine Seifenblase geplatzt war, sich in Deutschland selbst alles zu der Gesellschaft hin ändern würde, die ich mir wünschte und die ich in Amerika meinte, erlebt zu haben: Eine auf gegenseitiger Anerkennung, Wertschätzung und Gleichwertigkeit gestützte Gesellschaft der individuellen Freiheit. Der Autoritarismus der deutschen Geschichte und meiner Kindheit und Jugend sollte zu Fall gebracht werden. Ich war euphorisch.

Die Presse berichtete, Dieter Kunzelmann habe in einer Pressekonferenz den anwesenden Journalisten gesagt: „Ich habe Orgasmusschwierigkeiten, und ich will, dass dies der Öffentlichkeit vermittelt werde." Nach einer anderen Version habe er gesagt, „Was geht mich der Vietnamkrieg an, solange ich Orgasmusschwierigkeiten habe?" Kunzelmann stritt in einem *Stern*-Interview ab, das jemals gesagt zu haben. Es sei Rainer Langhans gewesen.

Während sich die Presse lustig machte über die Zurschaustellung privatester und vermeintlich irrelevantester Befindlichkeiten, war ich begeistert. Mit der antiautoritären, auf sexuelle Befreiung setzenden Revolte war genau diese Störung von höchster Relevanz, war eminent politisch und machte das geheime Leiden aller öffentlich. Es ging darum, eine Gesellschaft ohne Orgasmusschwierigkeit zu schaffen. Dann würde es auch keinen Vietnamkrieg mehr geben können.

Mit meiner ekklesiogenen Neurose hatte selbstverständlich auch ich Orgasmusschwierigkeiten. Ich wusste, wovon Kunzelmann oder Langhans sprachen. Meine „Jungfräulichkeit" hatte ich im Jahr zuvor bei einer Tagung einer antikommunistischen Institution der Bundesregierung in Köln verloren. Ich war dort aufgefallen, weil ich mich – damals immer noch Mitglied der CDU – nach einem Vortrag des berühmten Professors Wolfgang Leonhard über die Schaurigkeiten des Kommunismus gemeldet und die Frage gestellt hatte: „Wenn das alles so schlimm ist, wie Sie das hier dargestellt haben, warum sprechen sich dann so berühmte Philosophen wie Jean-Paul Sartre und viele andere Intellektuelle für den

Kommunismus aus?" Es gab helle Aufregung und die Tagung verlief anders als von den Veranstaltern geplant. Ich stand im Zentrum der Aufmerksamkeit. Vermutlich hat mir das ein wenig von meiner Angst genommen und ich folgte dem Ratschlag meiner Mutter, statt mit bürgerlichen Mädchen, lieber zu Prostituierten zu gehen. Es war eine schrecklich frustrierende, würdelose Erfahrung und verschlimmerte nur noch meine Neurose.

Ich fühlte mich in meinem Verhältnis zu Frauen wie in einer Falle gefangen. Ich sollte der Aktive sein. Ich sollte verführen. Ich hatte solche Angst vor der Zurückweisung, derer ich mir sicher war, dass ich völlig blockiert war, zitternd, mit hochrotem Kopf, wenn ich es nur erwog. Die antiautoritäre Studentenbewegung der Kommune 1 mit ihrem Aufruf zur sexuellen Befreiung war da wie eine Erlösung, wie ein Erkanntwerden in meiner Not.

„Wer zweimal mit derselben pennt …"

Im Studentendorf kandidierte ich als Einziger im Haus 1 für den Dorfrat und wurde bei sehr geringer Wahlbeteiligung gewählt. Wenig später stürzte sich ein Student aus dem höchsten Haus des Studentendorfs in den Tod. Ich war entsetzt und tief betroffen, denn auch ich spielte mit dem Gedanken an Suizid. Im Dorfrat stellte ich den Antrag, zum Selbstmord von Studenten und der allgemeinen Studiensituation eine zentrale Veranstaltung zu machen. Er wurde einstimmig angenommen und ich bekam ein beträchtliches Budget dafür, mit dem man namhafte Personen einladen konnte.

Frau Dr. Hildegard Lange-Undeutsch, Psychotherapeutin und Leiterin der psychologischen Beratungsstelle der FU, und Hubert Bacia, Medizinstudent, bekannter Aktivist der sexuellen Befreiung und Reich-Kenner, wurden von uns eingeladen. Der Bürgermeister übernahm die Moderation. In der Vorbesprechung mit Bacia in der Bürgermeisterei kamen wir auf die Geschlechtertrennung in unterschiedlichen Häusern im Studentendorf zu sprechen und er sagte: „Das ist ja wie in den repressivsten Stämmen hier. Solche Geschlechtertrennung ist die Grundlage für Aggression und Krieg!" Das fand ich toll.

In der Podiumsdiskussion lief es jedoch ganz anders. Der große Saal, wo sonst Partys mit Livebands und Filmvorführungen stattfanden, war brechend voll. Von solcher Betroffenheit überrascht, versuchten beide, Lange-Undeutsch wie Bacia, uns zu beruhigen. Es gebe schon spezifische Belastungen für Studierende. Aber Suizide seien normal. Das komme überall vor.

Empört sprang ich auf und hielt meine erste große Brandrede. So gehe das nicht, einen solchen grausamen Selbstmord, den Sprung aus dem vierten Stock auf die Treppe, so zu verharmlosen. Hier im Studentendorf gebe es eine schreckliche Zweiteilung. Da seien die Etablierten, die eine feste Freundin hätten und mit dieser Arm in Arm durch das Studentendorf flanierten. Diesem Establishment stünden die Junggesellen gegenüber, die in ihrer Not voller Neid und Verzweiflung den Etablierten nachschauten. Bei Partys hier im Raum sei es am schlimmsten. In der Mitte tanzten die Etablierten, und die Junggesellen stünden mit Geifer am Mund und so geilen Augen in einem Kranz um die Tanzfläche herum, dass sie bei jedem Annäherungsversuch von den Frauen abgewiesen würden. Das liege daran, dass die Häuser nach Geschlechtern getrennt seien. Da würde man als Mann nie eine Frau unter normalen Umständen einfach mal in der Küche kennenlernen ohne den Stress der Anbahnung. Erst bei gemischten Häusern sei ein wesentlicher Stressfaktor verschwunden und damit die Wahrscheinlichkeit von Suiziden reduziert. Ich bekam rasenden Beifall und einige zustimmende, unterstützende Reden nach mir. Hubert Bacia schwenkte ein, und wir beschlossen auf meinen Vorschlag eine Resolution, der Dorfrat möge beschließen, alles zu unternehmen, dass das Studentendorf so bald wie möglich die geschlechtergetrennten in geschlechtergemischte Häuser umwandle.

Noch in dieser Nacht kritzelte jemand auf eine der Trennwände im Männerklo des Clubs A18 das Graffito: „Wer zweimal mit derselben pennt, gehört schon zum Establishment!" Der Spruch sollte mich lächerlich machen mit meiner Unterscheidung der Etablierten, die eine Freundin haben, und dem Rest Notleidender ohne. Er hat sich rasant ausgebreitet und wurde zu einem ikonografischen

Erkennungsspruch der Studentenbewegung – aber unter einer radikal gegenteiligen Bedeutung als er, gegen mich gerichtet, ursprünglich gemeint war: Wer eine feste Beziehung eingeht, also nicht dem angeblichen Ideal der Studentenbewegung von der freien Liebe anhängt, gehört bereits zum angepassten Establishment und ist für die Revolution verloren.

Der Dorfrat beschloss die Mischung. Es wurden Listen ausgehängt, auf denen sich die Umzugswilligen eintragen sollten. Doch es fanden sich keine umzugswilligen Frauen. Erst als ein Semester später in einem Frauenhaus ein Mann einen Vergewaltigungsversuch unternahm, sahen viele Frauen einen Vorteil in der Geschlechtermischung. Nach zwei Tagen war das Studentendorf gemischt.

Love revisited

Im Auftrieb meines großen Auftritts im Studentendorf sah ich im Wintersemester 67/68 in einem Seminar der Kritischen Universität eine Frau, Chriss, die mir ausnehmend gefiel. Ich wagte es, sie anzusprechen. Ich bat sie, mir etwas zu erklären. Wir sprachen über Marcuse und Marx und es wurde ein Flirt daraus. Weil die Masche so gut gewirkt hatte, bat ich sie am Telefon, sie möge doch zu mir ins Studentendorf kommen. Ich müsse ein Referat über Immanuel Kants Kategorien Apriori halten und käme nicht weiter. Ob sie mir da nicht helfen könne. Sie kam, und wir diskutierten sehr angeregt und mit Wärme. Wieder blieb es beim Flirt. Ich brachte sie zur U-Bahn und winkte ihr hinterher.

Beim Weg zurück ins Studentendorf merkte ich: Es hatte mich erwischt. Ich sah plötzlich die Farben anders. Selbst ein Heizkörper strahlte mich entzückt an. Meine ganze sprachanalytische Skepsis gegenüber der Liebe war großartig widerlegt und mein philosophischer Briefpartner hatte wieder einmal recht behalten.

Wir gingen zusammen zur ersten großen Demonstration nach dem 2. Juni am 28. November in Moabit zum Prozess gegen Fritz

Teufel. Als das Großaufgebot von berittenen Polizisten und drei Wasserwerfern in die Menge vorstieß, wurden wir auf der Flucht getrennt und bangten sehr umeinander. Wir trafen uns in der Uni wieder und verbrachten die Nacht in meinem schmalen Bett im Studentendorf.

Ich war ein grauenhafter Liebhaber. Nicht nur wegen meiner absolut mangelnden Erfahrung, sondern vor allem wegen meiner von der Kirche eingebläuten Ekelvorstellungen. Hinzu kam, dass ich bei Wilhelm Reich gelesen hatte, wie ein richtiger Orgasmus zu sein hatte und wie nicht, nämlich ja nicht durch Phantasien unterstützt, sondern nur aus dem leiblichen Energiestrom stammend. Beim Versuch, es „richtig" zu machen, ging alles schief. Die sexuelle Befreiung wurde zum Albtraum.

In Neukölln in der Lahnstraße war das Bett breiter. Da ich schon immer ein wilder Schmuser war, konnte ich einiges wettmachen. Chriss nannte unsere Liebe später eine „Kinderbeziehung". Und wahrscheinlich hatte sie recht. Wir verstanden uns glänzend, lachten viel und steckten beide in der gleichen Lernorgie, die wir gemeinsam uns gegenseitig stützend und ermutigend sehr genossen. Wir lasen und diskutierten ohne Unterlass, gingen gemeinsam zu allen Versammlungen und Demonstrationen. Zur Erholung spazierten wir zur östlichen Umzäunung des Flughafens Tempelhof und schauten den großen viermotorigen Propellerflugzeugen beim Landen zu. Sie kamen von Osten her immer tiefer, bis sie beinahe auf Höhe der Dächer waren. Dann öffnete sich der lange, breite Korridor des Friedhofs unter ihnen und sie tauchten in ihn ein und sanken mit einem Höllenlärm von Stockwerk zu Stockwerk tiefer, bis sie mit ihren Rädern knapp über die Umzäunung flogen und sofort aufsetzten, weil die Landebahn so kurz war. Es war jedes Mal ein besonderer Thrill. Man konnte die Gesichter der Passagiere sehen.

Im Café unter dem damaligen romanischen Institut, darum Romanisches Café genannt, machte ich C. einen verquasten Heiratsantrag und wir verabredeten, verlobt zu sein.

Es war verrückt. Noch im Dezember 1967, bei unserer Quasiverlobung, war uns unsere Zukunft klar. Sie würde sein, wie in den

Jahrhunderten zuvor. Wir würden uns verloben, unsere Examina ablegen, eine Berufsausbildung machen und, wenn wir es uns leisten konnten, heiraten und Kinder kriegen. Wenig später galt das alles nicht mehr. Heiraten war out, das Kinderkriegen wurde aufgeschoben, vorhandene Kinder kamen in Kinderläden, wo sie antiautoritär erzogen wurden, monogame Beziehungen waren fraglich geworden. „Offene Beziehungen" waren angesagt. Eifersucht war gestrig.

Darin waren wir so was von prototypisch für die Geschichte Westdeutschlands! Wir waren nicht die Avantgarde. Das war die Kommune 1. Wir waren das noch etwas konservativ angehauchte marktgängige Musterexemplar, das dann in Massenproduktion gehen konnte, weil viel kompatibler mit der westdeutschen kulturellen Elite als die Kommune 1.

Internierungslager Spandau

Im Wintersemester 67/68 schrieb ich im Hauptseminar ein Referat über Rousseaus radikal-demokratische Konzeption im „Contrat social" und ihre Anwendung in den Verfassungsentwürfen für Korsika und Polen. Es war das erste Mal, dass ich zu einem Thema wirklich alle vorhandene Literatur gründlich durcharbeitete. Ich verlor den Respekt vor der Wissenschaft. Viele der Doktorarbeiten hatten einfach aus der Literatur abgeschrieben. So zogen sich die gleichen Fehler, die einmal in ein Buch gekommen waren, durch die weitere Literatur danach. Rousseau hatte nirgendwo geschrieben: „Zurück zur Natur!" Im Gegenteil: Aus seiner Sicht war der Naturzustand unwiederbringlich verloren, die Menschheit zur Dekadenz verurteilt. Man könne den Niedergang nur bremsen. Rousseau „zurück zur Natur" zu unterstellen, war eine ähnliche Verkehrung ins Gegenteil wie bei dem auf mich gemünzten Spruch: „Wer einmal mit derselben pennt …" Und doch fand er sich beinahe überall in der Sekundärliteratur und erst recht im Alltagswissen. Dieser ernüchternde Einblick in das innere, tatsächliche Funktionieren des Wissenschaftsbetriebs stärkte mein Selbstbewusstsein und ließ mich in den Seminaren mit größerem Mut auftreten. Gleichzeitig las ich Karl W. Deutsch, „The Nerves of Government", und sah in der kybernetischen Systemtheorie den Schlüssel zur Analyse politischer und gesellschaftlicher Zusammenhänge. Damit fiel ich einem Professor auf, der mich sozusagen adoptierte und mich als studentische Hilfskraft beschäftigte. Er war fasziniert von meinen linksradikalen Ansichten und freute sich, in mir einen Gesprächspartner zu haben, der ihm einen Zugang zum Denken der revoltierenden Studenten bot.

Am Abend vor dem Vietnamkongress hatte er alle Mitarbeiter zu einem Semesterabschlussfest in ein Restaurant eingeladen. Ich hatte einen Stapel Flugblätter vom AStA dabei, auf denen zur Teilnahme am Kongress und an der Abschlussdemonstration aufgerufen wurde, auch wenn es zu einem Verbot käme, denn die Demonstrationsfreiheit sei grundgesetzlich garantiert. Man müsse den Putsch des Berliner Senats gegen das Grundgesetz verhindern. Die Presse, insbesondere die Springer-Presse hatte seit Wochen eine Hetzkampagne gegen die revoltierenden Studenten gestartet. Die wildesten Gerüchte gingen um. Der Kongress und vor allem die Demonstration zum Abschluss des Kongresses seien verboten. Die Polizei werde Straßensperren bilden und scharf schießen.

Ich verteilte die Flugblätter auf dem Fest. Jemand wusste, dass das Demonstrationsverbot gerade im Radio verkündet worden war. Ich sagte, ich würde die Flugblätter auf dem Heimweg verteilen, und stand als ziemlich heldenhafter Revolutionär da.

Tatsächlich musste ich zu Chriss in Neukölln sehr weit zu Fuß durch die menschenleere Karl-Marx-Straße gehen, weil der letzte Bus schon weg war. In jede Telefonzelle legte ich einen Stapel Flugblätter. In jedem Haus mit nicht abgeschlossener Haustür warf ich Flugblätter in die Briefkästen und legte einige Exemplare auf die untersten Stufen. Fleißig und methodisch ging ich vor.

Als ich wieder in einer Telefonzelle Flugblätter zwischen die Seiten des Telefonbuches legte, hielt neben der Zelle ein Polizeiauto. Die beiden Beamten stiegen aus, öffneten die Tür, schnappten sich meine Flugblätter, schauten sie an und sagten: „Wir nehmen Sie vorläufig fest wegen Aufruf zu einer verbotenen Demonstration!"

Sie brachten mich aufs Polizeirevier. Dort saß ich zwischen lauter gelangweilten Polizisten, die auf Rudi Dutschke, „den behaarten Affen", und auf die Studenten im Allgemeinen schimpften. Ich argumentierte mit ihnen und erklärte unser Anliegen, brachte immer neue Statistiken und Informationen. Sie hörten gespannt zu und wurden immer kleinlauter in ihren Argumenten. Dann sagte einer: „Det is en juter Mensch! Der is nur vaführt!" Die anderen nickten, standen auf und gingen.

Dann kam der Sammeltransport, der alle Polizeireviere anfuhr und die dort in der Nacht Festgenommenen aufsammelte. Ich war der Erste, den sie aufsammelten. Dann ging es kreuz und quer durch Berlin, und der Wagen wurde immer voller mit den seltsamsten Gestalten. Geredet wurde nichts. Alle hatten mit sich selbst zu tun.

Wir wurden im Innenhof des Polizeipräsidiums einzeln ausgeladen und mit einem Aufzug gemeinsam zu einer großen, gespenstischen, lärmigen Halle voller Polizisten und festgenommener Personen, alles Männer, gebracht. Einige trugen Handschellen. Einige waren in käfigartigen Gebilden mitten im Raum eingesperrt. Alle brüllten durcheinander. Ich kam mir vor wie in einer Schaubühnen-Inszenierung von Brechts Dreigroschenoper.

Außer mir waren da noch vier andere Studenten. Wir wurden nach langem Warten, es war inzwischen hell geworden, in einem weiteren Sammeltransport nach Spandau zu einem Schulgebäude gefahren. Wir wurden einzeln die Treppen hoch in den zweiten Stock durch den langen breiten Flur der Schule geführt und jeder einzeln in ein Klassenzimmer gebracht. Das Zimmer war leer geräumt. In einer Ecke lag ein Stapel mit Matratzen. Über den Flur sah ich in andere Klassenzimmer. Auch sie waren leergeräumt mit Matratzen in der Ecke. Man brachte mir einen Stuhl und meine Tasche mit Büchern. In der offenen Tür stand ein Polizist und langweilte sich. Als ich ihn fragte, warum er Polizist geworden sei, antwortete er: „Weil man hier immer am Drücker ist!"

Offensichtlich hatte der Berliner Senat beschlossen, in dieser Schule in Spandau – und vielleicht auch anderswo – Internierungslager einzurichten und möglichst viele potenzielle Demonstranten von der Straße weg festzunehmen und sie hier bis zum Ende des nächsten Tages einzusperren. So lange konnte man jemanden ohne richterlichen Beschluss festhalten. Erst dann musste man einem Haftrichter vorgeführt werden. Warum sie nur uns fünf eingesammelt hatten, war mir ein Rätsel und blieb es auch.

Am Spätnachmittag kam ein Anwalt. Von den Polizisten wurde er mit demonstrativer Verachtung bedacht. Er ließ sich von uns ein Mandat unterschreiben, und wenige Stunden später waren wir frei. Wir standen vor der Schule in Spandau, tauschten unsere Adressen aus und suchten nach der nächsten Bushaltestelle und Telefonzelle, um unsere Angehörigen zu benachrichtigen, wo wir waren. Auf dem Weg nach Neukölln kaufte ich ein Büschel Schneeglöckchen, um Chriss zu trösten, die sich halb zu Tode gesorgt hatte.

Das Demonstrationsverbot wurde am Abend vom Berliner Verwaltungsgericht aufgehoben. Wir hatten eine fröhliche Demonstration. Von meinem Internierungslager habe ich nie wieder etwas gehört. In keiner Zeitung wurde je darüber berichtet.

Ostern 68 – der Höhepunkt der antiautoritären Studentenbewegung

Ich war mit meinem agnostischen Christentum weiterhin engagiert bei evangelischen Schülerseminaren. Ich war dort der Star, denn ich war eines der seltenen Exemplare der authentischen Berliner Studentenrevolte. Ich war dabei und stand nun für die scheinbar alles umwälzende Revolte mit ihrem Ruf nach antiautoritärer Erziehung, sexueller Befreiung, nach dem Ende der verlogenen Familienidylle und für die Gründung von Wohngemeinschaften, wenn nicht gar Kommunen. Ich konnte authentisch von Schlachten mit der Polizei, von Verhaftung und Internierung, von riesigen Demonstrationen und Vollversammlungen, Teach-ins und Sit-ins berichten. Ich war Vertreter der außerparlamentarischen Opposition mit philosophischem und weltgeschichtlichem Anspruch. Wo immer ich hinkam in der Provinz, wurde ich das Zentrum heftiger Diskussionen. Ich genoss es.

Einer der Pfarrer hatte eine Stelle an dem kirchlichen Internat in Bad Urach und lud mich zu einem Vortrag vor seinen Schülern über die Vorgänge in Berlin ein. Die Schüler hingen an meinen Lippen, stellten unzählige Fragen und waren begeistert dabei. Die Bürger in der Stadt waren empört. Beim Essen im Rathausrestaurant hörten wir vom Nebentisch das Schimpfen über den „langhaarigen Affen" Dutschke. Es war erstaunlich wie sehr Dutschke das Land polarisierte. Der CSU-Bundestagsabgeordnete Franz Xaver Unertl beschimpfte ihn öffentlich und ungestraft als „ungewaschene, verlauste und verdreckte Kreatur".

Nach dem Attentat auf Dutschke Ostern 1968 in Berlin auf dem Kurfürstendamm brachen der Pfarrer aus Urach und ich noch am Abend auf zur Blockade der Springer-Druckerei in Esslingen und bauten dort unter Wasserwerferbeschuss Barrikaden, um die Auslieferung der Zeitungen zu verhindern. Ich lief ab da mit einer großen Plakette am Revers herum: „Enteignet Springer!"

Ich war euphorisch. Ich meinte, in der Vorfront einer unvermeidlich siegreichen Weltrevolution zu stehen. In Vietnam hatte die Tet-Offensive das Blatt gewendet. In China ergriffen in der Kulturrevolution die Studenten die Macht und fegten die alten Strukturen und Eliten ins Aus. In Frankreich brach die Revolte gegen de Gaulle und das politische Establishment los. In Italien kämpften in der Lotta Continua Arbeiter und Studenten zusammen. In Prag und Warschau stand eine Revolution bevor. In Berkeley zeigten die Hippies dem Mainstream die Zunge. In Warschau wurde der Aufstand geprobt. In den Niederlanden herrschten die Provos. Überall waren „wir" auf dem Vormarsch.

Irrtümer der Selbstüberschätzung

Die Euphorie gebar in mir auch schlimme Irrtümer. In einem Gespräch mit tschechischen Vertretern des Prager Frühlings warf ich mit der Arroganz eines intellektuellen Snobs in die Diskussion, die Prager Revolte gehe in die völlig falsche Richtung. Sie wolle die Marktwirtschaft. Marx habe die Abschaffung des Geldes und des Staates gefordert. Die Prager schauten sich an und gingen.

Mit der gleichen dogmatischen Blindheit schaute ich auf Vietnam und China, ließ nur Informationen zu, die das Bild vom fernen Paradies bestätigten, und wies alle Informationen über Gräuel und Diktatur als antikommunistische Propaganda zurück. Ich rechtfertigte selbst die Massaker an allen Stadtbewohnern und Brillenträgern in Kambodscha. Das sei wirklich radikaler Kommunismus, wie ihn Marx gefordert habe, nämlich Abschaffung des Geldes und des Staates und Aufhebung der Arbeitsteilung zwischen Stadt und Land, die zuvor immer zum Nachteil des Landes gelaufen sei. Da erhebe sich das Land gegen die Stadt und übe Rache für seine jahrhundertealte Unterdrückung und Ausbeutung.

Auch in der Arbeit mit den Schülerinnen und Schülern zeigten sich die dunklen Seiten der antiautoritären Studentenrevolte. Weil ich mit Reich, Malinowski und Mead fest daran glaubte, dass die sexuelle Befreiung eine friedliche Welt erzeugen würde, brachten wir in die Schülerseminare viel Reich und Freud und Sexpol. Die Schüler und Schülerinnen fanden das aufregend. Doch im Rückblick erzeugte ich damit eine sexuell aufgeheizte Atmosphäre, die sich gefährlich nahe an der Grenze zum Missbrauch bewegte. Die Missbrauchskultur an der Odenwaldschule erscheint mir auf diesem Hintergrund keineswegs erstaunlich oder überraschend. Bei der antiautoritären Erziehung bewegten sich die damalige Debatte und die Praxis in den Kinderläden und auch bei uns in der Wohngemeinschaft gegenüber der sexuellen Neugier von Kindern an den Grenzen zur Pädophilie.

Unkritisch hatten wir die Lehre von dem höchstwahrscheinlich schwer schizophrenen Wilhelm Reich über die Herausbildung spezifischer Körperpanzer als Resultat der sexuellen Unterdrückung und Triebabwehr übernommen und meinten ernsthaft, man müsse durch Befreiung der frühkindlichen Sexualität eine solche Panzerung verhindern. Der völlig verquere Holismus, der meinte, an den Körpern den Charakter ablesen und mit Veränderung des Körpers die Seele befreien zu können, legitimierte eine Fixierung auf das Körperliche, die bei mir die wildesten Kapriolen und Triebe sprießen ließ. Auch darin war ich prototypisch westdeutsch.

Die alltagskulturelle Umwälzung

Der antiautoritäre und hedonistische und zugleich elitäre Charakter der Studentenbewegung war gleichzeitig der Grund, warum sie Berlin und Westdeutschland wirklich umwälzte. Die kulturellen Eliten in den Theatern, den Konzertsälen, den linksliberalen Blättern und im Fernsehen und Radio waren begeistert und gaben der Spaßguerilla Raum und Unterstützung. Eben weil die Revoluzzer selbst zur Elite gehörten oder jedenfalls bald zu ihr aufsteigen würden, hatte die Revolte eine enorme alltagskulturelle Wirkung.

Für mich hat sie Westdeutschland liebens- und lebenswert gemacht. Die deutsche Härte wurde abgelöst durch eine Freundlichkeit und Wertschätzung, wie ich sie in meinem Jahr Amerika erlebt hatte. An der Uni duzten sich inzwischen alle, auch viele Dozenten. Man sprach miteinander in der Mensa, in den Veranstaltungen, diskutierte das Tagesgeschehen, die nächste Demonstration. Ich fühlte mich zu Hause in der Universität, wo mir noch wenige Monate zuvor alles fremd und feindlich erschienen war. Demonstrationen waren keine bierernsten, einem Trauermarsch ähnelnden Mahnmärsche mehr. Sie sollten Spaß machen und die Zuschauer zum Mitmachen verführen. Wir fochten Wettkämpfe aus um die fetzigsten Parolen, hielten den Zug an und gingen als ganzer Block in die Hocke und zählten mit anschwellenden Stimmen von Zehn auf Null herunter, um dann mit Spurt und allerlei Hopsern und Pirouetten zum Demonstrationsblock vor uns aufzuschließen.

Die scheinbar seit Ewigkeiten, in Wirklichkeit seit den Zwanzigerjahren geltende Kleiderordnung wurde auf den Kopf gestellt. Bei den Studenten wurde der propere, anständige Look mit Jackett, Scheitel und Krawatte ersetzt durch sein Gegenteil: Lange Haare, Bart, Jeans, Stiefel oder Turnschuhe, Schlabberhemd und Parka. Man musste aussehen wie ein obdachloser Penner, um zu demonstrieren, dass man auf Äußerlichkeiten keinen Wert legte. Bei den Studentinnen verschwanden das Kostüm, die hochhackigen Schuhe und das Make-up, mit denen sie auf Bildern der ersten Demonstrationen 1967 noch zu sehen sind. Sie wurden ersetzt durch Jeans, lose Hemden ohne BH darunter und Parkas wie bei den Männern. Auch hier sollte die Ferne zur Modeindustrie und zu den bürgerlichen Erwartungen demonstriert werden.

Alles, was vorher normal war, wurde infrage gestellt. Der normale Lebensentwurf mit Karriere und Reichtum galt nicht mehr. Ich war stolz darauf, dass wir Orangenkisten als Bücherregale nutzten und auf einer Matratze auf dem Boden schliefen. Wie die alten Kyniker in Griechenland wollten wir unsere Freiheit dadurch steigern, dass wir praktisch bedürfnislos waren im Sinne von Bob Dylans klassischer Refrainzeile: „Freedom's just another word for nothing left to lose (*Freiheit ist nur ein anderes Wort für nichts übrig, das man verlieren könnte*).

Hierarchien galten nichts. Es gab keine hierarchische Befehlsstruktur im antiautoritären Teil der Studentenbewegung. Zwar waren einige Redner besonders beliebt. Aber es gab keine Anweisungen. Jeder und jede entschied für sich, was gut und richtig war. Es war funktionierende Anarchie und gleichzeitig die große Illusion.

Staatsfeinde

Meine Freundin und Quasiverlobte Chriss und ich zogen zusammen. Wir waren die Nachfolger von Bahman Nirumand, dessen Frau eine Verwandte von Chriss war, in einer Wohngemeinschaft. Den Vermietern sagten wir davon nichts. Es galt damals noch der

Kuppeleiparagraph, der es unter Strafe stellte, Unverheirateten eine Wohnung zu vermieten.

Die Wohnung lag in der Nähe des Funkturms an einer großen Durchgangsstraße im vierten Stock eines einst hochherrschaftlichen Wohnhauses aus der Gründerzeit. Sie hatte vier Zimmer mit zwei Balkonen. In jedem Zimmer gab es eine Klingel für das Personal. Drückte man sie, fiel in der Küche eine Klappe und zeigte an, in welchem Zimmer die Klingel gedrückt worden war. Von der Küche aus führte ein balkonähnlicher Gang mit schmiedeeiserner Balustrade zur Dienstboten- und Lieferantentreppe. Diese führte auch zum Keller, aus dem wir im Winter jeden Tag die Briketts für die Kachelöfen holen mussten.

Wir wurden von dem Paar, das den Mietvertrag für die Wohnung hatte, inspiziert und für gut befunden. Wir verabredeten, eine moderate Kommune aufzumachen. Das bedeutete: keinen Frauen- oder Männertausch und auch keine Gleichverteilung der Einkommen, aber eine gemeinsame Haushaltskasse und gleiche Arbeiten für alle. Das Paar erwartete ein Kind und wir würden die Pflege des Kindes unter uns aufteilen. Wenn wir beide unsere Examen hinter uns hätten, würden auch wir ein Kind bekommen und beide in einem selbstverwalteten Kinderladen groß ziehen.

Wir richteten uns unsere beiden Zimmer – die kleineren ohne Balkon – mit den neuen Basics der antiautoritären Studentenbewegung ein: Backsteine und Bretter als Regale, Obstkisten als Kommoden und Schränke, Böcke und Brett als Schreibtisch, Matratzen auf dem Boden als Bett. Als unsere Mütter uns besuchen kamen (nacheinander), waren sie entsetzt. Chriss Mutter legte zur Verschönerung auf die Orangenkisten kleine Zierdeckchen. Meine Mutter zog ins Hotel. Sie hielt es bei uns nicht aus.

Am 5. März 1969 stand die Wahl des Bundespräsidenten in den Messehallen unter dem Funkturm an. Zahlreiche Delegierte waren in einem Hotel ganz in der Nähe untergebracht. Am frühen Morgen des 3. März klingelte es bei uns Sturm. Als ich öffnete, stand draußen ein Pulk Polizisten, die sofort in den Flur drängten. Ihr Chef zeigte einen Durchsuchungsbeschluss und die Beamten schwärmten in alle Räume aus, zogen alle Bücher aus den Regalen, holten die Asche aus den Kachelöfen, drückten auf den Matratzen herum, kippten die Schmutzwäsche aus, brachten alles in Unordnung, ohne irgendetwas zu reden. Auf unsere Anfragen gab der Einsatzleiter an, wir stünden im Verdacht staatsfeindlicher Umtriebe, und angesichts der bevorstehenden Wahl des Bundespräsidenten würden wir verdächtigt, einen Anschlag zu planen.

Als sie meine Personalien aufnahmen, waren sie irritiert und fragten, ob ich nicht Bahman Nirumand sei. Er war also der Staatsfeind, nach dem sie suchten und der ihnen Anlass zu dem ungeheuren Verdacht gegeben hatte, hier würde Sprengstoff für einen Anschlag verborgen, nur weil er das Buch über den Schah und Persien geschrieben hatte, das die Studentenbewegung zu den Demonstrationen gegen den Schah inspiriert hatte. Die Polizei hatte keinerlei Informationen, also irgendwelche konkreten Hinweise auf einen geplanten Anschlag, außer dass er Bahman Nirumand war und hier wohnte. Es war eine Ungeheuerlichkeit und gegen alles Recht.

Wir baten die Beamten, dem Vermieter nicht mitzuteilen, dass wir nicht verheiratet seien. Sie sagten das zu. Zwei Tage später wurden wir vom Vermieter einbestellt, weil wir nicht verheiratet seien. Das könne er nicht dulden. Wir gingen in unseren besten Kleidern zu ihm hin mit geliehenen Verlobungsringen und baten um Geduld, da der Vater meiner Freundin im Sterben läge, was leider stimmte. Er lenkte ein.

Diplom

In einem Seminar zur kybernetischen Systemtheorie bei Rolf Kreibich im soziologischen Institut in der Babelsberger Straße lernte ich besonders interessante Leute kennen, die sich voller Neugier und Kreativität auf dieses neue Gebiet einließen. Aus dem Seminar ging die Initiative hervor, Rolf Kreibich zum ersten Präsidenten der neuen FU zu machen. Als es gelang, war Rolf Kreibich in Deutschland der erste wissenschaftliche Assistent, der Rektor einer Universität wurde. Er hatte eine harte Zeit. Er wurde von allen Seiten angefeindet und hatte es mit seiner eher trockenen Ingenieurhaftigkeit schwer, Gefolgschaft zu gewinnen. Ihm wurde nach dem Mauerfall eine Mitarbeit beim Ministerium für Staatssicherheit unterstellt, was sich aber nie nachweisen ließ. Ich mochte ihn und habe viele Anregungen von ihm bekommen.

Kybernetik, die Lehre von den sich selbst steuernden Systemen und Subsystemen und ihrer Umwelt, war damals die neue spannende Sache in den Wirtschafts- und Sozialwissenschaften. Walter Ulbricht wollte mit ihr die DDR reformieren. Die VEBs sollten als autonome Subsysteme behandelt werden, die auch in ihrer Preispolitik einen hohen Grad von Freiheit genießen sollten. Das entmachtete die Funktionäre und hätte marktwirtschaftliche Elemente eingeführt. Die Preise hätten die zentrale Planung korrigiert, wenn nicht gar ersetzt. Wirtschaftlich zeigte es alle Anzeichen, dass es ein Erfolg werden würde. Politisch stürzte Ulbricht darüber und wurde 1971 durch Erich Honecker ersetzt. Kybernetik war danach in der DDR tot, im Westen dafür umso lebendiger und machte als Systemtheorie Karriere.

In dem Seminar bei Rolf Kreibich bot die Kybernetik für uns eine fächerübergreifende neue Möglichkeit, komplexe Zusammenhänge in der Gesellschaft darzustellen und Modelle zu entwickeln, mit denen sie besser begreiflich gemacht werden konnten. Wir waren begeistert dabei. Bei meinem professoralen Förderer Prof. Dr. Peter Christian Ludz, dem ich sehr zu Dank verpflichtet bin, fand ich mit meiner kybernetischen Betrachtung viel Unterstützung und Förderung. Er nahm mich zum Diplom an und gab mir für meine Diplomarbeit das Thema „Versuch einer Präzisierung des Revolutionsbegriffs mit den Mitteln der kybernetischen Systemtheorie".

Es gab dazu keine Literatur. Ich musste mir alles selbst ausdenken. Mein Förderer erwartete den großen Wurf. Ich sollte anhand der Revolution von 1848/49 am historischen Material arbeiten und mein Konzept sozusagen empirisch prüfen. Ich wollte jedoch ein allgemeines, abstraktes Modell vorführen. In nur drei Monaten war eine historisch-empirische Studie für mich nicht machbar.

Ich drehte beinahe durch. Ich schlief kaum noch, träumte nachts von der Revolution. Ich entwickelte den Ansatz eines Tinnitus und arbeitete weiter. Eine Frau in Südzehlendorf in der Nähe der Mauer schrieb meinen chaotischen, handschriftlich verfassten Text mit der Schreibmaschine ab. Es war der Tag der Abgabe. Ich musste die fertige Arbeit vor Mitternacht im Postamt im Bahnhof Zoo mit dem Tagesstempel abstempeln lassen, sonst wäre die Arbeit wegen Fristüberschreitung als durchgefallen bewertet worden. Noch um elf schrieb die Frau an meinem Manuskript. Es waren nur 49 Seiten. Vor dem Haus wartete mein Freund Eberhard mit dem Auto. Wir rasten in die Stadt zu einem Kopierladen, der rund um die Uhr offen hatte für Leute wie mich. Zwei Minuten vor Mitternacht erreichten wir atemlos das Postamt im Bahnhof Zoo. Da stand eine lange Schlange von Studierenden mit ihren Diplomarbeiten. Der Postbeamte kam hinter seinem Tresen hervor, als es Mitternacht schlug, schloss die Tür nach draußen ab, damit niemand Neues hereinkommen konnte, und rief: „Sie alle sind vor Mitternacht hier angekommen, darum gebe ich Ihnen allen den Stempel des Tages vor Mitternacht, denn es ist ja nicht Ihr Fehler, dass hier so viele Leute warten." Wir atmeten auf und hätten ihn am liebsten geherzt und geküsst.

Die mündliche Prüfung fand einen Monat später statt. Man bekam ein Thema für einen Vortrag drei Tage vor der Prüfung und musste dann zeigen, dass man fähig war, in so kurzer Zeit ein unbekanntes Thema fundiert zu erarbeiten und mündlich zu präsentieren. So sah der Alltag von persönlichen Referenten in der Politik aus. Es war also eine sehr praxisnahe Prüfungsform. Ich kann mich an die Prüfung kaum erinnern. Ich war wie unter Narkose und habe mich vermutlich hauptsächlich durch die Prüfung geblufft. Mein Förderer war mit meiner Diplomarbeit nicht zufrieden. Es fehlte ihm die historisch-empirische Basis.

Dennoch bat er mich, die Diplomarbeit auf dem nächsten Kongress der Politologen vorzustellen. Ich hielt ein Referat und bekam viel Lob und Beifall. Eine Koryphäe klopfte mir auf die Schulter und sagte: „Weiter so, junger Mann!" Für die Druckfassung aller Beiträge zum Kongress setzte ich mich mit meinen kybernetischen Freunden aus dem Seminar von Rolf Kreibich zusammen und wir verfassten einen gemeinsamen Aufsatz. Ich hatte meine Diplomarbeit sozusagen kollektiviert.

Die Konferenz der Revolutionäre

Mein professoraler Förderer muss irgendwie den Eindruck gewonnen haben (vielleicht weil ich einer der Wenigen war, die festgenommen worden waren), ich gehörte zum Führungskader der antiautoritären Studentenbewegung. Er hatte beste Beziehungen zu amerikanischen Quäkern, die in Montreux am Genfer See eine Tagung veranstalteten, bei der sie die Führungskader aller revolutionären Bewegungen der Welt zusammenführen wollten, um sie zum Frieden zu bewegen. Sie fragten meinen Professor nach einem Repräsentanten der Berliner Studentenbewegung und er nominierte mich. Da ich nicht wusste, worum es bei der Tagung gehen sollte, nahm ich die Einladung gerne an und fuhr mit einer New Yorker Journalistin und ihrem Partner, einem führenden Mitglied des Berliner Sozialdemokratischen Hochschulbundes (SHB) im Auto nach Genf. Es war eine abenteuerliche Fahrt, denn der SHBler trank, das Auto steuernd, eine ganze Flasche Whisky leer. Seine New Yorker Freundin schien das gewohnt zu sein. Sie protestierte nicht. Ich war zu kleinlaut, um einzuschreiten.

Kleinlaut war ich, weil ich mir wie der ungeeignetste aller denkbaren Repräsentanten der Berliner Studentenbewegung vorkam. An meiner Stelle hätte Rudi Dutschke kommen müssen. Doch ich ließ es mir nicht verdrießen: So fehl am Platz ich war, so sehr kostete ich alle Aspekte der Tagung aus. Für mich war sie ein großer Gewinn.

Der erste Aspekt war der Luxus. Wir waren in einem Internat für die Töchter sehr reicher Eltern aus aller Welt untergebracht. Es lag auf der Kante einer Hochebene über Montreux und dem Genfer See. Von den Hauptgebäuden aus hatte man einen schönen Blick auf den See und die Bergketten dahinter. In einem Park mit alten Bäumen lagen die Wohnhäuser mit großen Einzelzimmern und die Sportanlagen mit einem Turnierschwimmbad, Tennisplätzen und einem Hockeyplatz. Das Hauptgebäude auf der Kante entsprach in Ausstattung und Kulinarik einem Fünfsternehotel.

Der zweite Aspekt waren die Quäker. Ich wusste, dass sie nach dem Zweiten Weltkrieg den barbarischen Erzfeinden Deutschland und Japan CARE-Pakete geschickt hatten, weil für sie das göttliche Licht in jedem Menschen lebte und es darum keine Ausgestoßenen geben durfte. Diese freundliche, friedliche und dennoch prinzipienfest klare Haltung konnte ich hier in Aktion erleben. Wie stille Geister wirkten sie im Hintergrund, schufen vor allem den Raum für Begegnungen zwischen den Eingeladenen. Sie griffen sanft, aber bestimmt ein, wenn jemand drohte, majorisiert zu werden und nicht mehr zu Wort zu kommen. Sie widersprachen niemandem, unterstützten aber alle Aussagen für Pluralismus und Toleranz.

Der wichtigste Aspekt waren die Eingeladenen: Hochrangige Vertreter der lateinamerikanischen Guerillabewegungen, z. B. der Tupamaros aus Uruguay und der Monteneros aus Argentinien, der afrikanischen Unabhängigkeitsbewegungen, zum Beispiel aus der revoltierenden Provinz Biafra in Nigeria, und der Widerstandsbewegung ANC aus Südafrika, eindrucksvolle Repräsentanten der Bürgerrechtsbewegung aus den USA, Vertreter der Studentenbewegungen aus Frankreich, Italien, Dänemark und – weniger eindrucksvoll – Deutschland, Delegationen aus der UdSSR, Polen und der CSSR. Repräsentanten beinahe aller aktuellen weltpolitischen Konflikte waren anwesend.

Als spezielle Gäste hatten die Quäker Mitglieder des Club of Rome eingeladen. In ihm hatten sich 1968 Experten der verschiedensten Disziplinen aus Sorge über die Zukunft der Menschheit zusammengefunden. Sie erzeugten 1972 mit ihrem Bericht „Grenzen des Wachstums" weltweites Aufsehen. Hier, zwei Jahre zuvor, wollten die Quäker den versammelten Vorkämpfern für eine bessere Zukunft bei aller Anerkennung ihres lokalen Engagements zeigen, dass die Menschheit als Ganzes in Gefahr war. So verstand ich den Sinn der Veranstaltung, denn die Vertreter des Club of Rome wurden von den Veranstaltern in eine besonders prominente Position gebracht. Ihre Informationen waren für beinahe alle Anwesenden völlig neu und sensationell und rückten sofort in das Zentrum der Aufmerksamkeit.

Ein Professor aus Berkley prophezeite, die Menschheit werde das Jahr 2010 wahrscheinlich nicht erleben, wenn sie so weitermache wie bisher. Das Problem sei, dass die Menschheit ohne die Warnung der Wissenschaftler, wenn sie nur auf die eigene Erfahrung angewiesen wäre, die Gefahr erst bemerken würde, wenn es für Gegenmaßnahmen längst zu spät sei.

Für mich bedeutete die Tagung eine Erschütterung meines Weltbildes. Alles wurde durch diese globale Bedrohung in ein anderes Licht gerückt. Es war wie eine Krebsdiagnose: Kurzfristige Ziele und Erfolge verloren an Bedeutung. Langzeitprojekte schienen sinnlos geworden. Ein solches Langzeitprojekt war das Kinderkriegen. Ich beschloss es aufzugeben und mich sterilisieren zu lassen. Auf dem Weg zum Untergang würde es exponentiell anwachsende Naturkatastrophen und Kriege geben. Ich hielt es für nicht verantwortbar, in eine solche Zukunft Kinder zu setzen. Die Marx'sche Frage nach den Reproduktionsbedingungen der Menschheit stellte sich nun in ganz anderer Weise und in einer ganz anderen Schärfe.

Kinder

Das Paar, mit dem wir zusammengezogen waren, bekam ein Mädchen: Katrin. Wir zogen das Kind gemeinsam auf. Konkret hieß das: Da wir zu viert waren, musste jede und jeder von uns alle vier Tage Windeln wechseln, die Flasche vorbereiten, die Temperatur prüfen, das Kind füttern, herumtragen, es trösten, wenn es schrie. Als das Kind ein Baby war, hatte ich keine Probleme mit dieser Arbeitsteilung. Denn man konnte das Baby im einen Arm tragen und mit der anderen Hand die Zeitung oder ein Buch halten und lesen. Sobald das Kind älter war, wurde das anders. An dem Tag, an dem man „dran" war, kam man zu nichts anderem mehr. Das Kind nahm einen voll in Anspruch, krabbelte überall herum, wollte alles in den Mund nehmen, alles herunterreißen. Das Füttern dauerte ewig und war meist ein Drama. Dazu das Schreien! Ich war völlig überfordert.

Eines Tages fragten uns unsere Mitbewohner, ob sie zusammen mit ihren Genossinnen und Genossen von der Roten Zelle Ökonomie (RoZÖk) für drei Wochen nach Italien auf die Insel Giglio fahren könnten und wir solange die kleine Katrin alleine versorgen würden. Natürlich sagten wir zu. Doch die drei Wochen wurden für uns, besonders für mich, zum Albtraum. Wenn das Kind schrie, wenn es sich trotzig auf den Boden warf und mit Händen und Füßen auf den Boden trommelte, kamen bei mir bisher unbekannt heftige Gefühle hoch. Ich hätte mich daneben werfen und auch schreiend auf den Boden trommeln können. Wenn es sein Essen auf dem Tisch ausbreitete und mit den Händen darin herumpatschte oder es auf den Tisch erbrach, packte mich der Ekel und ich hätte zuschlagen können. Wenn wir den ganzen Tag damit beschäftigt waren, das Kind zu hüten, zu beruhigen und zu unterhalten, und zu nichts anderem kamen, packte mich der Hass. Das war nicht das Leben, das ich führen wollte.

Es erschien mir, als ob all die Gefühle, die ich mühsam in meiner eigenen Kindheit im Prozess meiner Erziehung zu unterdrücken gelernt hatte, nun in der Konfrontation mit diesem hilflosen Kleinkind mit großer Gewalt über mich kamen. Sie überwältigten mich so, dass sie mir Angst machten. Ich konnte kein Kind haben. Ich war dazu nicht fähig. Chriss erging es ähnlich. Sie störte vor allem, dass man in Gegenwart eines Kleinkindes über Jahre hinweg keine erwachsene Kommunikation führen konnte.

Als die Eltern von Katrin zurückkamen, gestanden wir ihnen nach und nach unseren Entschluss. Wir hätten das Vorhaben, nach unserem Examen auch ein Kind zu haben, aufgegeben. Wir würden weiterhin alle vier Tage unseren Anteil an der weiteren Erziehung liefern. Auf keinen Fall würden wir nochmal die Aufgabe alleine übernehmen und vor allem würden wir keine eigenen Kinder haben.

Bald kam Katrin in den Kinderladen. Da war die Aufgabe viel leichter. Wir mussten sie nur hinbringen und abholen und dann am Abend bespielen. Die mühsame Arbeit bei der Gestaltung des Kinderladens überließen wir den Eltern.

Ich hatte einen weiteren guten Grund, mich sterilisieren zu lassen. Weil ich aber wusste, wie schnell ich meine Meinung ändern konnte, wartete ich damit bis ich 35 war. Danach wäre es aus meiner Sicht sowieso unfair gewesen, noch ein Kind zu zeugen. 1979 ließ ich mir die Samenstränge tatsächlich unterbrechen. Bereut habe ich es nie.

Apfelsinenkistenhochzeit

So wie wir Anhänger der antiautoritären Studentenrevolte zwischen Apfelsinenkisten hausten, um unsere Unangepasstheit zu demonstrieren, so heirateten wir auch. Zu heiraten galt in unseren Kreisen als etwas sehr Gestriges. Das taten Menschen über dreißig, nicht wir. Aber da waren immer noch der Kuppeleiparagraph (er wurde erst 1974 abgeschafft) und unser Hausbesitzer, der uns nur Aufschub gewährt hatte. Es gab noch gewichtigere Argumente: Hätten wir nicht geheiratet, hätten wir dem Staat in unseren Augen erhebliche Mittel – ich meine, es waren um die 100 Mark im Monat – geschenkt. Und da es das revolutionäre Ziel war, den Ausbeuterstaat zu schädigen, wo es nur ging, verwandelte sich unser biederer Akt in eine revolutionäre Heldentat. Um das zu unterstreichen und die symbolische Bedeutung der Eheschließung herunterzuspielen, inszenierten wir sozusagen eine Apfelsinenkistenhochzeit. Vor der Arbeit gingen wir zum Standesamt. Unsere Wohngemeinschaftsgenossen samt Kind dienten als Trauzeugen. Wir ließen die Zeremonie über uns ergehen, während das Kind auf dem Tisch des Standesbeamten herumkrabbelte. Danach ging jeder seiner Wege. Eine Feier gab es nicht.

Als wir an Pfingsten zu Chriss' Eltern fuhren, wo auch meine Mutter und meine Lieblingstante zu Besuch waren, und beim Kaffeetrinken mitteilten: „Übrigens, wir haben geheiratet!", waren alle Anwesenden entsetzt und enttäuscht und verletzt. Meine Mutter weinte bitterlich.

Die Kaperung der Studentenbewegung

Die antiautoritäre Studentenbewegung war nicht im Sinne der Chefmarxisten im SDS. Die großen alten Kader, die Alleswisser und großen Rhetoren, die es nie zu einer entsprechend großen öffentlichen Reaktion gebracht hatten, waren durch die Kommune 1 vollends ins Eck gestellt worden. Ihre Spaßaktionen, ihre Selbstironie, ihre cleveren Parolen und entlarvenden Antworten („wenn es der Wahrheitsfindung dient") machten sie zu Favoriten der Medien. Sie lieferten Bilder, Stories und Zitate, wie sie sich Reporter wünschten. Sie, die „Spontis", die Vorkämpfer der spontanen Aktion, waren der Kern der antiautoritären Studentenbewegung.

Die Altkader konnten das nicht auf sich sitzen lassen. Aus ihrer Sicht wurde hier die Weltrevolution lächerlich gemacht, das Proletariat missachtet. Die allermeisten Arbeiter fanden die Studentenrevolte tatsächlich lächerlich bis empörend. Die alten Kader sahen zudem, dass in Italien und Frankreich das Bündnis der Studenten und Arbeiter zu klappen schien. Dann musste das auch in Deutschland möglich sein. Die Spaßfraktion musste entmachtet, gekapert werden. 1969 fand die Konferenz der Roten Presse Korrespondenz (RPK), eine kollektive, eher freche als bierernste, allgemein beliebte Publikation, in der ArchFak (Architektur Fakultät) der TU statt. Die Altkader waren alle präsent und übernahmen in einem klassischen Putsch per Mehrheitsabstimmung das Organ der Studentenrevolte und verwandelten es in ein Organ ihrer neu gegründeten Partei KPD (AO). Das AO stand für Aufbau Organisation, wurde von Gegnern und Konkurrenten aber „A Null" ausgesprochen.

Jetzt stand angeblich der Aufbau einer streng hierarchischen Kaderpartei auf dem Programm der Weltgeschichte. Das Proletariat musste in seine ihm angestammte Rolle gebracht werden. Man musste sich dem Proletariat annähern und darum selbst eine proletarische Lebensweise annehmen. Die Proletarier prügelten ihre Kinder, also mussten wir nun auch unsere Kinder prügeln. Menschen, die noch kurz zuvor Vorkämpfer der antiautoritären Sexpol-Bewegung waren, Hubert Bacia etwa, verwandelten sich innerhalb weniger Monate in knallharte Dogmatiker der Kaderlinie.

Damit war alles, was mich an der Studentenbewegung begeistert hatte, wie vom Tisch gewischt. Meine kulturrevolutionäre Position galt als gestrig und kleinbürgerlich. Ich war wieder der Dumme.

Tatsächlich waren jedoch die neuen Kaderparteien die Dummen. Mit ihren operettenhaften Inszenierungen kommunistischer Parteien der Zwanzigerjahre und ihrem lachhaften Proletkult bis hin zum Singen der pathetischen Lieder der Zwanzigerjahre („Beim Hungern und beim Essen nicht vergessen – die Solidarität!") machten sie sich lächerlich. Außerhalb der universitären Subkultur nahm sie kaum jemand wahr oder ernst. Wenn sie früh morgens vor den Betrieben mit ihren aus „Spiel mir das Lied vom Tode" abgeschauten langen Mänteln auftauchten, erinnerten sie die älteren Arbeiter an die Gestapo, die Jüngeren schüttelten nur die Köpfe. Wenn sie auf den Straßen ihre Zeitungen verteilten, unterschieden sie sich kaum von den Zeugen Jehovas und fanden auch kaum mehr Abnehmer.

In der linken universitären Subkultur hatten sie jedoch einen unheilvollen zerstörerischen Einfluss. Sie waren die Spaßbremsen schlechthin. Sie erinnerten mich mit ihrem missionarischen Eifer und ihrer verbohrten Humorlosigkeit an meine Pietisten von der Schwäbischen Alb und an die Stundenleute in Tübingen.

Revolutionäre Praxis

Dennoch hatten sie eine große Wirkung unter denen, die sich im Umkreis der Studentenrevolte noch als links verstanden und als solche angesehen werden wollten. Ohne „revolutionäre Praxis" ging es nicht mehr. Damit war gemeint, dass man den Elfenbeinturm Universität verlassen musste und sich mit dem revolutionären Proletariat verbünden und es mit unseren wissenschaftlichen Erkenntnissen unterstützen sollte. Leider gab es kein revolutionäres Proletariat, wenigstens keines, zu dem ich Zugang gehabt hätte.

Irgendwer stellte für meinen Freund E. und mich einen Kontakt zu einer Gruppe Sozialarbeiter her, die in ihrem Bereich eine linksradikale antiautoritäre Politik betrieben. Sie nannten sich AKS (Arbeitskreis Kritische Sozialarbeit). Sie begegneten uns Studenten mit großer Skepsis, weil sich schnell herausstellte, dass wir keine Ahnung von Sozialarbeit hatten. Sie gaben eine Zeitschrift heraus, die Sozialpädagogische Korrespondenz (SPK), die ziemliche Verbreitung unter den Sozialarbeitern hatte, weil sie ein klar linkes Profil hatte und die Institutionen der Sozialen Arbeit etwa in der Heimerziehung mutig und direkt angriff und tabuisierte Fragen aufwarf. Wir boten an, bei der Produktion der Zeitschrift zu helfen. Wir lasen die bisher erschienenen Hefte und lernten die himmelschreienden Missstände in der Heimerziehung und die Überforderung und Aussichtslosigkeit in den meisten Bereichen der sozialen Arbeit kennen. Wir halfen beim Schreiben, Drucken, Zusammenlegen und Heften der Zeitschrift.

Wir fuhren mit den militanten Sozialarbeitern auf den Deutschen Fürsorgetag 1969 nach Essen und agitierten dort sehr erfolgreich, übernahmen ihn praktisch und brachten radikale Forderungen ein, die verabschiedet wurden, aber nichts bewirkten. Wir fühlten uns sehr revolutionär und waren einer „revolutionären Praxis" näher als die meisten Mitglieder der K-Gruppen.

Randgruppentheorie

Wir hatten nach der damals vorherrschenden Theorie die Hände an den Schalthebeln der Revolution. Aus Herbert Marcuses Buch „Der eindimensionale Mensch" leiteten wir die „Randgruppentheorie" ab. Die Arbeiterklasse war kein revolutionäres Subjekt mehr. Sie hatte eine systemstabilisierende Rolle übernommen, weil sie zentraler Bestandteil des Systems war. Diejenigen, die unter dem System litten und darum eine Motivation zur Revolution hatten, lebten in den Gruppen am Rand der Gesellschaft. Diese galt es zu mobilisieren. Die soziale Arbeit, deren Klientel diese Randgruppen waren, erhielt damit eine strategische Schlüsselposition.

Bei Marx stieß ich zu meiner Überraschung auf mehrere Stellen, in denen er eben diese Randgruppen als „Lumpenproletariat" bezeichnete. Er sah in ihnen eine Gefahr für den revolutionären Prozess, weil sie sich jederzeit zu reaktionären Umtrieben kaufen lassen würden. Sie seien zersplittert, bestechlich und so ungebildet, dass sie es nie zu einem Klassenbewusstsein bringen könnten. Ich brachte diese Sichtweise des Altmeisters der revolutionären Gesellschaftsanalyse in die Diskussionen des AKS ein und fand bei den Sozialarbeitern mit langjähriger Praxis in der Arbeit mit solchen Randgruppen große Zustimmung. Mit diesen abgestürzten Leuten seien kein Staat und erst recht keine Revolution zu machen.

Im Januar 1970 fand in den Räumen der Architektur Fakultät in der TU eine große „Randgruppen-Konferenz" statt. Es waren 230 Leute aus der ganzen Bundesrepublik und West-Berlin gekommen. Sie repräsentierten vierzig unterschiedliche Gruppen. Der Berliner AKS war eine von ihnen.

Ulrike Meinhof war die prominenteste Teilnehmerin. Sie stellte ihren Film „Bambule" über ihre Arbeit mit jungen Trebegängern vor. Alle Redebeiträge unterstützten die Randgruppentheorie. Nur so könne man die Verhältnisse zum Kippen bringen. Als ich die Sichtweise von Marx auf das Lumpenproletariat vortrug, kam Unruhe auf. Als ich zudem noch grundsätzliche Bedenken gegen die strategischen Annahmen der Randgruppentheorie äußerte, steigerte sich die Unruhe zur Empörung. Ich sagte, Marcuse meine, die Arbeiter seien nicht mehr revolutionär, weil es ihnen zu gut gehe. Darum suche man nun in den Randgruppen ein verelendetes und darum einzig mögliches revolutionäres Subjekt. Es sei aber höchst fraglich, ob wachsendes Elend revolutionäres Bewusstsein schaffe. Es gab kaum Beifall. Einige buhten. Der Versammlungsleiter sagte: „Mit Revisionisten reden wir nicht!" Ich war abserviert. Der Druck war so groß, dass ich den AKS verließ und meine „revolutionäre Praxis" einstellte.

Wissenschaft als Beruf

Den Plan, Journalist zu werden, hatte ich längst aufgegeben. Das wissenschaftliche Arbeiten machte mir zu viel Spaß. Ich freute mich daran, an einem Thema ohne Zeitdruck gründlich arbeiten zu können, mich durch die Literatur durchzuarbeiten, Exzerpte anzufertigen, mir nach und nach einen Überblick zu verschaffen. Ich kommunizierte innerlich mit den Autoren, die ich gerade „am Wickel" hatte, beschimpfte sie oder sprach ihnen meine Anerkennung aus, stellte ihnen Fragen, debattierte mit ihnen. Am meisten freute ich mich über Skurrilitäten, wenn sich jemand in abseitige Thesen verstieg oder witzige Details zum Vorschein kamen.

Ich arbeitete allein, war aber nicht einsam. Ich liebte es, in Bibliotheken zu arbeiten. Je langweiliger etwas war, das ich gerade las, desto mehr schaute ich zum Trost, was um mich herum vorging, vor allem auf die Frauen. Wenn es spannend wurde, war ich ganz bei der Sache. Wenn ich müde wurde, legte ich den Kopf auf die Arme und schlief ein wenig oder ging hinaus ins Foyer, rauchte und trank einen Kaffee.

Ich verwandelte geistige Arbeit in Hand___ ___aß meines Erfolges war, wie viele Titel ich ___ ___terpflügte". Damit war gem___ ___ ___ext alle für meine Fragestellung ___ ___ormationen auf Karteikarten mit Titel, Inhalt und Seitenzahl vermerkt hatte. Ich nahm mir immer nur so viel vor, wie ich am jeweiligen Tag sicher schaffen konnte. Dadurch schloss ich jeden Tag mit einem Erfolg ab, für den ich mich mit irgendeinem Schmankerl belohnte. Es war ein schönes, beschauliches Arbeiten. Ich konnte mit großer Geduld riesige Mengen an Material durcharbeiten.

So arbeitete ich mich durch die damals gängigen gymnasialen Schulbücher für das Fach Geschichte, um ihre Behandlung des Themas Zweiter Weltkrieg zu analysieren. Ich suchte, welche Themen die Bücher behandelten, und legte zu jedem Karteikarten an, zählte die Anzahl Wörter, die sie auf die einzelnen Themen verwandten, um so eine Gewichtung der Bedeutung der Themen zu bilden. Am Beispiel des verbreitetsten Geschichtsbuchs an westdeutschen Gymnasien, „Grundriss der Geschichte" aus dem Ernst-Klett-Verlag, konnte ich zeigen, wie verharmlosend, ja entschuldigend (der Vernichtungskrieg gegen die Partisanen wird als „regelrechte Notwehrsituation" gerechtfertigt) die deutschen Geschichtsbücher mit dem Nationalsozialismus umgingen. Vom „Leiden der Industrie" unter den Bombenangriffen schrieben sie, vom Leiden der Menschen nichts. Die Analyse wurde in der Hauszeitschrift des OSI *Berliner Zeitschrift für Politologie* im August 1968 unter dem Titel „Bewältigte Vergangenheit an Beispielen der Darstellung des Zweiten Weltkriegs" veröffentlicht.

Wenige Tage nach der Veröffentlichung bekam ich einen Anruf vom Polnischen Konsulat in West-Berlin. Sie seien an meinem Aufsatz sehr interessiert. Sie würden mir gerne den Aufsatz abkaufen, um ihn in polnischen Zeitschriften zu veröffentlichen. Unter konspirativen Umständen trafen wir, die Vertreterin der Polnischen Botschaft aus Ostberlin und ich, uns am Bahnhof Zoo, damals der idiotischste Ort für konspirative Treffs, weil Ort der Stricher, Säufer und Spione. Ich übergab ihr das Originalmanuskript des Aufsatzes und sie übergab mir gut sichtbar 120 DM. Höchstwahrscheinlich stand in der Nähe ein Fotograf der polnischen Botschaft und machte ein Bild von unserem so „konspirativen" Treff.

Später wurde noch ein Treffen mit Leuten aus der polnischen Botschaft im Café Warschau in Ostberlin arrangiert. Meine Gesprächspartner schimpften auf die DDR. Es sei das rote Preußen, genauso schlimm wie einst die Nazis. Sie luden mich zu einer Reise nach Polen ein. Ich sagte ab und lehnte auch weitere Treffen ab. Ich fürchtete, ich sollte immer tiefer hineingezogen und schließlich zum Agenten gemacht werden. So aufregend konnte Wissenschaft sein.

Ein Leben ohne Chef

Die Studentenrevolte hat in den Jahren 1967 bis 1969 die Freie Universität und besonders das Otto-Suhr-Institut umgestülpt. Wo früher die Ordinarien mit ihrer Mehrheit in allen akademischen Gremien alles beherrscht hatten, waren sie nun, zusammen mit den anderen Professoren, mit ihrer Stimmenzahl den Studenten und der Gruppe der Mitarbeiter und des Mittelbaus gleichgestellt. Das war mit einer Serie militanter Besetzungen unter der Führung des vom SDS beherrschten AStA erreicht worden.

1968 wurde das Institut während der Bundestagsdebatte über die Notstandsgesetze in einer als Dauerdiskussion über diese Gesetze getarnten Aktion von 200 Militanten besetzt. Der Institutsdirektor, Professor Alexander Schwan, rief die Polizei. Sie umstellte das Gebäude und bereitete sich darauf vor, das Institut zu stürmen und zu räumen. Da rief die neue AStA-Chefin, Sigrid Fronius vom SDS, über Megafon die Polizei zur Vorsicht auf: „Wenn Sie stürmen, werden wir Feuerlöscher einsetzen. Die enthalten giftigen Schaum. Wir können Körperverletzungen also nicht ausschließen." Daraufhin lenkte der Institutsdirektor ein. Die Polizei zog sich zurück. Es war ein Patt.

Die gemäßigteren sozialdemokratischen Kräfte boten einen Kompromiss an, um Schlimmeres zu verhindern. Der SDS solle die Besetzung beenden. Dafür würde man gemeinsam an einem OSI-Statut arbeiten, das am OSI mehr Demokratie möglich machen sollte, nämlich die Drittelparität im Institutsrat: ein Drittel Professoren, ein Drittel Studenten, ein Drittel Assistenten, Dozenten und Personal im Verhältnis 3:2:1.

Als es darum ging, dieses auf die ganze FU zu übertragen, besetzten der SDS unter Führung der Kommune 1 das Rektorat. Fritz Teufel fuhr dabei im Ornat des Rektors samt Amtskette auf einem Kinderdreirad durch die Gegend und zerstörte damit auf lange Zeit die heilige Würde dieser Amtsinsignien. Die weitgehende Übernahme des OSI-Statuts in das neue Hochschulgesetz wurde nach langem Hin und Her im Juli 1969 – kurz nach meiner Diplomprüfung – vom Abgeordnetenhaus beschlossen.

Für mich war das eine lebensbestimmende Entscheidung. Es entmachtete die Professorenschaft, insbesondere die Ordinarien nicht nur in den Gremien. Sie verloren auch ihre Macht über die Assistenten. Wo zuvor jede Assistentenstelle einem Professor zugeteilt war, der gegenüber dem Inhaber oder der Inhaberin Weisungsrecht hatte, waren die Assistentenstellen nun den Bereichen zugeordnet. Das bedeutete, sie wurden behandelt wie die Professoren. Sie mussten sich nur an die Beschlüsse der Gremien halten. Wichtiger noch war: Die Professoren konnten in allen Fragen durch eine Koalition von Studenten, Assistenten und anderen Dienstkräften überstimmt werden.

Beides zusammen war mein Glück. Die antiprofessorale Mehrheit verschaffte mir eine Stelle als Assistent. Die neue Unabhängigkeit bewahrte mich davor, einen Chef zu haben. In meinem gesamten Arbeitsleben habe ich nur wenige Monate einen Chef gehabt. Ansonsten arbeitete ich immer selbstbestimmt. Welch ein seltenes Glück und welch ein Privileg!

„Revolutionäre" Stellenbesetzung

Im Dezember 1969 gründeten 26 Assistenten und Assistentinnen, die sich der sozialistischen Studentenbewegung verbunden fühlten, am Otto-Suhr-Institut die Sozialistische Assistenten-Zelle (SAZ). Im Juni war bei den Germanisten die ROTZEG, Rote Zelle Germanistik, gegründet worden, gefolgt von Roten Zellen in vielen anderen Fachbereichen. Wie kam das seltsame mönchische Wort „Zelle" in die Namensgebungen? Man hatte sich das Wort aus der Geschichte politischer Organisationen geholt. Bei den Kommunisten wie bei den Nazis wurden die untersten Organisationsformen „Zellen" genannt.

Der Zusammenschluss der linken Assistenten war angezeigt, weil mit dem neuen OSI-Statut plötzlich eine Mehrheit gegen die Professoren möglich war. Die musste organisiert und koordiniert werden. Mit einer solchen Koalition konnte das OSI revolutioniert werden. Das war das Programm.

Eine Dozentin der SAZ, der ich in ihrem Seminar positiv aufgefallen war, sprach mich an, ob ich mich nicht auf eine gerade ausgeschriebene Assistentenstelle für Methoden bewerben wolle. Als ich Interesse signalisierte, wurde ich zu einem Bewerbungsgespräch in die Pizzeria „Roma" bestellt, die damals angesagte Stammkneipe der „Sponti"-nahen Studentenbewegung in der Belziger Straße beim Schöneberger Rathaus.

Die Kneipe war szenegemäß heruntergekommen: Die Wände gelb vom Rauch, an der Decke das typische „romantische" Fischernetz mit Plastikseesternen und farbigen Glaskugeln. Auf den rohen Holzplatten der Tische standen überfüllte Aschenbecher und Chiantikorbflaschen mit Kerzen auf alten Wachsgebirgen. Der Raum war voller diskutierender und rauchender Spontis. Meine Gesprächspartner teilten mir mit, sie würden mich auf die Stelle hieven, wenn ich bereit sei, bei der SAZ jeden Mittwoch zu den Sitzungen zu kommen und bei der Umsetzung der Beschlüsse solidarisch mitzuwirken. Ziel sei es, einen marxistischen Studiengang zu etablieren und theoretisch die Rekonstruktion der Kritik der Politischen Ökonomie voranzutreiben, d. h., dort weiterzuarbeiten, wo Marx durch seinen Tod in seiner Arbeit unterbrochen worden war. Und ich sollte monatlich fünf bis zehn Prozent meines Gehalts an die SAZ abführen zur Finanzierung der gemeinsamen Projekte.

Ich stimmte zu und wurde kurz danach mit den Stimmen der Assistenten und Studenten gegen die Stimmen der Professoren auf die Methoden-Stelle gesetzt. Von Methoden hatte ich nicht viel Ahnung. Objektiv gesehen war ich eine Fehlbesetzung, das Ergebnis eines rein machtpolitischen Kalküls ohne Rücksicht auf die inhaltlichen Notwendigkeiten des Instituts. Es war also eigentlich ein Irrtum, aber mit zum Teil sehr positiven Folgen, wenigstens für mich. Ich war überglücklich.

Die Situation war prototypisch westdeutsch. Georg Picht hatte 1964 die „Bildungskatastrophe" ausgerufen. Es gab eine viel zu geringe Bildungsbeteiligung der Frauen und der unteren Schichten. Das „katholische Arbeitermädchen vom Lande" hatte praktisch null Chance, jemals zu höherer Bildung zu kommen. Die SPD hatte die Bildungsexpansion zu ihrer Sache gemacht und sie in allen Bundesländern, in denen sie die Regierung stellte, vorangetrieben. Die Anzahl der Studienberechtigten stieg massiv an. Die Hochschulen mussten entsprechend massiv ausgebaut werden. Ich profitierte davon.

Überforderung SAZ

In der SAZ zu sein, bedeutete Überforderung auf allen Seiten und allen Ebenen. Wir sollten gute Lehre machen, und zwar möglichst viel, um die Studierenden für den Marxismus und eine linke Politik zu gewinnen. Später hätte man gesagt, wir wollten die kulturelle Hegemonie am Fachbereich gewinnen. Wir sollten die Rekonstruktion der Kritik der Politischen Ökonomie vorantreiben. Das hieß zuerst einmal, in eigenen Kapital-Lektüre-Zirkeln „Das Kapital" von Marx zu lesen, und zwar alle drei Bände, und was es darum herum gab. Das Gelesene sollten wir dann den Studierenden vermitteln. Darüber hinaus sollten wir natürlich alles lesen, was gerade im Bereich Kritik der Politischen Ökonomie und in der Politischen Wissenschaft allgemein veröffentlicht wurde. Auch sollten wir auf der Höhe der Debatte in der Linken sein. Im Institut wurden wir auf die Gremien verteilt, sollten zusammen mit den Studierenden und uns zugeneigten anderen Dienstkräften die Mehrheit stellen und in unendlich langen Sitzungen unsere Politik durchsetzen. Wir mussten zu allen Demonstrationen gehen, an allen Vollversammlungen und einer Unzahl von Konferenzen teilnehmen. Wir sollten weiter an der außeruniversitären revolutionären Praxis teilhaben, was faktisch auch da die Teilnahme an unzähligen, schier endlosen Sitzungen bedeutete. Wir sollten in unseren Wohngemeinschaften und Beziehungen das freie, geschlechtergerechte und insgesamt vorbildliche linke Leben führen. Und neben all dem sollten wir eine hervorragende Doktorarbeit schreiben und danach schnellstens die Habilitation schaffen, damit wir möglichst viele frei werdende Professorenstellen mit unseren Leuten besetzen konnten. Es war nicht zu schaffen. Ich versuchte es dennoch.

In den SAZ-Sitzungen jeden Mittwochnachmittag herrschte eine Atmosphäre angespannter Konkurrenz. Es gab diejenigen, bei denen klar war, dass sie zu Recht in der SAZ waren. Sie überboten sich gegenseitig in genialen Analysen. Und es gab die vielen Neuen wie mich, die kaum etwas zu sagen hatten und erhebliche Zweifel hegten, ob sie zu Recht da seien.

Da ein großer Teil der SAZ-Sitzungen aus Berichten aus den Gremien und der Diskussion bestand, wie dort weiter vorzugehen sei, sah ich eine Chance, mir eine Position in der SAZ zu erringen. Ich musste mich in ein wichtiges Gremium wählen lassen, das wichtig genug war, wo ich aber alleine wäre, damit ich als Einziger berichten würde.

Auch merkte ich schnell, dass in der SAZ, wie in der gesamten Linken, die Regel galt: Wer das radikalere, „konsequentere" Argument vortrug, hatte gewonnen. Denn mäßigende, differenzierende, zur Vorsicht und zum Abwarten mahnende Argumente galten als konservativ, defätistisch, eigentlich auf der Seite des Gegners stehend. Schnell gesellte ich mich zu den Radikalinskis. Wir forderten zum Beispiel, dass wir alle Einkommen zusammenwerfen sollten und dann nach einem Schlüssel auf alle gleich verteilen sollten, nach einem kräftigen Abzug für gemeinsame politische Projekte. Das gab mir eine Starposition. Niemand wagte es, uns zu widersprechen. Doch kaum einer beteiligte sich an der praktischen Umsetzung. Es blieb bei den fünf bis zehn Prozent. Ich zahlte sehr viel mehr, um meiner radikalen Forderung Glaubwürdigkeit zu verleihen. Ich hatte faktisch nichts erreicht, aber meine Position in der Gruppendynamik der SAZ gefestigt.

Verhängnisvolle Irrtümer

In der Institutspolitik fuhr ich eine verhängnisvolle Politik. Aus der Erkenntnis, dass die radikalste, „konsequenteste" Position immer der gruppendynamische Sieger war, schloss ich ein Bündnis mit den radikalsten, konsequentesten Kämpfern bei den Institutsspontis. Auch in der Studentenschaft wagte es kaum jemand, mäßigende Argumente vorzubringen.

Gemeinsam stellten wir die Professorenschaft den Studierenden gegenüber als den Klassenfeind dar, obwohl selbst die Christdemokaten unter ihnen aufgeschlossene Linksliberale waren. Diese eskalierende Radikalität, weil das mäßigende Argument keine Chance und keine Legitimität hatte, trieb die seltsamsten Blüten. Auf Vollversammlungen redeten wir uns gegenseitig immer weiter hoch, bis wir Forderungen aufstellten und einstimmig beschlossen, denen niemand auf der Gegenseite zustimmen konnte. Wir machten uns systematisch politikunfähig, indem wir uns auf solche Extremforderungen als „unhinterschreitbares" Minimum einer „fortschrittlichen" Position einschwören ließen. Die Position der Gegenseite wurde in studentischen Flugblättern zum Ausbund von Demokratiefeindlichkeit erklärt. Kollegen wurden persönlich aufs Übelste verunglimpft. Ließen wir uns dann doch auf einen Kompromiss ein, geschah uns das Gleiche. Wir wurden als Verräter und Opportunisten beschimpft.

Damit wurden eigentlich pragmatisch diskutierbare und per Kompromiss entscheidbare Verfahrensfragen, etwa ob man in der Zwischenprüfung durchfallen könne oder sie nur ein Beratungsgespräch sein sollte, zur Entscheidung über Faschismus und revolutionäre Demokratie hochgepuscht. Wir traten dabei mit großer Arroganz und Überheblichkeit auf als die Träger der Wahrheit. Dabei waren es aus meiner heutigen Sicht eine S... ...rrtümern.

Diese hatten jedoch durchaus segensreiche Auswirkungen: Unsere Irrtümer hatten für einige wenige Jahre einen in der jüngeren deutschen Geschichte beispiellosen Ansatz zu einer Demokratisierung der Universitäten geschaffen. Unsere Irrtümer hatten auch dazu geführt, dass erstmals undogmatische, ernsthaft arbeitende Marxisten an westdeutschen Hochschulen als verbeamtete Wissenschaftler arbeiten konnten. Sie sorgten für eine methodisch reflektierte, neue Rezeption der Marx'schen Schriften.

Unsere Irrtümer hatten vor allem dazu beigetragen, bei den Studierenden nicht nur am OSI die Welt auf den Kopf zu stellen. Seit Mitte des 19. Jahrhunderts war die deutsche Studentenschaft der Hort der Reaktion gewesen. Die Nazis hatten in der deutschen Studentenschaft schon 1931 die Macht übernommen. Die Studenten bildeten im Nationalsozialismus die Speerspitze des völkischen, exterminatorischen Imperialismus. Auch in den Fünfziger- und Sechzigerjahren blieben die westdeutschen Universitäten bei den Studenten fest in den Händen der Burschenschaften und reaktionären Eliten. Unser kulturrevolutionärer Radikalismus hatte dagegen eine epochale Wende bewirkt: Die westdeutschen Universitäten wurden erstmals zu Orten des linken und liberalen Pluralismus. Daraus entstand ein grundlegender Wandel in der gesamten westdeutschen Gesellschaft von einer autoritären, patriarchalen Gemeinschaft hin zu einer pluralistischen, offenen und demokratischen Gesellschaft.

Versagen in der Lehre und die Entdeckung der Pädagogik

An westdeutschen Hochschulen lehren in der Regel Leute, die nie das Lehren gelernt haben. Es sind Autodidakten, die mehrheitlich das wiederholen, was sie selbst an Lehre erfahren haben. Ich griff folglich auf das „bewährte" Referatsseminar zurück: Zu Beginn des Semesters verteilte ich Referatsthemen oder ließ die Teilnehmerinnen und Teilnehmer sich selbst ein Thema wählen. Dann verliefen die Sitzungen so: Ich fragte: „Wer ist heute dran?" Die Referenten gingen nach vorn und lasen stockend und leiernd einen todlangweiligen und meist unverständlichen, weil hermetisch gegen alle möglichen Einwände abgesicherten Text vor. Adressat des Textes war ein als allwissend imaginierter Dozent, nämlich ich. Ich saß derweil hinten und hatte selbst Mühe, wach zu bleiben. Fragen oder Diskussionen gab es nicht. Wenn ich versuchte eine Diskussion in Gang zu bringen und Fragen stellte, saßen wir schweigend herum, bis ich die nächste Frage stellte mit dem gleichen, kaum auszuhaltenden Schweigen. Manchmal dachte ich, euch schaffe ich, und ließ das Schweigen über Minuten andauern. Es war schrecklich und für alle peinlich.

Immer mehr Teilnehmer blieben weg, besonders wenn sie ihr Referat schon gehalten hatten. Zum Ausgleich vergab ich an alle, die ein Referat gehalten hatten, zur Belohnung eine Eins, gleichgültig wie schlecht ihre Referate gewesen waren. Wir duzten uns alle. Es war die Hochzeit des zweiten Bildungsweges, sodass viele meiner Studierenden in der gleichen Altersgruppe waren wie ich. Da fiel das Duzen leicht.

Meine Frau steckte zu dieser Zeit im Referendariat zum Lehramt an Gymnasien und quälte sich sehr mit dem Unterricht. Sie erlebte den klassischen Praxisschock der Lehramtsstudierenden. Besonders schlimm waren die Lehrproben. Sie erzählte vom Tohuwabohu in ihren Lehrveranstaltungen, den Provokationen und Machtkämpfen und wie weit die Lehrproben von dieser Realität entfernt waren. Sie war verzweifelt und überfordert.

Wir hatten eine symbiotische Beziehung. Sie hörte sich meine Schwierigkeiten und Überforderungen an und beriet mich. Und ich fuchste mich in ihre Lehrbücher und Lehrproben hinein. Je mehr Unterrichtsstunden und Lehrproben ich half vorzubereiten und dabei von meiner Frau lernte, mich in die Logik der Lernprozesse hineinzudenken, desto mehr fiel mir auf, wie beschämend schlecht meine Lehre an der Hochschule war. Bei mir lernten die Leute nicht wegen, sondern trotz meiner Lehrveranstaltungen etwas, und zwar einzig bei der Erarbeitung ihres Referats. Was dabei rauskam, war in keiner Weise mein Verdienst, sondern autodidaktischer Zufall, abhängig von Fleiß und Fähigkeit des jeweiligen Studenten. Ich organisierte keine gezielten Lernprozesse.

Ich stellte meine Lehre um, indem ich so viel wie möglich von der Unterrichtsvorbereitung meiner Frau in meine Lehre übernahm. Statt Referate mussten die Studierenden Hausarbeiten schreiben, die in einem Blatt mit Thesen zusammengefasst werden mussten. Diese wurden zusammen mit anderen Textauszügen eine Sitzung vorher verteilt. Ich eröffnete jede Sitzung mit einem Impulsreferat, in dem ich die Hintergründe, Fragestellungen und Kontroversen zum Thema der Sitzung und die Verbindung zu den vorangegangenen Sitzungen herstellte. Dann gingen wir die Thesen und Texte der Verantwortlichen durch, und zwar nicht indem diese vorgetragen wurden, sondern indem die Teilnehmerinnen und Teilnehmer (und auch ich) Fragen stellten und Position bezogen. Die Vorteile des Referatsseminars waren bewahrt, ihre Nachteile stark reduziert. In jeder Sitzung konnte ich beobachten, welche Lernerfolge erreicht worden waren, die ich am Beginn der nächsten Sitzung noch einmal referierte.

In der SAZ trug ich meine Erkenntnisse aus der Arbeit meiner Frau und meine Kritik am Referatsseminar vor und machte den Vorschlag, dass wir uns gegenseitig in unseren Lehrveranstaltungen besuchen und uns Rückmeldung geben sollten. Einige machten mit, vor allem die, deren Lebensgefährtinnen ebenfalls an der Schule unterrichteten. Wir lernten eine Menge voneinander und gründeten einen Ausschuss „Didaktik des Hochschulunterrichts". Daraus entwickelte sich eine hochschulübergreifende Kooperation von linken Lehrenden, wir nannten uns „Rote Eule", die sich jedes Jahr ein- bis zweimal in Westdeutschland in einem Tagungshaus einmieteten, um in Rollenspielen ihr Verhalten in Sprechstunden, bei der Rückmeldung über Hausarbeiten, beim Betreuen von Diplomarbeiten und in der Lehre selbstkritisch zu reflektieren. Es waren beinahe immer lustvoll lehrreiche Veranstaltungen mit bis zu dreißig Teilnehmenden aus fünf verschiedenen Universitäten.

Der Bluff-Aufsatz

Nach einem besonders krassen Streit zwischen den „Großköpfen" in der SAZ schrieb ich ein Papier, in dem ich, meine Erfahrungen an der Uni Bonn nutzend, das sich verbal Aufplustern im Streit als „Bluff" bezeichnete, ohne den man an der Uni sowieso nicht überleben könne.

Als ich die Thesen für die SAZ formulierte, traf das einen Nerv und fand allgemeine Zustimmung selbst bei denen, die ich damit angegriffen hatte. In unserem interdisziplinären Arbeitszirkel „Rote Eule" trug ich meine Thesen vor und stieß auch dort auf großes Interesse und Zustimmung. Dort hörte ich erstmals von Hedwig Ortmann von der Uni Bremen vom „heimlichen Lehrplan", der wie ein Virus am offiziellen Lehrplan angehängt mit diesem mittransportiert wird und oft genug die eigentliche Sache ins Werk setzt. Das faszinierte mich und erinnerte mich an die gegensätzlichen „heimlichen Lehrpläne", die ich am deutschen Gymnasium („die zukünftige akademische Elite auswählen") und an der amerikanischen Highschool („jeden zu seinem Optimum führen") erlebt hatte. Der Bluff bekam dadurch eine ganz neue Relevanz: Er war der „heimliche Lehrplan", auf dessen Rücken sich die gymnasial schon elitär vorgeprägten Schüler in Akademiker verwandelten, die über jedes Thema mit einem Habitus reden konnten, als ob ihnen im Kopf dazu ganze Bibliotheken zur Verfügung stünden.

Im SAZ-Ausschuss „Didaktik des Hochschulunterrichts" entstand die Idee, aus meinem Papier einen Aufsatz für unsere Hauszeitschrift *Prokla (Probleme des Klassenkampfes – Zeitschrift für Politische Ökonomie und Sozialistische Politik)* zu schreiben. Dies wurde von den Herausgebern, den „Granden" der SAZ, begrüßt. Die von mir als sehr groß empfundene Ehre ließ mich in Ehrfurcht erstarren und ich meinte, ich müsste dem Anspruch der Zeitschrift gerecht werden und alles in guter marxistischer Manier aus den Spezifika des universitären Produktionsprozesses herleiten.

So wurde es ein ziemlich krampfiger Kraftakt, den manche Mitglieder der Redaktion zum Kotzen fanden und der auf den ersten

Seiten kaum lesbar ist. Danach ist der Aufsatz jedoch gut. Er zeigt ziemlich überzeugend, dass man in einem Betrieb, der von seinen akademischen Mitgliedern von Beginn an ein eigentlich nicht erwerbbares, umfassendes Wissen in allen Dingen erwartet, nicht überleben kann, wenn man nicht lernt, dieses Gesamtwissen, über das man nur ansatzweise verfügt, vorzutäuschen, also zu bluffen.

Der Aufsatz mit dem bezeichnenden Titel „DER BLUFF – Die Institution Universität in ihrer Wirkung auf die Arbeitsweise und das Bewußtsein ihrer Mitglieder" wurde trotz aller Einwände gedruckt und führte dazu, dass diese Ausgabe der *Prokla* (Heft 7, Mai 1973) zum bestverkauften Heft aller Zeiten wurde. Einige Mitglieder der „Roten Eule" waren verstimmt, weil sie meinten, ich hätte ihre Ideen geklaut. Vielleicht war ich mal wieder der prototypische Westdeutsche, der etwas formulierte, was in der Luft des Zeitgeistes schon angelegt war. Von da an war ich der „Bluff-Wagner".

Ein Manifest für das Recht auf Durchschnittlichkeit

Wenn ich den Aufsatz heute lese, merke ich erst, was ich da geschrieben habe. Es ist mein verzweifeltes Manifest für die antiautoritäre Studentenbewegung und gegen die Rückkehr zur Herrschaft der autoritären Eliten in Form der K-Gruppen. Ich zeigte, wie der unvermeidliche Bluff auch der Spitzenleute die Menschen an der Universität voneinander isoliert und ein solidarisches Handeln unmöglich macht. Die Wende zur antiautoritären Studentenbewegung hatte es möglich gemacht, eigenes Versagen und eigenes Nichtwissen als Resultat des Systems anzugreifen. Man konnte seine Schwächen zeigen und blamierte nicht sich damit, sondern das System. Das machte Solidarität möglich und erklärte, warum die Studentenbewegung zum Massenphänomen werden konnte. Ich plädierte letztlich dafür, diesen Prozess wenigstens im Kleinen erhalten zu können. Ich rief dazu auf, schon im ersten Semester Gruppen zu bilden, Studienkollektive, in denen man sich solidarisch gegen diese Zwänge wehren konnte. Es war meine Hoffnung, meine Studentenbewegung vor dem Rollback durch die K-Gruppen bewahren zu können.

Vor allem aber war der Artikel ein Manifest auf das Recht auf Durchschnittlichkeit. Indem ich als ein Angehöriger des guten Durchschnitts mein Leiden an der Universität verallgemeinernd schilderte, forderte ich einen Wandel ein, der Menschen wie mir ein Recht auf gleichberechtigtes Lernen und Leben an der Uni ermöglichen sollte: Wenn man etwas nicht verstand, dann sollte man sich nicht die Schuld daran geben müssen. Stattdessen konnte man die Unverständlichkeit als Bluff entlarven und das Recht auf Verständlichkeit geltend machen und ein Entgegenkommen einfordern.

Für viele an den Universitäten war diese Proklamation des Rechts auf Durchschnittlichkeit ein Skandal. Sie empfanden sie als Angriff auf ihre Intellektualität und als Versuch, die traditionelle deutsche Universität der Eliten zu zerstören. Und sie hatten recht damit.

Auch damit war ich ein prototypischer Westdeutscher. Die Bildungsexpansion der Sechziger- und Siebzigerjahre musste unvermeidlich das Ende der exklusiven elitären deutschen Universität bedeuten. Sie musste durchschnittlichen Begabungen den ihnen zustehenden Raum einräumen, sonst würde Deutschland in seiner kulturellen wie ökonomischen Entwicklung gegenüber anderen Ländern mit einer sehr viel höheren Bildungsbeteiligung zurückbleiben. Die alten herrschenden Eliten wollten und wollen das nicht einsehen und taten und tun alles, um eine solche Entwicklung zu verhindern oder zurückzuschrauben, wo sie schon stattgefunden hat. Das waren die Klassenkämpfe der folgenden vierzig Jahre und sind sie heute noch, wie man am Kampf um den Bologna-Prozess und um Schulformen mit einem späteren Trennungsalter zur sekundären und tertiären Bildung täglich immer noch sieht.

Die Überpädagogisierung

Diese Eliten warnten vor einer „Überpädagogisierung" des universitären Lernens, die unvermeidlich zu einem Niveauverlust führen müsse. Und da war was dran. Wir gaben einen „marxistischen Studiengang" heraus, dessen Vorwort ich geschrieben hatte. In einer überpädagogischen Anwandlung hatte ich geschrieben, dass wir den Studenten ihre Orientierungslosigkeit und Verwirrung durch ein klar aufgebautes, marxistisches Curriculum ersparen würden. Wir würden aus verwirrten bürgerlichen Jugendlichen wissenschaftlich gebildete Sozialisten und Marxisten machen. Damit erklärte ich das für obsolet, was eigentlich Universität ausmacht und sie von Schule unterscheidet, nämlich das Aushalten der Verwirrung, das aktive Aufsuchen der Ungewissheit und die ständige Infragestellung des scheinbar Gewissen. Ein Journalist, der das Vorwort gelesen hatte, war entsetzt und rief mich an, ob ich das wirklich ernst meinte, und ich bestätigte ihm meine Verbohrtheit.

In der Folge des Bluff-Aufsatzes wurde ich zur Feindfigur der Kaderorganisationen, einmal, weil ich danach übervolle Veranstaltungen hatte, zum anderen, weil ich vorgeführt hatte, dass ihre Behauptung, Studenten seien halt bornierte Kleinbürger, die sich nur retten könnten, wenn sie sich der Arbeiterbewegung anschlössen, barer Unsinn war. Die neuen kommunistischen Parteien (es gab zeitweilig sechs von ihnen) und ihre studentischen Ableger (die Hauptkader taten so, als ob sie Arbeiter wären) schickten ihre eloquentesten Mitglieder in meine Veranstaltungen, um dort für sich zu agitieren. In jeder Sitzung überboten sie sich gegenseitig darin, mich als kleinbürgerlichen Renegaten und prinzipienlosen Anhänger der bürgerlichen Wissenschaft zu entlarven. Sie fuhren so scharfe rhetorische Waffen auf, dass sich keiner der normalen Studierenden mehr traute, irgendetwas zu sagen, weil sie sonst sofort in den gleichen Eimer geworfen worden wären, in dem ich schon steckte. Es war furchtbar. Das, was ich erreichen wollte, war in sein Gegenteil umgeschlagen. Statt roter Faden und dialogisches Lernen hatten wir hitzige, predigtartige Monologe der Angreifer und bitterscharfe und zynische Verteidigungsmonologe von mir. Die meisten Studierenden blieben, vermutlich wegen des Unterhaltungswertes. Ich schrieb wütende und umfangreiche Papiere, um den Unsinn der Angreifer bloß zu legen, wurde also auch zum Entlarver. Manchmal sagte ich: „Jetzt habt ihr mich schon viermal entlarvt! Können wir jetzt mal zum Stoff der Sitzung zurückkehren?" Manchmal klappte das. Dann verließen die Chefrhetoren die Veranstaltung.

Kapitalkurse

Für unser Projekt „Rekonstruktion der Kritik der Politischen Ökonomie" mussten wir zuerst einmal selbst das Marx'sche Werk, vor allem die drei Bände „Das Kapital", gründlich und kritisch lesen. Dann mussten wir den Studierenden die Qualifikation verschaffen, an diesem wissenschaftlichen Projekt mitzuarbeiten.

Von da an war der Schwerpunkt meiner Lehre „Kapitalkurse". Am Anfang war ich den Studenten gerade mal ein Kapitel voraus. Nach vier Semestern hatte ich alle drei Bände im Repertoire und führte mehrere Generationen von Studierenden durch die drei Bände.

Ein Lektürekurs machte eine ganz andere Didaktik erforderlich. Ich stellte meine Lehre völlig um. Die Studierenden sollten den Text in Arbeitsgruppen lesen und in einem Protokoll ihre Lesart festhalten. Ich würde den zu lesenden Text an der Tafel Stück für Stück in seiner Logik darstellen, dabei auf abweichende Lesarten aus den Protokollen hinweisen und die Arbeitsgruppen auffordern, diese zu begründen. Dann wurde im Plenum diskutiert und argumentativ entschieden, welche Lesart vom Text am besten gedeckt war. Wir arbeiteten sehr eng am Text. Die wichtigste Frage war jedes Mal: „Was steht drin?" Dann erst ließ ich Diskussionen über die Bedeutung des Textes zu. Es war also in keiner Weise Indoktrination. Die Studierenden lernten das sorgfältige Lesen sehr schwieriger wissenschaftlicher Texte. Und sie lernten Teamarbeit, d. h. konzentriertes arbeitsteiliges Arbeiten auch mit Menschen, die man nicht ausstehen kann. Manchmal saßen über 120 Studierende in meinem Seminar. Sie wurden in Arbeitsgruppen à zehn aufgeteilt und einigten sich darauf, in wessen Wohnung sie tagen würden. Ich besuchte alle Arbeitsgruppen mindestens einmal im Semester, verbrachte einen ganzen Abend bei ihnen, ging häufig mit ihnen hinterher noch in die Kneipe. Ich gab ihnen Rückmeldung über ihre Arbeit und wie sie den Protokollanten nutzen konnten, um immer wieder zum Text zurückzukehren. Auch mussten sie für jede Sitzung einen Beobachter bestimmen, der die gruppendynamischen Ausrutscher thematisieren sollte.

Diese konzentrierte inhaltliche Arbeit hielt mir die Agitatoren der Parteien vom Leib. Sie wollten sich auf eine solch mühsame und präzise Arbeit nicht einlassen. Ich fand die Kurse sehr befriedigend und für jedes Studium produktiv und sinnvoll. Die Studierenden lernten, sehr klar zu unterscheiden zwischen dem, was Marx in der politischen Diskussion laufend zugeschrieben wurde, und dem, was er selbst dazu geschrieben hatte.

Krisenkongress

Ein linksliberaler, ehrenwerter Professor, der Reformsozialist Martin Jänicke, organisierte 1971 einen großen, internationalen Kongress zur Krisentheorie. Aus der ganzen Welt hatte er Experten eingeladen. Selbstverständlich den norwegischen Begründer der Friedens- und Konfliktforschung Johan Galtung. Auch Karl W. Deutsch als der prominenteste Anwender der kybernetischen Systemtheorie auf dem Feld der Politik war auf der Liste, mit ihm Volker Rittberger und Ted R. Gurr. Aus der SAZ waren Wolf-Dieter Narr, Elmar Altvater und ich eingeladen, für mich eine große Ehre.

Ich stand mit Martin Jänicke in enger und unproblematischer Kommunikation, bis er mich am Abend vor Beginn des Kongresses aufgeregt anrief: „Die KPD/ML ruft in Flugblättern in der ganzen Stadt zum Boykott und zur Verhinderung des Kongresses auf! Was sollen wir machen? Können wir uns treffen?" Zum Treffen brachte er eines der Flugblätter mit. Johan Galtung wurde als Agent der CIA und des Imperialismus bezeichnet. Seine Teilnahme entlarve die ganze Krisenforschung als ein besonders perfides Mittel gegen die revolutionären Massen. Es gehe nicht um Frieden, sondern um die sozialpsychologische Manipulation der Unterdrückten, dass sie ihren gerechten Kampf gegen die Unterdücker einstellten. Darum sei es für jeden aufrechten Kämpfer für die antiimperialistische Revolution Pflicht, diesen Kongress der Verschwörer zu verhindern. So oder ähnlich lautete der Text. Jänicke war panisch und bat um Hilfe. Die sicherte ich ihm zu.

Ich alarmierte die SAZ und mit ihrer Hilfe die uns nahestehenden studentischen Sponti-Gruppen, die den Operettenkommunismus der K-Gruppen ebenfalls ablehnten. Wir wollten uns morgens vor Kongressbeginn treffen und mit Jänicke unser Vorgehen abstimmen. Tatsächlich hatten sich schon in der Halle des Henry-Ford-Baus vor dem Audimax Ketten von Mitgliedern der KPD/ML mit Plakaten, Stöcken und Megafonen aufgestellt und schrien ihre antiimperialistischen Parolen. Wir einigten uns mit Jänicke darauf, dass wir trotzdem ins Auditorium Maximum vordringen würden, weil wir uns die Wissenschaftsfreiheit nicht verbieten lassen würden. Die revolutionären Massen waren noch etwas verschlafen, sodass sie uns keinen großen Widerstand leisteten, als wir mit ein wenig Schubsen den Kongressteilnehmern eine Gasse frei machten, durch die sie unbedrängt das Auditorium Maximum betreten konnten.

Draußen stellten sich unsere mutigsten und besten Rhetoren, besonders aus den studentischen Sponti-Gruppen, den Beschimpfungen der Antiimperialisten und verteidigten die Freiheit der Wissenschaft eben auch zur Erforschung von Konflikten. Ich war unfähig etwas zu sagen, weil mich die Angriffe der MLer kalt erwischt hatten. Ich hatte keine Ahnung, was Galtung geschrieben oder getan hatte, konnte ihn also nicht verteidigen. Eigentlich galt der Angriff uns. Die KPD/ML wollte zeigen, dass die bei Studierenden sehr angesehenen Professoren Narr und Altvater Verräter waren. Wir sollten vorgeführt werden. Den MLern war klar, dass sie mit der Verhinderung dieses Kongresses an der Krisenforschung nichts ändern würden. Ich stand hilflos dabei und wusste nichts zu sagen. Glücklicherweise war ich nicht wichtig genug, um überhaupt beachtet zu werden.

Drinnen berieten die Kongressteilnehmer und beschlossen, dem Angriff des Mobs in die Stadt auszuweichen. Unter diesen Bedingungen sei keine wissenschaftliche Diskussion möglich. Jänicke gelang es, genügend Räume im Untergeschoss der Kongresshalle an der Spree zu organisieren.

Die SAZ beschloss, wir sollten bei der Tagung an der Spree nicht mitmachen. Wir sollten auf der öffentlichen Auseinandersetzung an der FU bestehen. Das teilten wir Martin Jänicke mit. Ich war ganz glücklich darüber. Dadurch musste ich mein Referat nicht halten, auf das ich nicht stolz sein konnte. Es war ein Aufguss meiner Diplomarbeit.

Leider veröffentlichten wir dazu ein Flugblatt, in dem wir nicht vorbehaltlos für die Freiheit der Wissenschaft eintraten und das Recht des Kongresses, an der Hochschule stattfinden zu können, verteidigten. Stattdessen behaupteten wir, es sei viel besser und revolutionärer, die „dünnschissige" bürgerliche Wissenschaft in offener Diskussion an der Hochschule zu entlarven und zu widerlegen, als sie mit solchen aktionistischen Blockaden auch noch aufzuwerten. Darum würden wir dem Kongress nicht in sein Exil in der Kongresshalle folgen. Die Auseinandersetzung müsse in der FU in aller Öffentlichkeit geführt werden. Das sei die wirksamere Methode der Bekämpfung bürgerlicher Wissenschaft.

Ich war an der Abfassung dieses idiotischen Flugblatts beteiligt. Der große Gestus gefiel mir. Ich war ja aus dem Schneider, dachte ich. Doch einen Tag später nahmen Martin Jänicke und der Kongress unsere Herausforderung an und kehrten zurück in das Audimax und veranstalteten dort eine große Podiumsdiskussion. Nun musste auch ich auf die Tribüne. Ich hatte die Werke der anwesenden „bürgerlichen" Krisentheoretiker nicht gelesen und sollte nun beweisen, dass sie „dünnschissig" waren. Es war eine Katastrophe. Ich faselte etwas von der ungenügenden Berücksichtigung der Totalität und vor allem der strukturellen Dominanz der Ökonomie. Als ich redete, stand Richard Löwenthal, einer der profiliertesten Politikwissenschaftler dieser Zeit, auf und verließ den Saal. Ich konnte es ihm nicht verdenken.

Um die nun doch eingetretene Blamage auszugleichen, steckte ich viel Arbeit in das Abfassen meines nicht gehaltenen Referates. Alles, was ich für meine Doktorarbeit über „Kybernetik und Marxismus" schon erarbeitet hatte, steckte ich in diesen Aufsatz, der dann in dem Sammelband zum Kongress erschien. Immerhin wurde er von Jürgen Habermas in seinem Buch „Legitimationsprobleme im Spätkapitalismus" erwähnt.

Die versuchte Spaltung des OSI

Unsere Denunziation der Kollegen und unsere uneindeutige Position zur Freiheit der Wissenschaft brachte das Fass zum Überlaufen. 15 liberale OSI-Professoren beantragten, das Otto-Suhr-Institut verlassen zu dürfen und bei den Historikern aufgenommen zu werden. Sie würden uns das OSI überlassen. Das hatten die Psychologen aus ähnlichen Gründen schon früher vorgeführt.

Unsere radikaleren Studierenden und SAZ-Genossen triumphierten. Wir hätten gewonnen. Es sei ein neues Stück befreites Territorium. Das sollten wir nutzen, um ohne Hemmungen durch „die Bürger" unsere revolutionäre Lehre und Forschung voranzutreiben. Ich war auf der Seite der skeptischen Mahner. Wir hätten zwar eine Weile eine befreite Insel. Aber an deren Territorium würde ständig genagt werden. Wir würden die Lehrerausbildung und damit den wichtigsten Hebel gesellschaftlicher Wirksamkeit verlieren. Wir würden keine neuen Professuren bekommen, und wenn einer von uns wegging, würde die Stelle kassiert werden. Wir würden früher oder später ausgehungert werden. Und wir würden den innerlinken Kämpfen ohne einen gemeinsamen Feind hemmungslos ausgeliefert sein, würden in unserem eigenen Süppchen kochen und wahrscheinlich bald selbst so zum Feind erklärt werden, wie wir die angeblich Rechten am OSI zum Feind erklärt hatten. Wir würden unseres Lebens nicht mehr froh werden.

Die Skeptiker setzten sich durch. Die SAZ stellte den wortgleichen Antrag wie die Spalter. Das war ein raffinierter Trick: Erstens wollten uns die Historiker nicht auch noch haben und zweitens hätten es nur verfassungswidrige diskriminierende Kriterien ermöglicht, die linken von den rechten Antragstellern zu trennen und anders zu behandeln. Das OSI blieb, was es war. Die große Krise war überstanden.

Promotion

Ich brauchte die relative Ruhe nach der abgewendeten OSI-Spaltung dringend, denn ich musste promovieren. Beinahe die halbe Zeit meiner Assistentenstelle war schon abgelaufen und ich hatte noch nichts getan für meine Promotion. Ich musste mich ranhalten und plädierte darum in der SAZ für eine Phase der politischen Zurückhaltung, damit wir unsere Promotionen fertigstellen konnten. Das wurde belächelt, aber zumindest ich durfte mich weitgehend zurückziehen. In den nächsten zweieinhalb Jahren verbrachte ich den Großteil meiner Zeit in Bibliotheken mit meiner Promotion.

Das Thema Kybernetik hatte ich aufgegeben, weil ich die dazu notwendige Mathematik nicht beherrschte. Stattdessen hatte ich mich daran gemacht, den Leuten auf der Randgruppen-Konferenz, die mich beschimpft hatten, weil ich sagte, wachsendes Elend führe nicht zu Revolution, sondern zu Resignation, zu beweisen, dass ich Recht hatte.

Angesichts des stetig wachsenden Wohlstandes der kapitalistischen Industriestaaten samt wachsender Einkommen der Arbeiterschaft konnten sich die Vertreter der Verelendungstheorie nur retten, wenn sie behaupteten, die Industriearbeit werde immer intensiver, immer belastender. Also musste ich Daten über die Arbeitsbelastung finden und sie mit dem politischen Aktivitätsniveau der Betroffenen vergleichen. Denn ich musste Fälle wirklicher Verelendung finden, wenn ich nachweisen wollte, dass sie nicht zu revolutionärem Bewusstsein führt.

Daten über die Arbeitsbelastung fand ich in der Bibliothek des Instituts für Arbeitswissenschaften an der Technischen Universität.

147

Sie lag auf der westlichen Seite des 14. Stocks im Telefunkenhochhaus am Ernst-Reuter-Platz. Dort quartierte ich mich für ein Jahr ein. Ich kam morgens um neun, arbeitete bis zwölf Uhr, machte eine Stunde Mittagspause mit Mensa, Café und Buchhandlungen, dann weiter bis um fünf Uhr, da dann das Institut schloss. Ich richtete mir einen Arbeitsplatz am Fenster ein. Das Personal behandelte mich bald wie einen Teil des Inventars. Von meinem „Arbeitsplatz" hatte ich einen grandiosen Blick über das westliche West-Berlin bis hin zum Teufelsberg mit seinen alliierten Radar- und Abhörtürmen. Ich sah die Wetter von Westen her herankommen wie die Autowellen der „grünen Welle" auf der Bismarckstraße, der zentralen Ost-West-Achse Berlins.

Die Regale der arbeitswissenschaftlichen Bibliothek bargen überraschende Schätze. Ich stieß auf entlarvende Daten, die eine stetig steigende Arbeitsbelastung anzeigten, also für eine absolute Verelendung sprachen. Das müsste sich jedoch in einer sinkenden Lebenserwartung zeigen. Also suchte ich nach belastbaren Daten zur Entwicklung der Lebenserwartung in Abhängigkeit von der Arbeitsbelastung. Ich fand Daten, dass jemand, der direkt am Hochofen arbeitete, 16 Jahre früher starb als ein Pfarrer, der die höchste Lebenserwartung hatte. Mit jeder Stunde Arbeit verlor der am Hochofen eineinhalb Stunden Leben. Das war aber eine Momentaufnahme, keine Zeitreihe.

Ich fühlte mich wie in einer Falle gefangen. Wenn die Marx'sche Argumentation stimmte, dass das Kapital sich nur auf Kosten der Arbeit vermehren kann, weil der Wert durch die Arbeit produziert wird und der Mehrwert auf Kosten der Arbeiter geht, dann war die Verelendung einfach eine logische Konsequenz und unausweichlich.

Sie ließ sich aber beim besten Willen empirisch nicht nachweisen. Ich hatte zwar schlimme Daten über die Situation am Arbeitsplatz gefunden, aber im Vergleich zur Situation der Arbeiter im 19. Jahrhundert war das weder absolute noch relative Verelendung. Aber die revolutionäre Aktivität der Arbeiterklasse hatte in der Zeit auch abgenommen. Also stimmte die Verelendungstheorie als Lerntheorie doch?

Reflexionszeit auf Zypern

Im Sommer 1973 steckte ich mit meiner Doktorarbeit vollkommen fest. Auf Anregung von Chriss fuhr ich ohne Bücher und Karteikarten, nur mit Reiseschreibmaschine und Papier für einige Monate nach Zypern an den Strand von Ayia Nappa, südlich von Famagusta. Ich wollte in aller Ruhe nachdenken und meine grundlegende theoretische Argumentation auf die Reihe und zu Papier bringen. Ayia Nappa war damals noch ein kleines Dorf mit einem uralten Kloster mit Kreuzgang und Brunnenstube, Äckern drum herum mit klappernden und quietschenden eisernen Windrädern, mit denen das Wasser auf die Felder gepumpt wurde. Drei Kilometer östlich des Ortes an einer schönen Bucht mit einer Insel darin lag Nissi Beach. Da gab es ein Hotel und daneben zwei Häuser mit Appartements. In einem von diesen war ich untergebracht für 20 DM die Nacht.

Ich lief tagelang über die Wege zwischen den Äckern oder ging im Kreuzgang auf und ab und versuchte meine Gedankenknäuel aufzudröseln, landete aber immer wieder bei den gleichen Widersprüchen. Wenn ich am leeren Strand mit meiner Schreibmaschine saß und meine Gedanken aufzuschreiben suchte, kam nur krampfhafter Unsinn heraus.

Mit den Einheimischen verstand ich mich sehr gut und führte mit ihnen aus einem Gemisch von Englisch und Griechisch die üblichen nichtssagenden Freundschaftsgespräche: Wie geht's? Was machst du? Wo warst du? Was macht die Familie? Was machen die Tiere? Die Dorfbewohner wussten immer genau Bescheid, was ich den Tag über gemacht hatte, wo ich gewesen war, obwohl ich nie jemanden sah, der mich beobachtet hätte. „So, du warst heute bei der kleinen Bucht bei Kap Grekko?! Hast du was gefangen?" Ich mochte sie mit ihren Alltagsritualen. Ich konnte noch so oft die mir angebotenen Zigaretten mit dem Satz: „Then kapníso" *(ich rauche nicht)*, dankend ablehnen, mir wurden dennoch weiterhin zur Einleitung eines jeden Gesprächs Zigaretten angeboten.

Dann kam bei einem der langen Spaziergänge, bei denen ich laut mit mir zu argumentieren pflegte, der Durchbruch. Ich machte

mir klar, dass Marx im „Kapital" immer nur den Verwertungsprozess, also die Geldseite des Produktionsprozesses anschaute und so
gut wie nie den Arbeitsprozess, also die reale Seite der Produktion.
Der Arbeitsprozess hatte nicht wie der Verwertungsprozess einen
kontinuierlichen Trend, sondern durchlief immer neue qualitative
Zyklen, so viel hatte ich aus meinem Material aus der arbeitswissenschaftlichen Bibliothek kapiert. Die Intensivierung der Arbeit in
einem bestehenden Arbeitsprozess mit seinem Maschinenpark
stieß irgendwann an eine Grenze, jenseits derer nur noch mit er-
heblichem Mehraufwand mehr herauszuholen war. Die Folgen dieses Mehraufwands waren steigende Kosten wegen hohem Kranken-
stand, wegen wachsender Zahl an Arbeitsunfällen und steigenden
Ausfällen und Ausschuss. Eine weitere Steigerung des Mehrwerts
war nur durch eine erhöhte Arbeitsproduktivität mit einem neuen
Maschinenpark möglich. Dadurch entstand ein neuer qualitativer
Arbeitsprozess mit vielen Zeitpolstern und Dispositionsspielräu-
men der Arbeitenden. Er bedeutete eine klare Verbesserung der Ar-
beitssituation, also das Gegenteil von Verelendung. Das Kapital
ging nun wieder daran, diese Zeitpolster und Dispositionsspiel-
räume durch erneute Intensivierung der Arbeit zu vernichten. Die
Situation verschlechterte sich also wieder. So entstand eine Kaskade
von Verelendung, Verbesserung und erneuter Verelendung. Diese
wechselnde Erfahrung von Aufstieg und Abstieg erschien als eine
viel plausiblere Grundlage für die Herausbildung eines kritischen
Bewusstseins als die Erfahrung einer kontinuierlichen Abwärtsbe-
wegung. Das war die Lösung. Ich konnte zurück nach Deutschland
und anhand meiner Zettelkästen den Text nach meiner Gliederung
herunterschreiben.

Marathon zur Promotion

Zurück in Deutschland besuchte ich eher zufällig die öffentliche
Anhörung von Bewerbungsvorträgen für die Stelle eines Assistenz-
professors mit dem Schwerpunkt Empirie. Keiner der Bewerber

kam infrage. Die Stelle musste erneut ausgeschrieben werden. Wenn ich bis zur Anhörung im neuen Jahr meine Promotion schaffte, kam die Stelle auch für mich infrage.

Nun musste ich die Arbeit bis Weihnachten fertigstellen und einen Betreuer für die Arbeit suchen. Ich ging zu Martin Jänicke und fragte ihn, ob ich bei ihm promovieren könne. Ich wollte ganz gezielt nicht bei Genossen promovieren, sondern mich bei Kollegen durchsetzen, die meinem grundsätzlichen Ansatz kritisch gegenüberstanden. Es sollte nicht der kleinste Verdacht einer Gefälligkeitsprüfung möglich sein. Das war mein Ehrgeiz. Martin Jänicke stimmte zu.

Ich arbeitete wie manisch, schlief höchstens vier Stunden, in den letzten beiden Wochen vor Abgabe der Arbeit praktisch gar nicht mehr. Immer wieder rutschte ich dabei in Halluzinationen wie in einem Traum. Das ging, weil es nur noch handwerkliche Arbeiten waren, wie Fotokopieren und Exemplare zusammenstellen, die ich zu erledigen hatte.

Der eigentliche Zweck der Arbeit war erreicht. Ich hatte meinen Doktor und konnte mich auf die inzwischen neu ausgeschriebene Stelle bewerben. Ich bekam die Stelle als Assistenzprofessor. So konnte ich also am OSI und in der SAZ weiterarbeiten, und zwar mit einer Perspektive von sieben Jahren bis zum Jahr 1982.

Die Arbeit aus heutiger Sicht

Die Doktorarbeit ist aus heutiger Sicht eine irrsinnige und irrelevante Arbeit, eine Begriffsklauberei ohne Bezug zur Wirklichkeit. Im historischen Teil konnte ich recht schlüssig argumentieren, dass sich die deutsche Arbeiterbewegung über der Frage der Verelendungstheorie als Lerntheorie gespalten hatte. Die SPD erklärte sich für den Aufschwung zuständig, die KPD für den Abschwung. Darum konnten sie den Gesamtprozess der Wirklichkeit nicht als Ganzes verarbeiten und nutzen.

Ich schrieb 250 Seiten über den industriellen Arbeitsprozess, hatte dafür sehr viel gelesen, was ein 12 Seiten langes Literaturverzeichnis dokumentierte. Aber ich hatte keine Ahnung über den realen industriellen Produktionsprozess. Ich wusste alles nur aus der Literatur und schoss dabei so manchen peinlichen Bock, nannte zum Beispiel das Verfahren zur Festlegung des Akkords MTM, das richtig „Methods Time Measurement" heißt, „Movement Time Measurement", was zeigte, wie ahnungslos ich war.

Die Arbeit war ein gewaltiger Flop. Nach wenigen Monaten wurde das Buch vom Markt genommen, weil weniger als hundert Exemplare pro Monat verkauft wurden. Der Verlag schenkte mir die restlichen Ramschexemplare. Sie stehen heute noch in meinem Regal.

Rudi Dutschke fand die Arbeit bemerkenswert und wollte sie besprechen, erzählte mir Hans Halter, ein befreundeter *Spiegel*-Journalist. Das wäre meine Chance gewesen. Doch meine Angst vor Autoritäten führte bei mir oft zu einem grotesken Verhalten: Immer wenn ich jemanden bewunderte, wehrte ich diese Person im persönlichen Kontakt brüsk ab, wohl um mir selbst zu beweisen, wie unbestechlich ich war. Es gab einen Werbespot, in dem ein Untergebener seinen Chef beim Fußball besonders übel foult, um ihm zu beweisen, dass er ihn als Gleichen behandelt. So ähnlich wies ich Dutschke, als ich ihm von meinem Freund auf einer Demonstration vorgestellt wurde und er mir anbot, mein Buch zu rezensieren, auf brüske Art reflexartig ab. Ich bin diesem seltsamen Reflex häufig zum Opfer gefallen und habe es hinterher immer bereut, konnte den Reflex aber nicht abstellen.

Doch eine Erkenntnis blieb aus der Arbeit an der Verelendungstheorie: Wenn man auf Verelendung als Mobilisierungsstrategie setzt, hat man sich selbst eine Falle gestellt. Man konnte nicht ernsthaft für Verbesserungen eintreten, denn deren Erfüllung würde einem die Verelendung und damit den mobilisierenden Faktor entziehen. Aber die Klage über die schlimmer werdenden Verhältnisse und damit die implizite Aufforderung, sie abzustellen, war unvermeidbare Agitation. Man durfte daher nur von vornherein unerfüllbare Forderungen stellen und musste die herrschenden Zustände in ihrer schlimmsten Ausprägung krass überzeichnen. Das Setzen auf Verelendung führte unweigerlich in eine Politik des Selbstbetrugs und des Betrugs an der eigenen Klientel.

Zypernbuch

Auf einer Reise durch Spanien hörte ich von Putsch und Invasion auf Zypern.

Ich war wie erstarrt. Ich musste Genaueres wissen. Erst in Frankreich hatten wir Zugang zur internationalen Presse. Und da wurde es klar: Die abgewirtschaftete Junta in Griechenland hatte versucht, ihr Renommee zu retten, indem sie ihren Ableger auf Zypern einen Putsch gegen die gewählte Regierung Makarios veranstalten ließ. Das war leicht, weil Makarios kaum bewacht wurde. Gleich nach dem Putsch erklärten sie Enosis, die Vereinigung der Insel mit dem griechischen Vaterland, wofür die Rechte auf Zypern seit vielen Jahrzehnten gekämpft hatte.

Nach internationalem Recht gab dieser einseitige Vorstoß gegen die Republik Zypern der türkischen Schutzmacht das Recht, die Republik zu verteidigen. Die türkische Armee überrannte die Insel und besetzte den gesamten Norden und einen großen Teil des Südens. Darüber stürzte die griechische Junta und Griechenland kehrte zurück zur Demokatie. Die Republik Zypern wurde wieder als unabhängiger Staat etabliert. Die Rettung der Republik war gelungen. Nun hätte die türkische Schutzmacht eigentlich wieder abziehen müssen. Sie blieb aber da und spaltete das Land in eine nur von der Türkei anerkannte Nordrepublik und den international anerkannten griechisch-zypriotischen Rest der Republik Zypern im Süden.

Niels Kadritzke, ein Freund und Zypern-Kenner aus der SAZ, der mich mit Zypern überhaupt erst vertraut gemacht hatte, regte an, wir sollten gemeinsam am Beispiel Zypern eine exemplarische Analyse erarbeiten, wie der Imperialismus funktionierte. So lautete denn auch der Titel des Buches, das wir 1976 bei Rotbuch publizierten: „Im Fadenkreuz der NATO – Ermittlungen am Beispiel Cypern." Im Vorwort nennen wir Zypern „einen klassischen Fall imperialistischer Machtpolitik".

Als ich Doktorarbeit und Bewerbung um die Assistenzprofessur unter Dach und Fach hatte, flogen wir im Frühjahr 1975 für drei Wochen nach Zypern und recherchierten vor Ort. Niels hatte hervorragende Verbindungen, die uns überall die Türen öffneten.

Wir reisten nach Athen zu Interviews. Auch dort hatte Niels die besten Verbindungen, und wieder wanderten wir von Tür zu Tür. Auffällig war der völlig andere Stil der griechischen Gesprächspartner. Sie waren arrogant, und obwohl sie sich verbal links gaben, verachteten sie die einfachen Leute. Das zeigte sich in ihrem rücksichtslosen Fahrstil, ihrem Verhalten gegenüber Bedienungen und anderem Personal und ihrem selbstverständlichen Anspruch auf höchste Posten. Gerade war die Diktatur ohne ihr Zutun gestürzt worden. Sie traten auf, als seien sie die Helden der Revolution. Ich erlebte diesen snobistischen Stil bei rechten wie linken Politikern. Es ließ mich nichts Gutes ahnen für die Zukunft des demokratischen Griechenlands. Leider war das kein Irrtum.

Der typische linke Irrtum: Selbstbetrug

Unser Buch war sauber recherchiert. Wir konnten nachweisen, dass das Schicksal der Insel stark von NATO-Interessen bestimmt worden war, insbesondere vom Interesse Großbritanniens, sich einen „unsinkbaren Flugzeugträger" mitten im Konfliktgebiet Naher Osten zu bewahren. Auch hatten die Briten in bewährter Weise die türkisch-zypriotische Minderheit als Hilfspolizei gegen den Aufstand der griechisch-zypriotischen Mehrheit für einen Anschluss an Griechenland eingesetzt und so die Grundlage für einen sich immer mehr zuspitzenden ethnischen Konflikt auf der Insel gelegt.

Aber unser Buch war bei aller Differenziertheit ein Musterbeispiel für linke Analysen, wie man sie bis heute trifft. Bevor wir mit der Recherche begonnen hatten, war für uns klar, wer die Guten und wer die Bösen waren. Wir verwerteten ausschließlich Informationen, die unsere Sichtweise bestätigten. Zwar zeigten wir auch, dass es ein Leichtes war, aus alltäglichen Interessenkonflikten einen ethnischen Konflikt zu erzeugen, weil es zwischen den Ethnien keine Verwandtschaftsbeziehungen und damit keine Konfliktregulierung gab. Doch wir konstruierten apriori ein Zypern, das überwiegend seine eigene zypriotische Identität hatte und ein friedliches, gleichberechtigtes Zusammenleben wünschte. Schuld an dem Konflikt war allein der Imperialismus. Wir entlasteten sowohl die griechischen wie die türkischen Zyprioten von aller Mitschuld – außer wenn die sich zu Handlangern und Kollaborateuren des Imperialismus machten. Es war kein Wunder, dass das Buch in der griechischen Übersetzung ein Erfolg wurde (eine türkische Übersetzung gab es zwar, aber kein Papier für den Druck).

Erst später musste ich eine andere Wirklichkeit hinter unserer idealistischen Konstruktion zur Kenntnis nehmen. In Berlin erzählte mir ein zypriotischer Kneipier, dem ich stolz unser Buch geschenkt hatte, dass das alles gut und schön sei, in Wirklichkeit sei er aber als kleiner Junge immer von den türkisch-zypriotischen Jungen auf dem Weg zu seiner griechisch-zypriotischen Schule gehänselt und verprügelt worden. In Wahrheit sei das friedliche Zusammenleben die Ausnahme gewesen.

Bei weiteren Besuchen auf Zypern recherchierte ich die andere Seite. Ich traf auf griechische Zyprioten, die bei Kyrenia in Bella Pais, in einem idyllischen, ethnisch gemischten Dorf gelebt hatten, das wir immer als den Inbegriff des Paradieses empfunden hatten, und die dort 1974 von ihren „guten" türkisch-zypriotischen Nachbarn bedroht und vertrieben und all ihres Hab und Guts beraubt worden waren. Ich redete mit Gewerkschaftern und alten Kommunisten, die erklärten, dass schon im osmanischen Reich die orthodoxen Zyprioten auf die islamischen Zyprioten heruntergesehen hätten, weil diese aus rein ökonomischen Gründen zum Islam übergetreten waren. Dann mussten sie nämlich keine Sondersteuer mehr zahlen. Islam sei schon damals ein Merkmal von Armut und Verrat gewesen, und das habe sich bis heute gehalten und habe in der Zeit der Republik die gemeinsame gewerkschaftliche und politische Arbeit sehr erschwert, häufig unmöglich gemacht, sagten sie.

Die Zyprer auf beiden Seiten haben wesentlich zur Teilung des Landes beigetragen. Das zeigte sich eklatant daran, dass im Jahr 2004 die türkischen Zyprioten mehrheitlich für eine Wiedervereinigung stimmten, die griechischen Zyprioten aber nicht, weil sie mit dem heruntergewirtschafteten Norden nichts zu tun haben wollten.

Mein Mitautor blieb Griechenlandexperte und hat in der jüngsten Eurokrise unseren Fehler von damals nicht wiederholt. Er hat sehr deutlich gemacht, was der Anteil der Griechen an der Schuldenkrise war. Er wurde dafür in der Linken heftig kritisiert. Allein die Troika sei schuld daran, und wer etwas anderes behaupte, schwäche den Kampf des griechischen Volkes gegen die imperialistischen Unterdrücker. Es war immer die gleiche Serie von Irrtümern, die bei einer solchen Vorverurteilung einer Seite herauskam.

Liebesversuch, der Erste

Entsprechend dem Zeitgeist, der die bürgerliche Ehe verpönte, hatten meine Frau und ich beschlossen, eine „offene" Beziehung zu führen. Wir mussten damit auch zeigen, dass uns unsere Eheschließung nicht verbürgerlicht hatte. Für meine Frau war die offene Beziehung kein Problem. Sie konnte mit Leichtigkeit Affären beginnen und, wenn sie zu ernst zu werden drohten, wieder beenden. Für mich war es beinahe unmöglich. Da ich niemanden betrügen wollte, sagte ich den Frauen, denen ich mich flirtend genähert hatte, bevor es ernst wurde, dass ich verheiratet war. Dann war Schluss. So steckte ich immer in Flirts, die aufregend und das Salz meines Lebens waren. Aber es blieb eben immer beim Flirt.

Es war eben trotz vermeintlicher sexueller Revolution und Ende der bürgerlichen Familie immer noch so, dass die Frauen eher eine dauerhafte Beziehung wollten als die Männer. Eine zu Affären bereite Frau hatte es leicht, ein verheirateter Mann nicht. Mit der Zeit wuchs meine Frustration.

Da wandte sich Hanne, eine Studentin auf dem zweiten Bildungsweg, sieben Jahre jünger als ich, in der Sprechstunde an mich und bat um meine Hilfe. Das war nicht ungewöhnlich. Seit meinem Bluff-Artikel galt ich als „Studentenversteher" und war eine Art Nothelfer in allen möglichen Situationen geworden. Einmal klagte zum Beispiel eine Studentin in meiner Sprechstunde, sie habe häufig Kopfweh und in der U-Bahn werde es ihr oft schlecht. Ich fragte, ob sie bei einem Arzt gewesen sei. Sie sagte ja. Der Arzt habe ihr geraten, in die SEW (Sozialistische Einheitspartei West-Berlin) einzutreten. Mit dem richtigen politischen Standpunkt würden die Beschwerden verschwinden. Ich riet ihr, zu einem Gynäkologen zu gehen, denn höchstwahrscheinlich sei sie schwanger. In der nächsten Sprechstunde bestätigte sie meine Diagnose.

Dass mich Hanne um Hilfe bat, war der einzige Weg, wie es mit mir zu einer Beziehung kommen konnte. Wie ich später in der Psychoanalyse herausgefunden habe, fühlte ich mich meiner Mutter versprochen. Eine eindeutig erotische Beziehung war darum unter normalen Umständen für mich unbewusst tabu. Wahrscheinlich bin ich vor allem deswegen in meinen Flirtbeziehungen stecken geblieben. Nur als Kumpel und Helfer durfte ich mich einer Frau nähern. Wenn es dann doch zu sexuellen Handlungen kam, waren diese ein unwesentlicher Nebeneffekt einer hoch legitimen, weil helfenden Beziehung. Und bei Hanne war meine Hilfe wirklich nötig und gefragt. Ihre Schwester war in einer lebensbedrohlichen Krise. Ich mobilisierte alle meine Hilfsquellen, lud Hanne in unsere Wohnung ein, damit ich von dort Telefongespräche mit Spezialisten führen und wirksame Hilfe organisieren konnte. Meine Frau war mit ihrer Schulklasse auf Exkursion in Griechenland. Und da passierte es.

Hanne war schön und wusste es. Immer wieder sagte sie, sie könne jeden haben. Das erweckte bei mir den Eindruck, ich müsse mich ihrer wert erweisen. Und das war natürlich ein von vornherein verlorenes Projekt. Denn ich machte mich damit klein vor ihr und verlor mit genau den Handlungen ihren Respekt, die ich unternahm, um ihn zu gewinnen. Ich war überwältigt, dass eine solche Frau sich mit mir einließ, und feierte es immer neu. Ich war süchtig nach ihr. Meine Frau kam zurück aus Griechenland und freute sich zuerst für mich. Dann wurde ihr klar, dass es keine Affäre war. Ich war wie gefangen. Ich konnte nicht von der Frau lassen und hatte dafür ein schrecklich schlechtes Gewissen. Ich steckte in einem pietistischen Dilemma. Sie verführte mich zur Sünde gegen meine Frau, und ich bestrafte sie und mich selbst dafür, war aber süchtig nach der Sünde. Was ich auch machte, es war falsch. Ich hatte mir immer vorgestellt, wie erfüllend es sein müsste, ein Mann mit zwei Frauen zu sein. Es war die Hölle. Wenn ich bei der einen war, musste ich mir um die andere Sorgen machen. Den unbefangenen, seligen Genuss gab es nie.

Meine Frau und ich traten eine lange geplante, vierwöchige Reise nach Amerika an. Wir besuchten ihre beste Freundin und ich stellte ihr meine amerikanische Familie vor. Es wurde eine sehr symbiotische Reise und alles schien gut zu sein. Doch dann kamen wir zurück und alles ging von vorne los. Ich flüchtete vor dem Dilemma nach Portugal zur Besichtigung der Revolution mit einer Studienreise der Jungsozialisten. Ich versuchte von meiner neuen Freundin loszukommen, indem ich auf der Reise mit allerlei Frauen schlief. Plötzlich ging das.

Zurück in Berlin traf ich sie erneut. Chriss stellte mir ein Ultimatum. Ich müsse mich innerhalb einer Woche für oder gegen sie entscheiden. Eine Dreierbeziehung mache sie nicht mit. Ich trennte mich von der neuen Freundin. Und wurde wenig später rückfällig. Meine Frau verließ die gemeinsame Wohnung und sagte mir, dass ich bis in einer Woche eine eigene Bleibe finden müsse. Die Wohnung würde sie behalten. Ein Jahr später ließen wir uns scheiden. Es wurde eine schnelle, unkomplizierte Scheidung, weil ich alle Schuld übernahm. Da wir beide voll verdienten und keine Kinder hatten, gab es keine Unterhaltsansprüche. Wir trennten auch die Freundeskreise. Wir sahen uns jahrelang nicht. Es war, als ob es unsere Beziehung nie gegeben hätte.

Mit Hanne zog ich nie zusammen. Sie wohnte in einer Frauenwohngemeinschaft, ich in einer Männerwohngemeinschaft. Sie wurde zu einer studentischen Führungsfigur am Otto-Suhr-Institut. Wir stritten uns ständig über Politik. Wegen kleinster politischer Differenzen, einem falschen Wort strafte sie mich mit totaler Verachtung, sprach zu mir als Repräsentant der verachteten Männerwelt und der noch verachteteren Bürgerwelt. Ich strampelte mich ab, um ihre Liebe und Achtung zu gewinnen. Sie ließ mich strampeln. Immer wieder verzweifelte ich und trennte mich von ihr. Und immer wieder kam es zu dramatischen und leidenschaftlichen Versöhnungen.

Mein unbewusstes, innerliches Gebundensein an meine Mutter und das daraus resultierende Verbot des Erlebens einer erwachsenen sexuellen Beziehung trug die Hauptschuld an der misslungenen Beziehung zu Hanne. Wohin flüchtete ich mich nach den verzweifelten Trennungen? Zu meiner Mutter nach Tübingen!

Der Kampf gegen die Berufsverbote

Innerhalb der Linken machten wir in der SAZ keine einheitliche Politik, hatten nicht einmal eine einheitliche Position. Das war auch nicht unser Ziel. Wir verstanden uns nicht als Kaderorganisation, sondern als losen Zusammenschluss von Leuten, die an einer wissenschaftlichen Weiterentwicklung des Marxismus interessiert waren, sich also keinesfalls irgendwelchen Dogmen unterwerfen wollten. Darum war keiner von uns in einer der K-Gruppen oder in den DDR-freundlichen Parteien und Organisationen. Damit waren wir ideale Vermittler für eine richtungsübergreifende Kampagne gegen die Berufsverbote. Aus unseren Beiträgen hatten wir genügend Mittel, um ein solches Bündnis aller Linken in einem „Aktionskomitee gegen Berufsverbote" anzustoßen, Flugblätter und Zeitungen zu finanzieren.

Das Berufsverbot traf auch uns. Einer Kollegin wurde die Anstellung als Lehrerin der Sekundarstufe verweigert, weil sie u. a. ein Mitglied der SAZ sei und für diese bei der Wahl zur Ausbildungskommission des Fachbereichs kandidiert und gewonnen habe.

Über die SAZ schrieb der Bezirksbürgermeister von Berlin-Steglitz: „Bei der SAZ handelt es sich um eine linksextreme Assistentenorganisation." Anderen wurde bei ihren Bewerbungen um Professorenstellen ihre Mitgliedschaft in der SAZ vorgehalten, einem sogar, dass er in der linksradikalen Männerwohngemeinschaft wohne, in der auch ich wohnte. Als Konsequenz gründeten wir 1976 einen „Verein zur Förderung gesellschaftskritischer Sozialwissenschaft". Zusätzlich zu unserem SAZ-Beitrag führten wir einen erheblichen weiteren Betrag monatlich ab, um mit Berufsverbot belegten SAZ-Mitgliedern und anderen, arbeitslos gewordenen gesellschaftskritischen Sozialwissenschaftlern aus unserem Umfeld die Fortführung ihrer wissenschaftlichen Arbeiten zu ermöglichen. Der Fonds hielt sich bis weit nach der Auflösung der SAZ. Als ich eine Stelle in Erfurt hatte, zahlte ich noch bis 2002 Beiträge in den Fonds.

Nicht Verteidigung der Verfolgten, sondern der Verfassung

Die SAZ vertrat die Position, die Berufsverbote seien ein Verstoß gegen das Grundgesetz, gleichgültig wen sie trafen. Darum müsse man nicht die Opfer des Berufsverbots verteidigen, sondern die Verfassung, die zu einem verfassungswidrigen Angriff missbraucht werde. Die politischen Positionen der Opfer spielten dabei keine Rolle.

Im Aktionskomitee konnte daher nur mitarbeiten, wer generell und ohne Ausnahmen gegen das Berufsverbot eintrat. Da jede Organisation nur einen Sitz im Aktionskomitee hatte, wurden unsere Anträge auf Ausschluss immer mit großer Mehrheit verabschiedet. Wir hatten die Leitung im Aktionskomitee inne und finanzierten es auch. Wir führten das Aktionskomitee als ein innerhalb der Linken politisch neutrales Organ mit dem einzigen Zweck, den Kampf gegen die Berufsverbote zu koordinieren. Ich war einer der drei SAZ-Mitglieder, die sich regelmäßig beim Leiten der äußerst turbulenten Sitzungen ablösten.

Hier siegte nicht mehr automatisch das radikalere Argument und Auftreten. Vernünftige Argumente, die auch mal zur Mäßigung mahnten, hatten eine Chance. Es konnte sich ein ganz neuer Stil in der Linken entwickeln. Das war eine einmalige Chance.

Es waren dramatische Zeiten. Wir organisierten einen Streik der Hochschulen und Schulen in Berlin gegen das Berufsverbot, und tatsächlich, alle machten mit. Wir reisten wie Handlungsreisende von einer Schule zur anderen, von einer Hochschule zur nächsten und hielten überall zündende Reden zur Organisation des Streiks. So lernte ich das Reden vor einem großen Publikum, wie man die Emotionen anspricht und die Stimme hebt, um seinen Punkt zu machen und einen großen Beifall abzuholen.

Bei der großen Streikversammlung im Audimax der TU-Berlin am 12. Dezember 1976 hielt ich die Hauptrede, in der ich betonte, dass wir nicht für die KPD (AO) oder die SEW streikten, sondern für die Erhaltung der freiheitlich demokratischen Grundordnung, gegen die das Berufsverbot verstieß. Ich sprach mich offen gegen eine Diktatur des Proletariats aus, weil es uns an die dogmatischen Führer der KPD (AO) oder der SEW ausliefern würde. Ich bekam langen Beifall. Am nächsten Tag führten wir eine Demonstration an mit 28000 Teilnehmern, der höchsten Zahl seit vielen Jahren.

Toskana für das Bluff-Buch

Der Rotbuch Verlag wollte aus dem Bluff-Aufsatz, der so erfolgreich gewesen war, ein Buch für Erstsemester machen. Ich hatte auf meiner neuen Stelle Anspruch auf ein Forschungssemester. Es war Frühjahr 1977. Ein Freund aus der SAZ erzählte von einem verrückten kleinen Hotel im alten Rathaus eines mittelalterlichen Dorfes in der Toskana. Es hieß Montecatini Val di Cecina und lag um einen Wehrturm herum auf der Spitze eines Vulkankegels westlich von Volterra.

Ich fuhr mit Hanne über die Alpen in den toskanischen Frühling. Wir machten in Tübingen Station bei meiner Mutter. Die war immer noch schockiert über die Trennung von Chriss, die sie sehr gemocht hatte. Zur Strafe sprach sie meine Freundin mit „Sie" und

„Fräulein" an und versuchte uns zu verbieten, in einem gemeinsamen Zimmer zu schlafen. Wir flohen nach Süden und Hanne sprach zur Strafe zwei Tage lang nicht mit mir.

In dem Rathaushotel in dem toskanischen Dorf bekamen wir ein Zimmer im obersten Stock mit dem denkbar schönsten Blick über das Tal der Cecina, über die Felder und Hügel bis zu den Bergen am Horizont, auf deren Spitzen Dörfer steckten wie unseres. Ich schrieb jeden Tag zehn Seiten mit der Schreibmaschine am Fenster sitzend und trank dazu vom wunderbaren Hauswein. Bei langen Spaziergängen mit den Hunden des Hauses (einer hieß Cesare, der andere Napoleone) plante ich das nächste Kapitel.

Laufend kamen neue Leute in das Restaurant und Hotel. Es kamen Verwandte, Freunde, zahlende Gäste, Männer auf Montage, Fotografen auf Bilderjagd. Mit allen kamen wir ins Gespräch und lernten dabei recht schnell Italienisch. Meist ging es um Politik. Es kamen Kommunisten und Faschisten, Christdemokraten und Radikale ins Haus, und sie stritten sich wie Todfeinde, gaben sich aber dennoch gegenseitig Feuer. Bei den hitzigen Debatten wurde viel geraucht. Ich hatte in Deutschland noch nie erlebt, dass Leute sich so leidenschaftlich streiten konnten und dennoch einen freundlichen Umgang miteinander pflegten. Einmal ging es um Abtreibung und ein Mann stand auf und hielt eine feurige Rede für die Abtreibung. Er war Kommunist. Seine Frau war Christdemokratin und zupfte ihn immer wieder am Arm und bat ihn aufzuhören. Da herrschte er sie an: „Hör endlich auf, an mir herumzuziehen. Du hast doch selbst abgetrieben!" Die Tochter rief: „Wirklich Mama? Du hast abgetrieben?!" In einer deutschen Familie wäre ab da jede Kommunikation abgebrochen. Hier wurde weiter miteinander geredet und gestritten. Das gehörte dazu. Der Harmoniedruck war nicht so hoch wie bei uns. Man konnte leichter miteinander streiten und so die unvermeidlich aufgebauten Hassgefühle abbauen.

Ich leitete daraus sofort wieder eine große Theorie ab, die sich erst nach Jahren der Recherche als Irrtum erwies: Im faschistischen Italien hatte es keine mit Nazideutschland vergleichbare Judenverfolgung gegeben. Ich führte das auf diese andere Konfliktkultur zurück. Man konnte den Hass auch in der Familie aussprechen und musste ihn nicht auf möglichst ferne Gruppen, mit denen eine Verwandtschaft nicht möglich war – in diesem Fall die Juden –, projizieren. Das musste auch für Dänemark und Bulgarien gelten, wo es ebenfalls keine Judenverfolgung gegeben hatte. Es war eine großartige Theorie – doch leider war sie falsch. Dänemark hat sogar eine extrem auf Familienharmonie ausgerichtete Alltagskultur. In Bulgarien ist die Familie heilig. Auch gibt es dort nicht die italienische Konfliktkultur.

Das Umstülpen des Textes

Das Bluff-Buch wurde fertig und wir fuhren zurück nach Deutschland. Dort zeigte sich der Verlag wenig glücklich über das Manuskript. Es war zu akademisch für Erstsemester und würde ihnen mehr Angst machen als ersparen. Ich musste es umschreiben und sollte dazu möglichst viele Studierende heranziehen, um mit ihnen herauszufinden, was sie in einem solchen Buch lesen wollten, wo sie Hilfe brauchten und wo nicht.

Dabei half mir der „Ex" von Hanne. Helmut Adamaschek hatte in seiner WG keine Waschmaschine und kam in die WG von Hanne, um seine Wäsche zu waschen. Bei der Gelegenheit befreundeten wir uns. Als Hanne und ich in die Toskana fuhren, zog er in meine Zimmer in der Männer-WG. Als ich zurückkam, zog er in eines der Durchgangszimmer. Er las meinen Text und meinte, ich hätte keine Ahnung, wie man gute Lehre macht. Ich müsse einen Kurs in „Methoden sozialen Lernens" besuchen. Dann erst könne ich ein anständiges Buch schreiben.

Ich fuhr zu einem solchen Kurs in einer gewerkschaftlichen Weiterbildungsstätte nach Westdeutschland und war tief beeindruckt. Man arbeitete mit Kartenabfragen, Blitzlicht, Rollenspielen, Körperübungen und Selbsterfahrungsübungen. Eine faszinierte mich besonders: Die Gruppe saß auf dem Boden in einem Kreis, der Moderator saß mit im Kreis. Ein Mitglied der Gruppe sollte in die Mitte des Kreises kommen und stehend alle Mitglieder der Gruppe anschauen und erzählen, was er oder sie fühlte und dachte. Die Mitglieder der Gruppe konnten Fragen stellen. Der Moderator hielt die Szene manchmal an, stand auf und machte Vorschläge, was die Person in der Mitte ausprobieren sollte. Es war für mich unglaublich, was bei einem, auf den ersten Blick so harmlosen Setting alles passieren konnte. Leute brachen in Tränen aus und erzählten von ihren tiefsten Ängsten. Fasziniert war ich vor allem von der unglaublichen Macht, die wir dem Moderator einräumten. Wo ich mich als Lehrender immer hilflos und beschränkt fühlte, war der Moderator in dieser Therapeutenrolle unbestrittener Fürst und Objekt der Bewunderung. Es lag wohl daran, dass wir Gruppenmitglieder ihn zu der Instanz machten, die über unsere Seelenzustände, Ängste und Hoffnungen Urteile fällen durfte, ob sie okay oder problematisch waren. Mein pietistischer Antrieb, perfekt sein zu wollen, verlieh ihm noch mehr Macht. Es ging dabei nicht um Wissen und Wissenschaft, sondern um die ganze Person. Diese Machtstellung faszinierte mich. Das wollte ich auch können. Es war vermutlich meine Motivation, mich ab diesem Zeitpunkt immer tiefer in die Psychoszene der Spontis zu begeben mit Bioenergetik, Gestalttherapie, Traumtherapie, Shiatsu, Meditation und allem, was es auf dem Markt sonst noch an Selbsterfahrung gab.

Es war sehr aufregend und ich lernte eine völlig neue Art zu unterrichten: Das selbsttätige und selbstbestimmte Lernen der Studierenden rückte in den Mittelpunkt, wo vorher immer das gestanden hatte, was ich zu sagen hatte. Ich eignete mir die Methoden der TZI (Themenzentrierte Interaktion) an und schrieb das Buch entsprechend um.

Prototypisch westdeutsch war eine andere Änderung im Manuskript. Ich schrieb den Text in der Du-Form, als ob ich die Leser und Leserinnen direkt ansprechen wollte. Es war eine Reaktion auf die Offensive der Frauenbewegung, die im Juli 1976 aus ihrer Phase der Selbstklärung herauskam und in Berlin die erste Sommeruniversität für Frauen veranstaltete. 1975 war Alice Schwarzers Buch „Der kleine Unterschied und seine großen Folgen" erschienen. Die allgemeine Diskriminierung von Frauen, auch an der Hochschule, wurde zum brennenden Thema. Schon beim Schreiben in Italien hatte ich mit Hanne diskutiert, wie ich es angemessen berücksichtigen könnte, und ich hatte überall von Studenten und Studentinnen, Dozenten und Dozentinnen usw. geschrieben. Es ergab einen schrecklich umständlichen Text. Dann entschied ich mich für das Du. Damit konnte ich das Problem weitgehend umgehen.

Die Passagen in meiner Fassung aus Italien, die der Verlag moniert hatte, schrieb ich so lange um, bis ich sie einem lockeren, umgangssprachlichen Deutsch angenähert hatte.

Mit einer Gruppe Spontis aus dem Otto-Suhr-Institut, viele von ihnen landeten später bei der TAZ, ging ich den Text durch und ließ mir von ihnen sagen, was sie anders und was sie noch aufgenommen haben wollten. Sie bemerkten, sie hätten nicht gedacht, dass man so schreiben könne, wie ich mit „du" und lockeren Formulierungen den Text inzwischen geschrieben hatte. Der Text sollte stark auf die Bedürfnisse insbesondere der Erstsemester zugeschnitten sein, ihnen keine zusätzliche Angst machen mit der Schilderung der Schwierigkeiten, sondern ihnen Handreichungen liefern, wie sie diese umgehen könnten. Es sollte aber auch für alle anderen Studierenden eine Hilfestellung sein beim Schreiben von Hausarbeiten und beim Absolvieren von Prüfungen. Es wurde ein sehr ungewöhnliches Buch.

Wirkung des Bluff-Buches

Der Verlag war zufrieden. Wir hatten einen schönen Titel gefunden und das Buch verkaufte sich wie verrückt. Bald erschien es als Raubdruck, eine Art Ritterschlag in jenen Zeiten. In einer Büchertauschbibliothek für Touristen in Pokhara in Nepal fand ich Jahre später ein Exemplar des Buches. Es wurde ins Holländische, Dänische und Japanische übersetzt – nie ins Englische.

Das lag an den Verhältnissen, die ich schon als Schüler in Amherst, Massachusetts, erlebt hatte. An US-amerikanischen Hochschulen sind die Studierenden in Jahrgangsklassen organisiert, wohnen in Mehrbettzimmern und betreiben die Mehrzahl ihrer Aktivitäten in engen Bezugsgruppen. Da kennt man sich so gut, dass jeder Bluff sofort auffliegen würde. Zudem herrscht in den USA und den Ländern des Commonwealth der Bildungsbegriff der Aufklärung, wonach Bildung darin besteht, sein je bestes Potenzial an Fähigkeiten zu erkennen und zu verwirklichen, damit man die optimalen persönlichen Möglichkeiten zu einer rationalen Gestaltung der Welt entfalten kann. Es gibt keinen allgemeingültigen Bildungskanon wie in Deutschland, sondern ein je individuelles, nach Fach und Person unterschiedliches Optimum. Zum Bluffen gibt es weder Raum noch Notwendigkeit.

Im deutschen Sprachraum hatte sich im 19. Jahrhundert der romantische Bildungsbegriff durchgesetzt. Bildung ist hier die Aneignung eines umfassenden, zweckfreien, angeblich humanistischen Kanons klassischen Wissens in Literatur, Kunst, Geschichte, Musik und Philosophie, der Allgemeinbildung. Wer über die nicht jederzeit verfügen kann, besitzt nur Halbbildung, war Banause, wie das Adorno als snobistischer Romantiker mit besonderem Vergnügen seinen Mitmenschen vorwarf. Und wer auf die Anwendbarkeit und Nützlichkeit schaute, war Philister, besaß Ausbildung, aber keine Bildung. Das machte den Bluff unverzichtbar.

Das Buch hat sich in seinen unterschiedlichen Versionen bis heute über zweihunderttausend Mal verkauft. Etliche Leser sprachen mich an oder schrieben mir, ich hätte ihnen mit dem Buch in einer schweren Lebenskrise, in der sie Suizid erwogen hatten, geholfen, weil sie merkten, es lag nicht an ihnen, sondern am System, und dass es Vielen ging wie ihnen. Andere warfen mit vor, ich hätte die Intellektualität der Universität zerstört. Jedes anspruchsvolle Argument werde als Bluff denunziert. Ich hätte die Dummen und Faulen zu Königen gemacht. Die Anstrengung des Begriffs erübrige sich. Der Intellektuelle habe in meiner Welt die Bringschuld, sich auch noch dem Letzten verständlich zu machen. Ich sei der Vorkämpfer der Antiintellektualität. Sie hassten mich und ließen es mich spüren. Eine Bewerbung um eine Vertretungsprofessur wurde mit der mündlich gegebenen Begründung abgewiesen, mit meinem Bluff-Buch habe ich bewiesen, dass ich nicht „die geeignete Persönlichkeit für eine Professur" sei.

Tatsächlich war es, wie schon der „Bluff-Aufsatz", ein Manifest für das Recht auf Normalität, auf Durchschnittlichkeit an der Hochschule. Es war Irrtum und Wahrheit zugleich: Irrtum, weil es die elitäre Intellektualität in der Tat angriff und ihr vielleicht manche Spitzenleistung vermieste; Wahrheit, weil es quasi ein klassenkämpferisches Manifest für den damals prototypischen Westdeutschen war, für die Kinder der Bildungsexpansion, die damals an die Hochschulen strömten und denen die Angehörigen der traditionellen Eliten den Zugang verwehren wollten und immer noch verwehren. Es ist kein Kampf zwischen links und rechts, sondern zwischen den seit Generationen akademisch Gebildeten und denen, die ebenfalls teilhaben wollen an der höheren Bildung.

Eine neue Lehre

Mit Erscheinen des Buches veränderte sich meine Situation in der Lehre. Ich wurde zum Anziehungspunkt für Studierende, die sich von mir Trost und Hilfe versprachen. Und ich spezialisierte mich darauf, die Studiensituation am Otto-Suhr-Institut insgesamt zu verbessern. Ich organisierte ein Erstsemestercolloquium, wo wir mit studentischen Tutoren alle Erstsemester zu einem Wochenseminar in Westdeutschland in einem gruppendynamischen Großereignis zusammenbrachten. Mit der biografischen Methode erarbeiteten wir, was in der Lebensgeschichte zum Studium allgemein und speziell zur Politischen Wissenschaft geführt hatte. Ziel war, dass sich ähnlich Motivierte zusammenfanden und Studienkollektive bildeten, die ihr gemeinsames Studium organisierten. Das funktionierte hervorragend und gibt es noch heute.

In der Lehre setzte ich all die Methoden des „sozialen Lernens" ein, die ich gelernt hatte, zum Teil mit katastrophalen Ergebnissen. In meinem Kapital-Kurs mit über 120 Teilnehmern wollte ich die themenzentrierte Interaktion praktizieren und verkündete als oberste Regel: „Störungen haben Vorrang." Rasend schnell verwandelte sich mein Seminar in eine pubertierende Schulklasse. Frauen störten sich daran, dass Männer so viel und lang redeten. Männer störten sich daran, dass Frauen strickten. Einige störten sich daran, dass zu wenig aktuelle Beispiele eingebracht würden. Andere wollten im Gegenteil enger am Text bleiben. Leute, die weit weg vom Fenster saßen, störten sich an der schlechten Luft und forderten ein Rauchverbot. Die Raucher forderten, dass die Fenster geöffnet würden. Die am Fenster saßen, störten sich daran, dass es zu laut und zu zugig sei. Manche störten sich daran, dass andere sich an allem störten und den Betrieb damit aufhielten. Es war Chaos pur und ich ging darin unter.

In anderen Veranstaltungen klappten die Methoden hervorragend. In einem Seminar zur Familienpolitik erarbeiteten wir mit der biografischen Methode, welche Elemente der bundesdeutschen Familienpolitik wir in unserem Leben erfahren hatten, und recherchierten dann ihren politologischen Hintergrund. Wo es ging, setzte ich Rollenspiele mit Stopps ein, um die Gefühlslage und Dilemmata der Betroffenen erahnen zu können. Wir schwärmten aus zu Interviews. Bei Störungen in kleineren Gruppen reichte in der Regel ein „Blitzlicht", eine schnelle Aussage zum Problem von allen Beteiligten rundum, um sie aufzulösen. Kartenabfragen standen regelmäßig am Anfang und am Ende von Veranstaltungen. Statt einzelner Veranstaltungen machten wir lieber übers Wochenende Blockseminare oder fuhren für eine Woche in eine der vielen gewerkschaftlichen Weiterbildungsstätten in Westdeutschland.

Auch damit war ich ein prototypischer Westdeutscher, nicht erste Generation und Avantgarde, sondern in der Phase des Übergangs zur Massenproduktion. Im Jahr 1972 gründete Eberhard Schnelle aus dem Quickborner Team heraus die Firma „Metaplan Gesellschaft für Planung und Organisation mbH". Sie entwickelte die Metaplan Pinnwand-Moderationsmethode mit Kartenabfrage, Brainstorming und anderen kreativen Methoden und den dazu notwendigen Moderationskoffer mit Pinnnadeln, bunten Karten in unterschiedlichen Formaten und Farben, Klebepunkten zur Bewertung der Karten etc. pp. Das war die Phase der Massenproduktion. Wir nutzten noch die Wände des Raums als Pinnwände und entwickelten alle Materialien selbst. Aber das Grundprinzip war im westdeutschen sozialen Raum vorhanden und breitete sich explosionsartig aus, insbesondere in den Unternehmen. Bald kam keines mehr ohne eine SWOT-Analyse (Strengths, Weaknesses, Opportunities, Threats, also Stärken, Schwächen, Chancen und Bedrohungen) aus, die selbstverständlich mit Metaplan-Methoden durchgeführt wurde.

Die K-Gruppen hassten mich, ließen mich aber in Ruhe, weil sie in meinen Veranstaltungen Selbstreflexion, Selbsterfahrung und Gruppendynamik hätten mitmachen müssen. Die mehr intellektuellen K-Gruppen, wie die Marxistischen Gruppen (MG), verachteten mich. Bei öffentlichen Veranstaltungen, zu denen ich in ganz Westdeutschland eingeladen wurde, führten sie mich regelmäßig vor und machten mich lächerlich, was mir beim sonstigen Publikum eher Sympathien eintrug, mich aber verletzte.

Linke Kritiken erschienen, die mich bezichtigten, einem unmarxistischen Subjektivismus und einer Psychologisierung und damit Verharmlosung der Klassenkämpfe Vorschub zu leisten. Ursache der Schwierigkeiten von Studierenden sei die Konkurrenz und nicht eine so kleinbürgerliche Selbstbeweihräucherung wie der Bluff. Eine pädagogische Zeitschrift widmete ein ganzes Heft meiner Vernichtung. Mich selbst hatten sie nicht um eine Stellungnahme gebeten.

Liebesversuch, der Zweite

An Weihnachten 1979 war ich in Tübingen, um meine Mutter zu besuchen. Ich wohnte bei meinem existenzialistischen Freund in der Tübinger Innenstadt. Tagsüber war ich meist bei meiner Mutter, machte mit ihr Spaziergänge im botanischen Garten oder sah mit ihr fern. Abends zog ich allein durch Tübingen. Mein Freund hatte zu tun. An einem Abend ging ich in die Tangente, eine etwas vergammelte Diskothek am Lustnauer Tor, dem Mittelpunkt Tübingens. Es war in der Zeit „zwischen den Jahren". So nannten wir die Tage zwischen den Weihnachtsfeiertagen und Silvester, weil sie so etwas Schwebendes, Unwirkliches hatten, als ob die Zeit angehalten wäre. Es gab nichts Richtiges zu tun. Gefeiert hatte man schon. Man musste nur die Zeit bis Silvester irgendwie hinter sich bringen. Dann würde es weitergehen mit der Normalität.

Dazu gehörte mein Besuch in der Tangente. Die Diskothek war ziemlich leer und wie immer etwas öde. Es gab auch einige Frauen, die allein da waren. Ich taxierte sie. Bei den jungen Schönen würde ich sowieso abblitzen. Eine Frau in meinem Alter, mit einem ausdrucksstarken Gesicht, tanzte selbstvergessen auf der sonst leeren Tanzfläche. Sie faszinierte mich. Als sie sich setzte, weil ihr wohl die gerade aufgelegte Musik nicht behagte, ging ich hin und sprach sie an: „Ich würde dich gerne kennenlernen, weiß aber nicht, wie ich das machen soll." Sie schaute auf und war interessiert. Wir redeten und redeten und entdeckten immer mehr Gemeinsamkeiten. Sie war auch aus Berlin beim weihnachtlichen Familienbesuch in Tübingen. Hilde war Künstlerin, wollte Bildhauerin werden. Wir verbrachten die Nacht zusammen und versprachen einander, uns in Berlin wieder zu treffen.

Sie wohnte dort in einer Einzimmerwohnung mit Küche und Bad im dritten Hinterhaus, vierter Stock, in einer Seitenstraße zur Beusselstraße in Moabit. Im Krieg war die Westseite des Hinterhauses und ihr Balkon zerstört worden, sodass die Türe des Balkons ins Nichts führte, man aber vom Zimmer einen weiten Ausblick in die Industriebrache Moabits hatte und dahinter wundersame Sonnenuntergänge beobachten konnte. Sie lebte wie eine Künstlerin der klassischen Bohème. Eine Staffelei stand mitten im Zimmer. Auf dem Sofa schlief eine schwarz-weiße Katze. An den Wänden hingen ihre geheimnisvollen Bilder. Wir redeten schwäbisch miteinander und verstanden uns immer besser. Es kam zu dramatischen Szenen mit Hanne, und wie bei meiner Trennung von Chriss war ich nicht eindeutig, sondern schwankte hin und her. Ich wollte von

Hanne sozusagen die Erlaubnis zur Trennung. Wir fuhren noch einmal über Ostern gemeinsam in die Toskana. Ich hatte zwölf Diplomarbeiten dabei, die ich begutachten musste, und saß jede Nacht in der Hotelbar und las Diplomarbeiten. Die Tage verbrachten wir sehr harmonisch und platonisch in Fiesole, dem idyllischen Städtchen über Florenz, und bei Besuchen der befreundeten Familie, in deren Hotel ich die Erstfassung des Bluff-Buches geschrieben hatte. Nachts fuhr ich betrunken über die Bergstraßen im Wald über Florenz wie ein Rennfahrer durch die Kurven tanzend. Wir hatten Glück, nichts passierte.

Hilde litt unter meiner schwankenden und zögerlichen Haltung. Sie hatte sich sofort von ihrem Freund getrennt und machte mir deutlich, dass sie mit mir zusammen sein wollte. Sie steckte im Referendariat als Kunstlehrerin an einer Grundschule in Moabit. Wieder machte ich die absurde Situation der Lehrproben mit, in denen man eine Lernsituation vorführen und inszenieren musste, die so in der Schulwirklichkeit nie stattfand. Sie erlebte die Schulwirklichkeit als permanentes Scheitern. Sie bereitete sich perfekt vor, und dann ging alles wegen irgendeiner Kleinigkeit schief. Auch hatte sie den Eindruck gewonnen, dass ihre ganze Tätigkeit als Lehrerin an einer Grundschule darin bestand, den Kindern die Lebendigkeit auszutreiben.

Als sie ihr Zweites Staatsexamen bestanden hatte, teilte sie der Schule mit, dass sie nicht vorhabe, Lehrerin zu werden. Mir teilte sie mit, dass sie mein Schwanken satt habe und auf unbestimmte Zeit zu Bhagwan nach Poona gehen würde. Ich könne derweil ihre Katze versorgen. Wenn ich mir klarer geworden sei, könne man sehen, wie es weitergehe.

Und ihr Kalkül ging auf. Als sie weg war, merkte ich erst, wie sehr ich sie vermisste. In einem Kneipengespräch teilte ich Hanne mit, dass ich mich von ihr trennen werde. Es war brutal, doch wie durch ein Wunder blieben wir freundschaftlich verbunden.

Ich hatte gerade meine drei Neffen zu Besuch. Abends, wenn ich die drei sicher im Bett wusste, ging ich oft noch in den Ashram Bhagwans in Kreuzberg oder in das „Far Out", die Disko der Bhagwanesen bei der Schaubühne. Im Ashram hörte ich den Predigten Bhagwans zu und fand sie verrückt, lachte aber über seine Witze.

Natürlich war ich auch darin ein prototypischer Westdeutscher. Solche Verstiegenheiten konnten sich nur die postmateriellen, ideologisch übersättigten Erben der Studentenbewegung leisten. Überall in Westdeutschland stolzierten sie herum, die Gestalten in den Farben der Berliner Müllabfuhr. Die Medien veranstalteten einen tollen Zirkus um diese neue, besonders exotische und erotische Spätfolge der Studentenbewegung. Aus Filmen und Berichten erfuhr man das Spezialvokabular der Anhänger Bhagwans: Sannyasin für die Anhänger des Gurus, Kundalini für die innere Kraft des Menschen, die durch die Chakren *(Tore)* fließt, Mala für die Kette aus Holzperlen mit dem Bild des Meisters und das ganze Ensemble hinduistischer und buddhistischer Erleuchtungshoffnungen.

In den Filmen konnte man sehen, wie in Poona die Helfer des Gurus all die Therapieformen und Selbsterfahrungsmethoden veranstalteten, die sich aus der Körper- und Charakterlehre Wilhelm Reichs entwickelt hatten, z. B. Gestalttherapie, Bioenergetik, Vegetotherapie und Rebirthing. Eine Methode beeindruckte mich sehr. Da führte einer seine Hände ganz tief ins Gewebe und schien es umzuformen. Die Methode wurde in dem Film als die wirksamste und teuerste Therapie angepriesen. Sie nannte sich „Rolfing". Ich beschloss, sie näher kennenzulernen.

Hilde kam zurück, als sie von mir mit Liebesbriefen überschüttet wurde und ich ihr anbot, im Frühjahr 1981 mit ihr für mehrere Monate nach Griechenland auf ihre Lieblingsinsel zu fahren.

Zukunftsausstieg

Ermutigt durch Hildes Hinwendung zur Psychotherapie und Selbsterfahrung und ihrem Poona-Erlebnis, stürzte ich mich in eine Psychoorgie, die bei mir besonders gerechtfertigt erschien, denn seit meinen pietistischen Kinder- und Jugendjahren meinte ich zu wissen, dass ich „irgendwie einen großen Fehler" hatte, der unbedingt „weggemacht" werden musste, wenn ich jemals glücklich und in mir selbst ruhend sein wollte.

Dazu kam meine völlig ungeklärte Lebensperspektive. An der Uni hatte ich keine Chance. Die zwei Jahre, die ich als Assistent nur auf Politik verwendet hatte, schmissen mich aus der Bahn. Ich war darum zu spät dran mit meiner Promotion und Habilitation. Inzwischen waren all die neuen Professorenstellen der Bildungsexpansion mit jungen, frisch habilitierten Leuten besetzt und damit auf viele Jahre blockiert. Mit mir gab es viele promovierte und habilitierte Politikwissenschaftler. So war ich als prototypischer Westdeutscher Teil der Generation der promovierten Taxifahrer.

Nach dem Bluff-Buch stand mir auch nicht unbedingt der Sinn nach Uni. Zwei professorale Kollegen aus der SAZ, Wolf-Dieter Narr und Peter Grottian, hatten aus Solidarität mit den arbeitslosen Kolleginnen und Kollegen beschlossen, ihre Stellen auf Zweidrittelstellen herunterzufahren und aus den beiden Dritteln eine neue Zweidrittelstelle zu finanzieren. Sie boten mir großzügig an, mich auf diese neue Stelle zu setzen. Hochnäsig lehnte ich ab und verstieg mich zu der Aussage: „Dann würde ich ja werden wie ihr!" Mir sei wichtiger, mit Reichianischen Therapien an meiner Orgasmusfähigkeit zu arbeiten. Was für ein grober und dummer Irrtum! Allerdings waren seine Folgen durchaus erfreulich: Die beiden förderten von da an konsequent Frauen auf der von ihnen großzügigerweise geschaffenen Stelle.

Der Hintergrund für meine Zickigkeit war tiefgründiger als mein an Kunzelmann erinnernder Spruch von der Orgasmusfähigkeit. Ich hatte mich in einem Zukunftsseminar, das wir selbst in Kochel am See in der sozialdemokratischen Georg-von-Vollmar-Akademie veranstaltet hatten, noch einmal von der vom Club of Rome verkündeten Aussichtslosigkeit unserer Zukunft als Menschheit überzeugt und war für mich persönlich zu dem Schluss gekommen, dass es sinnlos war, mich um den Aufbau einer bürgerlichen Karriere zu kümmern. Ich ging zur Rentenberatungsstelle und ließ mir ausrechnen, dass ich die für einen Rentenanspruch notwendigen Jahre beieinander hatte – so realitätsbezogen war ich noch.

Hinzu kam, dass ich – erstklassiger Hypochonder, der ich war und bin – mir bei jedem Zwicken sofort sicher war, dass ich Krebs hätte. In einer Art Tagtraum gab mir der Arzt die tödliche Diagnose. Ich fragte ihn: „Wie viele Jahre habe ich noch?" Er sagte: „Fünf!" Das war völlig unrealistisch. Ärzte sagen so etwas nicht. Aber es war mein Traum. Daraufhin warf ich in meinem Traum alles hin und machte eine Reise um die Welt.

Im Wachzustand sagte ich mir, du musst keinen Krebs haben, um eine solche Reise zu machen. Ich nahm mir also vor, mir meinen alten Traum von einer Reise um die Welt zu erfüllen. Mit dem Bluff-Buch war genügend Geld dafür auf dem Konto. Ich würde reisen, solange das Geld reichte. Ich hatte gehört, dass man in Asien für zehn Dollar am Tag gut leben könne. Da würde mein Geld ein paar Jahre halten. Ich würde irgendwo eine Therapieform lernen und zurück in Deutschland als freier Therapeut arbeiten.

Das war damals mein Blick auf die Welt: Carpe diem, pflücke den Tag, bevor die Welt sowieso im Klimawandel untergeht. Ich fragte mich ernüchtert gegen Ende meiner zwölfjährigen Zeit als wissenschaftlicher Mitarbeiter an der FU: Was konnte ich eigentlich als habilitierter Politologe, außer klug daherreden? Einen Job in meinem Gebiet Politische Wissenschaft gab es damals für einen wie mich nirgendwo. Also stürzte ich mich auf die Psychoszene und verabschiedete mich von Politik und Wissenschaft.

Rundreise durch die Psychowelt

Ich buchte bei einer der vielen, neu entstandenen Psychofabriken einen Kurs in Traumarbeit, weil ich meine Träume praktisch nie erinnern konnte und mir klar gemacht wurde, dass dies das Anzeichen schwerster Verdrängungen sei, die mir den Zugang zu meiner Seele versperrten. Der Mensch, der den Kurs veranstaltete, war ein westdeutscher Sufi, ein Derwisch, der uns mit Atemübungen der Derwische in Hyperventilation brachte, unter deren Einfluss wir Angstzustände, Krampfanfälle und Halluzinationen hatten. Wenn es zu schlimm war, führte er uns mit Duftfläschchen wieder in die Nähe der Normalität. Es war faszinierend und führte wirklich dazu, dass ich beinahe alle Träume behielt und sie mir in einem Traumtagebuch aufschreiben konnte. Ich wusste allerdings nicht, was ich mit ihnen anfangen sollte. Aber immerhin war ich ein „braver" Schüler und hatte die erste Norm geschafft und „das Tor zu meiner Seele" geöffnet.

Es gab dabei irre Situationen. Der Sufi-Veranstalter lud uns zu einer Sufi-Zeremonie in eine „Moschee" ein. Sie lag in einer Wohnung im Stockwerk über einer üblen Eckkneipe in der Yorckstraße in Berlin. In der Küche vollzogen wir die rituellen Waschungen am Wasserhahn. Wasser auf den Kopf: „Ich wasche alle bösen Gedanken aus meinem Kopf." Wasser auf die Augen: „Ich wasche alles Böse, was ich gesehen habe, hinweg." Wasser in den Mund: „Ich wasche alle bösen Worte hinweg." Wasser auf die Füße: „Ich wasche alle bösen Schritte weg." Wasser auf die Hände: „Ich wasche alle bösen Taten hinweg." Dann versammelten sich die Männer im großen Ecksalon der Wohnung, die Frauen daneben im Esszimmer hinter der gläsernen Schiebetür. Und dann ging es los mit den rhythmischen Verbeugungen zu „Allahu akbar" und dem tiefen Ausatmen mit diesen Worten, dann der Aufrichtung mit der Einatmung und „Allahu akbar" und das immer schneller, lauter und intensiver, wobei wir uns mit über den Schultern verschränkten Armen im Kreis bewegten, bis wir alle in Halluzinationen verfallen waren und zu Boden stürzten. Es war Sekte pur.

Wann immer im *TIP* oder in der *Zitty*, den Berliner Magazinen über Aktivitäten in Berlin, ein Psychoworkshop angeboten wurde, nahm ich teil, wenn es irgendwie ging. Dabei lernte ich die verrücktesten „Therapien" kennen. Der Zeitgeist ging in Richtung Erleuchtung und Körpertherapien. Die auf Wilhelm Reich und Alexander Lowen gestützte Bioenergetik versprach, dass man mit dem Halten von Stresspositionen bis der Körper in ein rasendes Zittern kam, „Blockaden" des Energieflusses im Körper lösen und damit „Panzerungen" aufbrechen könne, die man sich im Laufe seiner Lebensgeschichte zugelegt habe. Für mich waren es furchtbar masochistische Stunden, die ich zum Beispiel in halb hockender Position an die Wand gelehnt mit wachsenden Schmerzen verbrachte, bis ich schließlich am ganzen Körper zitterte und schwitzte und in eine fetale Position auf den Boden stürzte und dort weiterzuckte. Zu dem körperlichen Masochismus kam ein unausweichlicher psychischer Masochismus, denn man hatte nur die Wahl, welchem gestörten Charaktertypus man zugehörte: schizoid, oral, psychopathisch, masochistisch oder rigide. Unblockierte, ungepanzerte Typen waren nicht im Angebot.

Man konnte es den Menschen von außen ansehen, so die Behauptung der Anhänger dieser Therapieform, welchem Typus sie angehörten, welche psychische und moralische Störung sie hatten, welche Erziehungsgeschichte sie zu dem gemacht hatte, was sie waren. Grundlage dafür war der „Holismus", die Anschauung der Einheit von Körper, Geist und Seele. Darum könne man über die Arbeit am Körper, dem „Grounding", Störungen des Geistes und der Seele lösen.

Diese Theorie kam meiner Psychostruktur sehr entgegen. Ich wusste, dass ich schwer gestört war, dass ich ein massives Problem hatte. Ich brauchte eine Therapie. Und meine schwäbische Weisheit bestärkte mich in dem Glauben, dass eine wirksame Heilung sich dadurch auszeichnete, dass sie richtig weh tat. Also war Bioenergetik genau das Passende für mich.

Die Bioenergetik wurde ergänzt durch das „Rebirthing". Die Gruppe umgab einen auf dem Boden in fetaler Position liegenden „Patienten" ganz eng wie eine große Gebärmutter. Der „Patient" wurde vom Therapeuten mit Atemübungen in die Hyperventilation geleitet, bis er sich explosionsartig einen Weg aus dem Ring der Körper wie einen Geburtskanal brach. Auch das tat schrecklich weh und musste darum gut sein.

Mein Freund Helmut hat diese Therapieformen in seiner Diplomarbeit hervorragend bloßgestellt als „Ohrfeigentherapien". Man gibt dem Klienten eine kräftige Ohrfeige und fragt ihn dann, „Woran erinnert dich das?", und schon hat man den besten Einstieg in ein Familiendrama.

176

In der Gestalttherapie hatte man auch nur die Wahl zwischen unterschiedlichen Störungen der Gestalt. Man war, wie im Christentum, von vornherein ein fehlerhaftes, gestörtes Wesen. Wieder konnte man durch körperliche Erfahrungen, Einprügeln auf ein Kissen zum Beispiel mit einem Tennisschläger, die „Blockaden" lösen. Es ging darum, die „Gestalt" zu vervollständigen, sich „perfekt" zu machen.

Dazu passten die esoterischen Lehren von der „Erleuchtung" aus dem Buddhismus und Hinduismus, die sich mit dem Bhagwan-Kult damals im Westen rasant ausbreiteten. Man konnte erleuchtet werden, zur Perfektion aufsteigen. Das war auch die Botschaft des Erzpietisten Hermann Hesse, der damals in den USA eine ungeheure Popularität erreichte. Die Leute reisten in Scharen zu irgendwelchen Ashrams, klosterähnlichen Meditationszentren, in Indien. In Berlin konnte man Kundalini-Kurse, Yoga, Chakrenarbeit, Zen-Meditationen und eine Vielzahl anderer asiatisch inspirierter „Therapien" buchen, die zur „Erleuchtung" führen, wenigstens aber auf sie vorbereiten sollten. Ich probierte sie alle.

Alles wurde getoppt durch das „Rolfing", von dem ich in dem Film über Bhagwan erstmals erfahren hatte. Ich hatte mich inzwischen kundig gemacht. Es hieß nach der Erfinderin der Methode, Dr. Ida Rolf. Sie hatte 1920 an der Columbia University in Biochemie und Physiologie promoviert.

Rolfing war eine Methode der Körperarbeit *(body work)*. Der Behandler arbeitet mit großem Druck mit Händen, Knöcheln, Unterarmkante und Ellenbogenspitze am Körper der behandelten Person, die in Unterwäsche auf einer Massageliege liegt oder für den Abschluss der Sitzung auf einem Hocker sitzt. Die Idee ist, man könne auf diese Art und Weise verkürzte Gewebeteile länger machen und so den Körper umgestalten. Ziel ist dabei, die einzelnen Segmente des Körpers so auszutarieren, dass der Körper im Schwerefeld der Erde optimal ausbalanciert ist. Dazu sind zehn aufeinander aufbauende Sitzungen von je einer Stunde nötig. Jede Sitzung hat ein bestimmtes Ziel und widmet sich in den ersten sieben Sitzungen einzelnen Regionen des Körpers. In den letzten drei Sitzungen soll die Gesamtstruktur der Körpers integriert werden. Darum nennt sich die Methode auch „strukturelle Integration".

Das klang für mich sehr rational, sehr naturwissenschaftlich. Das Ziel und die Kriterien waren klar definiert und machbar: Der mühelos aufrechte Mensch in der Schwerkraft. Das passte zum „aufrechten Gang" als Sinnbild für den autonomen, seiner selbst bewussten, stolzen Menschen.

„Rolfing" hatte den Ruf, superwirksam, superteuer und superschmerzhaft zu sein. Ich beschloss, mich während meiner Reise um die Welt in den USA im Rolf Institut in Boulder rolfen zu lassen, um dabei gleich die Seriosität des Ganzen zu testen, und mich, wenn ich zur Überzeugung kommen sollte, dass es eine seriöse Veranstaltung war, irgendwo und irgendwann zum „Rolfer" ausbilden zu lassen.

In der ganzen Psychoorgie nahm ich keine psychisch wirksamen Drogen. Ich wollte meine Bewusstseinserweiterungen bewusst erleben. Rauchen und Saufen waren schon schlimm genug. Immer mal wieder hörte ich damit auf, beim Rauchen manchmal für Jahre. Besonders der Alkohol lag mir aber am Herzen. Ich wollte bis ins hohe Alter hinein trinken können und gab meiner Leber immer wieder halbjährige Erholungspausen. In Nepal und Indien probierte ich Shit und wurde angenehm albern davon. Dann probierte ich für ein paar Pfennige ein Bang-Lassie, ein mit Cannabis vermischtes Joghurtgetränk. Das wirkte so stark, dass es mir Angst machte. Dann wurde mir von Shit und Bang nur noch schlecht. Einmal probierte ich Marihuanazigaretten. Doch das Einzige, was wirkte, war das Nikotin. Nach einer sechsjährigen Abstinenz vom Rauchen war ich innerhalb von drei Wochen wieder bei einer ganzen Packung Zigaretten am Tag.

In all dem war ich natürlich keine Ausnahmeerscheinung, sondern ein prototypisches Phänomen des westdeutschen Zeitgeistes. Mit der üblichen Zeitverzögerung von fünf Jahren erreichte die Encounter-Bewegung, die bis 1975 ihren Höhepunkt in den USA gehabt hatte, nun auch Westdeutschland.

Griechisches Inselparadies

Im Frühjahr 1981 fuhren Hilde und ich in einem völlig überladenen VW Golf – die Räder stellten sich leicht nach außen – voller Bücher und Fotokopien durch die Alpen an die Küste Jugoslawiens um Albanien herum auf das griechische Festland. Es war eine verrückte Reise. Bei jedem höheren Berg fuhren wir zurück in den Winter und tauchten dann wieder in den Frühling ein. Jugoslawien war noch sozialistisch und außerhalb der Saison eine touristische Wüste. Wir fanden nur Quartier in den sozialistischen Betonhotelburgen in den sozialistischen Retortenstädten im Innern des Landes. In den Restaurants und Hallen verkehrten außer einigen aufgetakelten „Tänzerinnen" nur Männer. Hilde musste ich zu den Toiletten begleiten, weil sie sofort angemacht wurde, wenn sie irgendwo allein auftrat.

Während unserer Nachtfahrt auf verlassenen Straßen entlang der albanischen Grenze hörten wir im Autoradio mit wachsender Belustigung eine Dauersendung auf Deutsch, die im Stil der Berliner K-Gruppen den maoistischen Sozialismus albanischer Prägung als die höchste Errungenschaft der Menschheit anpries. Als wir bei Igumeni die Grenze zu Griechenland passierten, atmeten wir auf, als ob wir in die Zivilisation zurückgekehrt wären, und aßen nach all den Rasnicis und Cevapcicis genussvoll die Gerichte der von uns sonst eher verachteten griechischen Küche.

In Griechenland fuhren wir an der Westküste entlang, setzten bei Patras auf den Peleponnes über, fuhren durch das griechische Frühlingsparadies um Olympia und Nafplion nach Athen und hoppten von Insel zu Insel bis nach Leros (auf Griechisch: „der Schmutzige", was durchaus auf die Kaserneninsel passte). Dort stellten wir das Auto ab und schipperten mit all unserem Zeug auf einem kleinen Motorschiff zu der kleinen, autofreien Insel Lipsos, im Volksmund „Lipsi" genannt. Hilde kannte sie von einem früheren Besuch mit ihrem Freund und hatte sie zu ihrer Lieblingsinsel erkoren, weil sie die Schönste sei von allen, die sie in Griechenland gesehen hatte.

Wir wollten dort beide jeweils ein Buch schreiben. Hilde wollte über ihre Erfahrungen als Referendarin und Kunstlehrerin an ihrer Grundschule im Wedding berichten, die sie zu der Erkenntnis gebracht hatten, dass ihre Aufgabe dort war, den Kindern die Lebendigkeit auszutreiben. Ich hatte einen Vertrag mit dem Rotbuch-Verlag, ein Buch über Sozialpolitik und Armut zu schreiben. Es war die Langfassung meines Habilitationsvortrages.

Wir mieteten uns in einer kleinen Einraumhütte ein, in der der Besitzer mit 13 Geschwistern aufgewachsen war. Neben der Hütte gab es einen noch kleineren Stall. Den machten wir zur Küche, wo wir auf offenem Feuer kochten. Vor dem Eingang der Hütte lag eine große zementierte Terrasse von Mäuerchen eingefasst, in die steinerne Spülbecken eingelassen waren. Ein riesiger Eukalyptusbaum direkt neben der Terrasse gab Schatten und einen angenehmen Duft. Hoch oben in einer Astgabel war ein Krähennest. Die Kräheneltern waren fleißig am Füttern. Dann kam eines Morgens der Bauer und schleuderte das Nest mit einem gekonnten Steinwurf aus seiner Verankerung in der Astgabel. Es war wohl nur ein Junges darin gewesen, denn das lag im Gras vor unserer Hütte und piepste jämmerlich. Wir konnten nicht einfach zuschauen, wie es starb. Wir fütterten es. Das war ein etwas seltsames Erlebnis, denn jedes Mal, wenn es etwas hinuntergeschlungen hatte, drehte es sich um und stieß einen Strahl weißer Exkremente gegen uns aus. Im Nest oben hätten die Eltern den Kot mit dem Schnabel aufgefangen und weggetragen, um das Nest nicht zu beschmutzen und um auf dem Boden keine Spuren für Fressfeinde zu hinterlassen.

Nicht nur das. Die Eltern griffen uns beim Füttern des Krähenbabies im Sturzflug an und drehten nur knapp über unseren Köpfen ab, sodass wir uns jedes Mal erschrocken wegduckten. Aber selbst füttern kam für sie auch nicht infrage. Sie wären zu exponiert gewesen. Auch der Bauer beschimpfte uns und wollte das Junge gleich erschlagen.

Wir fanden hinter der Hütte zu unserem Erstaunen einen verrosteten Helm der deutschen Wehrmacht. Die hatte den damals italienischen Dodekanes handstreichartig besetzt, als Italien aus dem

Weltkrieg ausscherte, und hatte alle italienischen Soldaten als De-
serteure und Verräter umgebracht, die sich nicht sofort ergaben.
Die sich ergaben, wurden in Deutschland als Zwangsarbeiter eingesetzt oder in Konzentrationslager verbracht, wo viele tausend
elendiglich verstarben, weil sie als „Verräter" ganz am Ende der La-
gerhierarchie standen. Um diese Geschichte wissend, bereitete es
uns eine gewisse Genugtuung, den Helm zum Nest für unseren
Zögling umzubauen und ihn hinter der Hütte vor dem Bauer zu
verstecken.

Als der Vogel größer war, war er Plage und Segen zugleich. Ein
Segen, weil er absolut rührend war. Er setzte sich auf meine Schulter und ließ sich durch die Straßen tragen. Er setzte sich auf den
Wagen meiner Schreibmaschine und ließ sich von mir hin- und
herfahren. Plage, weil er ungeheuer neugierig und geschickt war.
Plötzlich schnappte er sich das Farbband der Schreibmaschine und
flog mit ihm davon, bis sein Ende ihn zu Boden zwang. Er stahl alles. Er schlich sich hüpfend von der Seite heran und klaute mit
schnellem Zugriff alles, was beweglich war, und versteckte es. Ich
konnte es ihm nur abjagen, wenn ich Steine in seine Richtung warf
und dabei schrie, sodass er seine Beute aus Furcht fallen ließ. Diese
„Erziehungsstrategie" stellte sich als schrecklicher Irrtum heraus.
Denn einmal traf ich ihn versehentlich doch und er war tot. Wir
waren untröstlich und weinten wie um ein Kind, das wir großge-
zogen hatten und das ich umgebracht hatte.

Ich konnte genügend Griechisch, um mich halbwegs verständi-
gen zu können. Das und die Krähe auf meiner Schulter und die
Dauer unseres Aufenthalts hoben uns aus der Masse der Touristen
heraus. Wir kamen ins Gespräch mit den Nachbarn, den Kaufleu-
ten und den Betreibern der Kneipen. Unsere Nachbarn wurden
unsere Freunde. Eines Nachts fiel im Morgengrauen ein Aquarell
von der Wand, das Hilde gemalt hatte. Hinter dem Bild hatte sich
ein Skorpion eingenistet und war dabei auf mein Bett gefallen.
Beim Umdrehen wälzte ich mich wohl auf ihn und wurde sehr
schmerzhaft in die linke Schulter gestochen. Ich sprang auf und
schrie in Panik. Hilde schlug mir den Skorpion von der Schulter

und wurde dabei in die rechte Hand gestochen. Ich war mir sicher, dass mich der erste Stich mit frischem Gift und nahe am Herzen schnell umbringen würde, während Hildes zweiter Stich weit weg vom Herzen ihr eine Überlebenschance böte. Ich setzte mich todesbereit auf das Mäuerchen vor der Hütte, während Hilde zu den Nachbarn rannte, um Hilfe zu holen. Ich wartete darauf, dass mein ganzes Leben sich vor meinen Augen noch einmal abspulen würde. Da spulte aber nichts. Nach einer Weile kam Hilde mit einer Flasche Chlor zurück und berichtete, sie sei ausgelacht worden. Skorpione in Griechenland seien etwa so giftig wie Wespen. Ich solle Chlor drauf tun. Das helfe.

Die ganze Situation erschien mir anfangs wie die Erfüllung eines Traums. Endlich würde ich den Touristenstatus verlieren und Teil des Dorflebens werden. Ich wollte ja immer beinahe einheimischer als die Einheimischen sein. Das war auch eine westdeutsche Folge der Studentenbewegung. Die postmaterialistischen Spontis und Alternativen wollten keine Touristen sein. Darum mieden sie die touristischen Ort und verteilten sich in einer dünnen, aber allgegenwärtigen Schicht über alle griechischen Inseln. In jedem küstennahen Olivenhain hatten sie ihre Zelte aufgestellt, jede bewohnbare Höhle, jeden Felsenüberhang am Meer hatten sie okkupiert.

Die Flucht aus dem Paradies

Lipsi hatte weniger als 600 Einwohner, keine Autos. Es gab einen Lastwagen, mit dem schwere Lasten vom Hafen abtransportiert werden konnten, so auch unsere Sachen. Die sonstigen Verkehrsmittel bestanden aus Eseln und Maultieren. Eine Handvoll Familien hatten ein enges Netzwerk über die ganze Insel gespannt. Verwandtschaft war alles. Man versorgte zuerst seine, auch entfernten Verwandten mit allem: Jobs, Land, Privilegien, Vorteile, das Recht zum Mittanzen bei den Dorffesten, wenn man die Musik bezahlt hat. Dafür wurden notfalls alle Gesetze und Regeln gebrochen. Korruption und Nepotismus waren die Norm. Der Bürgermeister,

Chef der reichsten Familie, war schon unter der Diktatur der Obristen Bürgermeister gewesen und war es immer noch. In unserer Zeit dort kaufte er einen Bulldozer für sein Bauunternehmen und beauftragte sich selbst damit, Straßen zu bauen, die auf dieser Insel ohne Autos kein Mensch brauchte.

Wir wurden von allen Seiten bedrängt, uns auf die Seite dieser oder jener Familie zu stellen. Besuchten wir eine, verfluchten uns die anderen. In den Geschäften wurden wir gefragt, warum wir auch bei anderen kauften. Ich musste mir die Klagelieder aller Leute anhören, mit denen ich ins Gespräch kam, und versprechen, dass ich aus Deutschland dringend benötigte Güter senden würde, natürlich als Geschenk.

Nach und nach bekamen wir mit, wie prekär die Situation der Menschen war. Die meisten wohnten dauernd in diesen primitiven Einraumhütten, die wir im Sommer für relativ kurze Zeit bewohnten. Sie ackerten von morgens bis abends auf ihren Feldern, jäteten das Unkraut mit der Hacke, droschen das Getreide per Hand und mit Eselsschlitten, versorgten täglich das Vieh. Behinderte Familienmitglieder wurden versteckt. Die Frauen trugen Schwarz, sobald jemand in der Familie gestorben war, also die meiste Zeit ihres Lebens.

Die Insel war wie aus der Zeit gefallen. Die eigene Arbeitszeit zählte nichts, wurde nicht als Kostenfaktor berechnet. Nur so konnten sie mit den subventionierten landwirtschaftlichen Produkten aus der EU konkurrieren. Darum gab es auf Lipsi noch bewirtschaftete Felder und Weinstöcke. Auf den großen Nachbarinseln war die Landwirtschaft längst verschwunden, die Felder verwildert. Lipsi war darum so bezaubernd. Mit vielen herrlichen Buchten war sie eine der schönsten Inseln, die ich in Griechenland kennengelernt habe. Doch die Idylle stellte sich bei näherem Hinsehen als ein Ort der bitteren Armut und des bitteren Streits heraus.

Ich, der ich nie Tourist und immer am liebsten sogar einheimischer als die Einheimischen sein wollte, verzweifelte an der Aufdringlichkeit und den ewigen Klagen der Inselbewohner, an den Versuchen, uns in ihre Intrigen hineinzuziehen. Schließlich rief ich:

„Lasst mich in Ruhe, ich bin nur ein Tourist!" Ich hätte nie für möglich gehalten, dass einmal der Touristenstatus meine letzte verbliebene Rettungsmöglichkeit sein würde.

Der anfangs so idyllische Eindruck wurde um ein gutes Stück weiter erschüttert, als ich mir zu meinem Geburtstag von einem auf Lipsi geborenen Australier die griechischen Schimpfworte beibringen ließ. Plötzlich verdoppelte sich mein Alltagsverständnis der griechischen Sprache. Sie quoll über von obszönen Flüchen. Immer ging es um sexuelle Handlungen *(gámoto)* mit sakralen Gegenständen *(stávro mou:* mein heiliges Kreuz) und der heiligen Jungfrau *(panágia mou)*, Jesus und Gott selbst. An einem schönen ruhigen Sonntagmittag schallte dann der nun leider verständliche Schrei „gámoto tin panágia mou" über die Felder. Und wie in Irland unter Jugendlichen beinahe jedes zweite Wort „Fuck" ist, so steckte man hier ständig ein „Málakka" *(Wichser)* oder „Malakkáki" *(Wichserchen)* zwischen die Wörter der Sätze.

Nachdem wir unsere Manuskripte abgeschlossen hatten, flohen wir nach zweieinhalb Monaten von der Insel. Die Ansprüche der Inselbewohner waren ins Unerfüllbare gewachsen. Ich sagte: „Wenn ich all das hierher bringen sollte, was ihr euch wünscht, müsste ich einen Frachter anmieten." Die Freundlichkeit drohte in Aggression zu kippen, wenn wir die Familienfeinde ebenfalls mit Freundlichkeit behandelten. Wir fühlten uns vertrieben.

Auf jeden Fall hatten wir aus dem Irrtum, ja kein Tourist sein zu wollen, gelernt, welche Vorteile die Distanz des rein pekuniären Verhältnisses hatte, und lernten daraus für zukünftige Reisen und beharrten ab da meist auf dem Touristenstatus.

Nach zwölf Jahren besuchte ich die Insel erneut. Nichts hatte sich verändert. Die gleichen Zänkereien, die gleichen Klagen. Die Leute waren nur älter geworden. Weitere zwölf Jahre später fuhr ich ein letztes Mal hin und erlebte erneut, dass es immer noch das gleiche Theaterstück war, das dort aufgeführt wurde, mit den immer gleichen Konflikten, nur mit älter werdendem Personal. Sogar die Angeber waren immer noch die Angeber. Der korrupte Bürgermeister von damals war inzwischen noch reicher geworden und war immer noch der korrupte Chef der Insel. Ich lernte daraus, dass solche konfliktreichen, auf den ersten Blick eigentlich unhaltbar-instabilen Verhältnisse sehr stabil sein können. Es muss nicht zur großen Explosion kommen. Die täglichen Katastrophen können sich über Jahrzehnte zyklisch wiederholen und sich austarieren, sodass nichts daraus folgt.

Nach unserer Flucht versuchten wir in Berlin für Hildes Buch einen Verlag zu finden. Alle fanden den Text ausgezeichnet, hatten aber gerade selbst ein ähnliches schulkritisches Buch herausgebracht und wollten ihren eigenen Titeln keine Konkurrenz machen. So blieb ihr spannendes Buch leider unveröffentlicht. Es tat ihr weh.

Weltreise, die Erste

Ich tat ihr noch mehr weh. Ich hatte ihr vor unserer Abfahrt nach Griechenland gesagt, dass ich mit ihr zusammen sein wollte. Aber ich wollte nach unserer Inselreise zuerst einmal alleine um die Welt reisen. Dann könne es weitergehen mit dem Zusammenleben. Sie war verletzt und wütend, stimmte aber zu, weil ich das als meinen wichtigsten Lebenstraum, meinen Traum der Selbstverwirklichung bezeichnete.

Ich trat also die Reise des einsamen Cowboys tatsächlich an. Zuvor ging ich zum Einwohnermeldeamt in Berlin, um mich abzumelden. Den Eintrag für den neuen Wohnsitz ließ ich offen und sagte dem Beamten, ich hätte keinen neuen Wohnsitz, da ich auf Weltreise gehen würde. Er sagte: „Das geht nicht!" Ich: „Wie, das geht nicht. Wollen Sie mir verbieten, auf Weltreise zu gehen?" Er: „Nein, aber Sie müssen eine Adresse angeben!" Ich bat ihn, seinen Chef zu holen. Der kam und fragte: „Fahren Sie auf einer Yacht oder einem Schiff?" Ich sagte: „Nein!" Er: „Dann hätten wir nämlich den Namen des Schiffes eintragen können." Ich: „Is aber nicht!" Er: „Gut, dann schreibe ich eben ‚Weltreise' als neue Adresse rein", und er tat es. Dabei fiel sein Blick auf das Auszugsdatum, das ein halbes Jahr zurücklag, als wir damals nach Griechenland aufgebrochen waren. Er sagte: „So geht das aber nicht. Sie haben sich sofort bei Auszug abzumelden. Jetzt muss ich gegen Sie ein Verfahren eröffnen wegen Überschreitung der Meldefristen!" Ich sagte: „Aber Sie haben doch gerade aufgeschrieben, dass Sie mich nicht erreichen können, weil ich auf Weltreise sein werde!" Er: „Das spielt keine Rolle. Wir werden eröffnen und dann wegen Nichterreichbarkeit einstellen!" Den Abmeldezettel habe ich eingerahmt und bewahre ihn als eines meiner schönsten Erinnerungsstücke immer noch auf.

Ich fuhr mit Hilde und ihrer Katze nach Tübingen, wo sie bei ihren Eltern unterkam. Sie wollte dort Arbeit suchen, während ich weg war. Ich wollte in Tübingen mein Auto verkaufen und mich von meiner Mutter verabschieden. Die würde inzwischen meine Finanzen managen.

Ich flog von Stuttgart aus nach Mexiko, von wo aus ich mit einem Umweg über die USA nach Südamerika und von dort aus nach Australien und Asien und weiter rund um die Welt reisen wollte. Hilde brachte mich zum Flughafen. Es gab einen tränenreichen Abschied. Hilde zeigte, dass sie verletzt und zornig war, gleichzeitig aber verständnisvoll: So wie sie nach Poona gegangen war, um ihr Ding durchzuziehen, müsse sie mir nun auch mein Ding gewähren, sagte sie.

Meine Vorstellungen von der tollen Abenteuerreise ganz allein um die Welt stellten sich sehr schnell als großer Irrtum und Illusion heraus. Die Reiseerfahrungen von Europa ließen sich nicht auf Lateinamerika übertragen. In Mexiko war ich für die Einheimischen kein attraktiver, interessanter Altrevolutionär. Ich wurde als reicher Gringo und daher vor allem als wandelnder Geldbeutel gesehen. Mein kastilisches Spanisch, das ich vorher gelernt hatte, nutzte mir nichts. Die anderen europäischen oder nordamerikanischen Reisenden, die ich traf, waren zu jung und zu sportlich. Sie waren nur unterwegs zur nächsten Droge, zur nächsten Welle oder zur nächsten Party. Ich fühlte mich alt und einsam. Der Plan einer Weltreise allein war ein Irrtum. Ich hatte ihn nur noch nicht richtig kapiert.

Hilde schrieb mir kaum noch. Sie hatte inzwischen Arbeit als Bedienung im Berchtesgadener Land gefunden. Eines Nachts träumte ich von meiner Tante, die auch Hilde hieß, dass ich sie verlieren würde, wenn ich mich nicht sofort um sie kümmerte. Ich schrieb Hilde, ich würde nach meinem Rolfing in den USA zurückkommen und mit ihr weiter um die Welt reisen, und zwar nach Asien, wo es billiger und besser sei als in Lateinamerika. Sie schrieb zurück, dass sie sich darauf einlassen würde, aber erst wenn sie fertig sei mit ihrer Arbeit in Berchtesgaden.

Boulder, die Hauptstadt der Esoterik

Ich fuhr durch die Vereinigten Staaten mit dem Greyhound Bus nach Boulder, Colorado. Boulder ist eine verrückte Stadt, ein bisschen wie Freiburg im Breisgau: ökoversessen korrekt, reich, gebildet, gesund und am Rand einer weiten Ebene gelegen direkt am schroffen Aufstieg zu einem Gebirge. Das Rolf Institut lag in der letzten Straße vor den Felsen der Rocky Mountains. Oben im ersten Hochtal wohnte inzwischen Margret Willen, meine Gönnerin aus Clark, die Frau des Arztes. Der war früh gestorben, und nun wohnte sie in der Nähe der Familie ihrer Tochter in einem prächtigen Haus in den Bergen mit weitem Blick in die Ebene. Ich hatte mich bei ihr für fünf Wochen mehr oder weniger eingeladen. Sie schien aber durchaus erfreut über meine Ankunft, missbilligte aber das Rolfing. Als Arztgattin hielt sie es für Quacksalberei. Wir machten Ausflüge, spielten Golf und Scrabble auf Englisch. Ich half ihr im Haus beim Herrichten des Gartens für den Frühling. Für einige Wochen nutzte sie meine Anwesenheit zu Reisen zu ihrer Familie, während ich das Haus hütete.

In Boulder besuchte ich Kurse an der Universität und am Community College, nahm alle Therapieformen mit, hatte regelmäßige Gestalttherapiesitzungen und besuchte Psychoworkshops zuhauf. Von all dem gab es in Boulder weit mehr als in Berlin. Es war sozusagen die Welthauptstadt der esoterischen und exotischen Therapieformen. Es war zudem – nach San Francisco – die Welthauptstadt der Schwulen und Lesben. Meine Gestalttherapeutin fragte mich, ob ich meine schwule Seite schon kennengelernt hätte, und suggestibel wie ich war, ließ ich mich auf ein Experiment ein.

Ich lernte sehr viel davon: Der Mann, den ich mir in einer einschlägigen Bar ausgesucht hatte, weil ich mir vorstellen konnte, mich von ihm berühren zu lassen und ihn berühren zu können – alles andere war mir wurscht –, quasselte mich voll damit, was für ein toller Kerl er doch sei. So verhielt ich mich auch, wenn ich eine Frau für mich einnehmen wollte. Ich merkte jetzt, wo mit mir genauso umgegangen wurde, wie dumm, ja kontraproduktiv dieses Geprotze war.

Das kleine homosexuelle Abenteuer hat mich jedoch die nächsten Jahre enorm beschäftigt, denn erst lange danach las ich von der neuen, mysteriösen Seuche, die in den USA unter Schwulen ausgebrochen war. Hatte ich mich angesteckt? Diese große Furcht plagte mich, bis es Bluttests gab, mit denen man eine Ansteckung ausschließen konnte. Es war ein kleines Experiment, ein Irrtum, denn schwul war ich nicht. Das wurde bei dem Versuch auch geklärt. Aber wo andere Irrtümer höchst erfreuliche Folgen gehabt hatten, war dies ein Irrtum, der schlimme Folgen hätte haben können. In Tübingen ging ich auf das Gesundheitsamt und ließ den Test machen. Ich war HIV-negativ und überglücklich.

Das Rolf Institut war ein intimes kleines Blockhaus mit einem Anbau, in dem das Training stattfand. Ich war Modell im Sinne eines Trainingsobjektes und wurde von einem der Studenten gerolft, einem jungen Mann, der zuvor auf dem Bau gearbeitet hatte und entsprechend kräftig war. Man hatte mich ihm zugeteilt, weil die Lehrer meinten, es bräuchte einen solchen Mann, um bei mir etwas zu bewirken. Die Behandlung tat schrecklich weh. Ich fühlte mich wie neu geboren, als ob ich aus meiner Haut schlüpfte und wuchs. Als ich sogar in der Nase gerolft worden war, konnte ich wieder Gerüche wahrnehmen, die mir seit vielen Jahren verloren gegangen waren. Ich sah wieder scharf, auch ohne Brille. Vor allem aber fühlte ich mich leichter und größer und entwickelte eine bisher ungekannte Energie. Es war wie ein Wunder. Die Erfahrung begeisterte mich. Ich würde das Rolfing selbst lernen und in Deutschland eine Praxis aufmachen. Meine Zukunftsperspektive war geklärt.

Ich besuchte noch meine Familie in Clark, Süd Dakota, und flog dann zurück zu Hilde nach Berchtesgaden, die mich ziemlich ungnädig empfing.

Berchtesgadener Exil

Hildes Arbeitsvermittlerin in Tübingen hatte ihr eine Sperrfrist für das Arbeitslosengeld angedroht, wenn sie nicht eine Stelle als Lehrerin antreten würde. Sie entschied sich stattdessen für eine Stelle im Arbeitsamtsbezirk Berchtesgaden. Die Gastronomie suchte händeringend nach Saisonkräften und bot gute Bedingungen mit freier Kost und Logis. Sie hatte im „Grünen Baum" in Schönau als Serviererin angefangen und es als riesige Herausforderung empfunden, sich in dem völlig ungewohnten Job unter den Kollegen und Kolleginnen zu bewähren und sich Respekt zu verschaffen. Eigentlich wollte sie mich erst nach dem Ende der Saison wiedersehen. Sie wollte ihr eigenes Leben leben, ohne gleich wieder in meinem Schatten zu stehen, wie sie sagte. Zudem wollte sie ihren Teil zu den Reisekosten beitragen.

Also quartierte ich mich im Exil in der Nähe auf einem Bauernhof ein. Ich wohnte in einem separaten, für das Altenteil gebauten Häuschen mit herrlichem Blick auf den Göll, Watzmann und die ganze Bergwelt hinter dem Königssee.

Ich entdeckte die Berge. Ich war zuvor nie in den Bergen gewesen. Nun merkte ich, dass es mitten in Europa eine weitgehend unberührte, wilde Natur gab. Frisch gerolft, wie ich war, zog ich an all den touristischen Berggängern vorbei, stieg über zweitausend Höhenmeter auf und wieder ab am gleichen Tag, ohne Erschöpfungserscheinungen. Ich bestieg und überquerte alle Gipfel rundum, erkundete alle Pfade und Steige und liebte dabei das Spiel mit der Angst. Ich kam an Bergkanten, an denen es scheinbar senkrecht nach unten ging und ich mir sicher war, dass ich da niemals hinunterkäme. Und dann war da doch ein Steig, sehr ausgesetzt, manchmal nur Stahleisen in der Wand als Tritte und Stahlseile zum Festhalten. Ich entdeckte ungeahnte Fähigkeiten in mir und fühlte mich wie ein neuer Mensch. Auch die Farben schienen mir intensiver zu sein. All das führte ich auf das Rolfing zurück.

So wartete ich, bis Hildes Saison zu Ende war.

Weltreise, die Zweite

Diesmal sollte es eine Weltreise zu zweit sein. Wir planten, sie in Sri Lanka zu beginnen, weil es nach allem, was wir aus Presse und Literatur erfahren konnten, das am weitesten entwickelte und zivilisierteste, weil buddhistische Land in Südasien war. Zudem war es viel billiger als Lateinamerika.

Als Einstieg in die Dritte Welt schien es uns am erträglichsten. Dann wollten wir mit dem Schiff nach Indien übersetzen und durch Indien bis hoch nach Nepal reisen. Wir würden sehen, wie es weiterging. Zeitlich waren wir nur durch das Geld begrenzt. Wir wollten mit Transportkosten und allem nicht mehr als zehn Dollar pro Tag ausgeben. Wenn es irgendwo teurer war, müssten wir so lange in einer billigeren Gegend bleiben, bis wir wieder im Budget waren.

Wir verabschiedeten uns in Tübingen von Familie und Freunden. Ich erteilte meiner Mutter eine umfassende Vollmacht über meine Finanzen. Durch den Verkauf meiner Bücher kam genug Geld auf mein Konto, das meine Mutter verwaltete, die inzwischen im Luise-Wetzel-Stift, einem Tübinger Altersheim, wohnte. Sie überwies mir auf meine Anforderung Geld auf ein Konto bei American Express, die mir dann in einem ihrer weltweit in großen Städten anzutreffenden Büros Travellerschecks ausstellten. Hilde hatte ihr Erspartes in US-Dollar und in Traveller-Schecks in einem Leibgürtel dabei. Briefe dauerten drei Wochen und länger. Telefon war ausgeschlossen, außer im extremen Notfall. Wir würden wirklich nicht erreichbar sein. So umständlich war das Reisen damals.

Wir waren mit unserer Reise keine Exoten, auch nicht prototypisch. Auf dem „Hippie-Trail" reisten schon in den Sechziger- und Siebzigerjahren massenweise Individualreisende nach Indien auf der „Suche nach sich selbst". Deshalb fanden wir in den meisten touristischen Zentren in Indien etablierte Unterkünfte und Kneipen für Reisende mit Minibudget.

Wir fuhren mit unserem spärlichen Reisegepäck, keine Rucksäcke, denn die konnte man von hinten mit einer Rasierklinge unbemerkt aufschneiden und alles Wertvolle in aller Ruhe herausholen, nach Berlin. Von Ostberlin gab es die billigsten Flüge nach Asien.

In Sri Lanka angekommen, wurden wir im Flughafen von Schleppern umlagert, die uns mit Taxis zu teuren Preisen zu einem Hotel ihrer Wahl bringen wollten, um dort Provision zu kassieren. Wir sagten, wir wollten den Bus nehmen. Sie behaupteten, es gebe in Sri Lanka kein öffentliches Bussystem. Wir fanden die Bushaltestelle vor dem Terminal und nahmen unter dem Geschrei der Schlepper einen Bus zu dem nahen Strand und zu für uns bezahlbaren Hotels. Den Strand konnte man allerdings nur dort nutzen, wo er von einer Hotelwache für die Öffentlichkeit gesperrt war. Anderswo wurden wir alle paar Meter von Verkäufern angebaggert oder von Scharen von Kindern verfolgt, die das schwierige deutsche Wort „Kugelschreiber" perfekt aussprechen konnten und, sich gegenseitig übertönend, beständig auf uns einbrüllten: „Hey Mister, hey Madame! Kugelschreiber!"

Erlernen des Reisens in der Dritten Welt

Bei unserer ersten Reise mit einem Minibus ans südliche Ende der Insel kassierten uns irgendwelche Gangster den vollen Fahrpreis ab und gaben uns ein wertloses Stück Papier als Ticket. Wir mussten noch einmal beim richtigen Schaffner zahlen. Es war unser Lehrgeld. Wir trauten keinem mehr, der keine Uniform trug, kauften unsere Tickets am Schalter, wenn es einen gab. Wann immer der Bus irgendwo hielt, war er umlagert von Schleppern. Es war unmöglich, ihnen zu entkommen. Man konnte sie gegeneinander ausspielen und sie herunterhandeln. Aber es war immer ein Kampf und jede Lüge war ihnen recht. Das Hotel sei abgebrannt. Man müsse ein anderes, teureres nehmen. Den Ort, zu dem man weiterreisen wollte, gebe es nicht mehr. Er sei bei einem Erdbeben zerstört worden.

Wir wollten mal wieder anders als die üblichen Touristen sein und besuchten abgelegene Orte und Strände. Davon ließen wir schnell wieder ab, denn die Dorfbevölkerung nutzte den Strand als Toilette und die Dorfjugend verfolgte und umlagerte uns unablässig bei allem, was wir taten. Wie schon auf der griechischen Insel erinnerten wir uns an die Vorteile des Touristseins und flüchteten in die Touristenhochburg Hikkaduwa, wo wir uns zwischen all den anderen Touristen wohlfühlten und sicher waren. Hier gab es keine Schlepper. Die Strände waren sauber und wunderbar mit Korallenriffen, zwischen denen wir nach Meerestieren suchten. An den Palmen und Bananenstauden hing Lametta und Christbaumschmuck. Aus den Lautsprechern wummerte ABBA.

Wir fuhren über das Land und lernten, uns nicht von Einheimischen einladen zu lassen. Beide Male, als wir uns darauf eingelassen hatten, wurden wir quasi zum Eigentum unserer Gastgeber. Wir waren ihr Prestigeobjekt. Sie reichten uns überall herum, wo sie meinten, mit uns Eindruck schinden zu können. Die Höflichkeit zwang uns, Dinge zu essen, bei dem wir weder wussten, was es war, noch was es bewirken könnte. Selten hatten wir derartige Durchfallanfälle wie nach solchen Essen und vor allem solchem Trinken, denn es war ungefiltertes Wasser. Wenn wir darauf hinwiesen, es könnten Mikroben im Wasser sein, waren sie empört über unsere Unterstellung, sie könnten unsauber sein. Erst als wir sagten: „Our religion forbids us to drink that!" *(Unsere Religion verbietet uns, das zu trinken!)*, hatten wir Ruhe. Wir blieben lieber in den einfachen Hotels für Handlungsreisende, in denen wir auf dem Land unterkamen. Die Zimmer hatten in der Mauer eingelassene Nischen als Regale und Schränke. Das Bett war ein einfaches Holzgestell mit dünnster Matratze und Leintüchern als Decke. Toilette und Dusche waren kleine leere Räume mit einem Eimer Wasser,

Bechern und einem Loch im Boden. Das Lebensniveau eines Handlungsreisenden lag weit unter dem eines Sozialhilfeempfängers in Deutschland. Armut war hier etwas völlig anderes als in Europa.

Wir wurden daher selbstverständlich als wandelnde Geldbeutel wahrgenommen. Überall in Sri Lanka verwandelten sich normale Menschen unversehens in Bettler, wenn wir um die Ecke kamen. Für Wegauskünfte hielten beinahe alle Menschen, die wir fragten, die Hand auf. Hilde wurde als Sexobjekt und, weil westlich gekleidet, im Prinzip als Hure angesehen. Immer wieder versuchten junge Männer sie anzutatschen. Wenn das die zivilisierteste Variante der Unterentwicklung war, dann standen uns harte Zeiten bevor. Auch der Buddhismus war nicht der Garant für einen friedsamen Umgang der Menschen miteinander, wie wir angenommen hatten. Zwar wurde den Mönchen überall Ehre erwiesen, die besten Plätze in den Bussen reserviert, aber auch sie schauten mit begehrlichen Blicken auf Hilde und nahmen auch nach zwölf Uhr mittags, wo sie eigentlich fasten sollten, Getränke und Essen bereitwillig an und verzehrten sie. In der jüngsten Geschichte Sri Lankas waren buddhistische Mönche von der singhalesischen Regierung in Bussen als faschistische Mördertrupps zu den Massakern an tamilischen Plantagenarbeitern und Einwohnern des Nordens gefahren worden.

Indien als Aufdecker meiner Irrtümer

Indien war für mich die größte emotionale und intellektuelle Herausforderung der ganzen Reise und hat mich viele Jahre danach beschäftigt. Ich reiste als vierzigjähriger arbeitsloser habilitierter Sozialwissenschaftler ein. Während meines insgesamt neunmonatigen Aufenthalts in dem Land wurden nahezu alle meine sozialwissenschaftlichen Erkenntnisse, die ich für unumstößlich gehalten hatte, als Irrtümer widerlegt. Sie galten nicht in Indien.

Zum Beispiel die marxistische Grundweisheit, „das Sein bestimmt das Bewusstsein", die sich vor allem gegen die Behauptung der „bürgerlichen" Geschichtsschreibung wandte, die Religionen und Ideologien bestimmten das Bewusstsein. Eigentlich hätte mich schon die an deutschen Hochschulen beobachtbare Diskrepanz zwischen dem höchst privilegierten, absolut freien und selbstbestimmten Sein der deutschen Professoren und ihrem eher gedrückten und unfreien Verhalten stutzig machen müssen.

Aber erst in Nordindien erlebte ich, wie allein ein Unterschied in der Religion, nämlich der zwischen Sikhs und Hindus, das Verhalten und die Denkweise bis in den letzten Winkel der Existenz prägten. Natürlich gab es in den großen Städten ein modernes, säkulares Indien der Eliten, in dem solche Fragen kaum eine Rolle spielten. Aber auch bei ihnen erlebte ich bei späteren Reisen als Rektor, wie in Fragen des Heiratens und der Kindererziehung häufig das traditionelle Indien die Vorherrschaft übernahm. Doch so wie wir damals reisten, auf dem Niveau von einfachen Handlungsreisenden, trafen wir überall, auch in den großen Städten, auf das traditionale, stark von Religion und Aberglauben geprägte Indien.

Wenn wir zum Beispiel eine zuverlässige Auskunft haben wollten, fragten wir, wenn es möglich war, einen Sikh. Wir wurden zwar unhöflich behandelt, aber die Auskunft stimmte. Hindus gaben uns meist kopfwackelnd sehr höfliche Auskünfte. Weil es ihnen aber darauf ankam, uns das zu sagen, was wir hören wollten, waren die Auskünfte häufig falsch, manchmal völlig frei erfunden.

Religion in Indien bedeutete etwas völlig anderes als Religion in Europa. In Europa ist sie das, woran man in spiritueller Hinsicht glaubt. Das alltägliche Verhalten wird nicht mehr durch Religion, sondern durch säkularisierte Regeln und Gesetze bestimmt. In Indien dagegen bedeutet Religion das ganze Ensemble der Lebensumstände. Sie legt auch beinahe das gesamte weltliche Verhalten fest. Darum war eine der ersten Fragen, die man etwa im Bus beim Kennenlernen gestellt bekam: „What's your religion?" *(Welcher Religion gehörst du an?)* Die Antwort zeigte an, was man essen und trinken, ob man rauchen darf, wer als Heiratspartner infrage kommt, welche Berufe man ausüben darf und welche nicht, wie man zum Erfolg steht, ob sozialer Aufstieg möglich ist oder nicht.

Sikhs durften, wie Christen, beinahe alles. Sie waren durch Turban, Bart und andere, ihnen auferlegte äußere Kennzeichen (bei Frauen die Pluderhose und der Schal) von Weitem als Sikhs zu erkennen. Zusätzlich hatte ihr Guru ihnen die Last ihres Namens aufgebürdet. Die Männer heißen alle Singh, der Löwe, die Frauen Kaur, die Prinzessin. Wer mit einem solchen Namen aufwächst, muss ihm gerecht werden, muss in ihn hineinwachsen. Bei den Sikhs ist, trotz der vorhandenen Kasten, Aufstieg durch persönliches Heldentum, persönlichen ökonomischen Erfolg, persönliches Charisma möglich.

Für gläubige Hindus dagegen gibt es keinen Aufstieg, keinen Erfolg. Für jede Situation des Lebens gibt es je nach Unterkaste und Geschlecht unterschiedliche, genau festgelegte Verhaltensregeln, die für alle Altersgruppen gelten. Eine persönliche Differenzierung des Verhaltens bringt gar nichts. Gläubige Hindus können in diesem Leben ihrer Unterkaste und ihrem durch sie festgelegten Beruf nicht entkommen.

Indien lehrte, dass man Religion völlig anders sehen musste. In Indien definierten die Religionen unterschiedliche Seinszustände. Die Marx'schen Kategorien halfen hier nicht weiter.

Eine andere „Selbstverständlichkeit", die sich in Indien als Irrtum herausstellte, war, dass die Menschen einen gewissen „natürlichen" Mindestabstand voneinander hielten und sich nicht länger als einige Sekunden direkt in die Augen sahen, ohne ein Gespräch anzufangen. In Amerika und Europa galt das, wenn auch die Abstände variierten. In Nordindien dagegen waren wir umlagert von Kindern und Erwachsenen, die uns aus geringstem Abstand direkt und unverwandt in die Augen starrten. Wenn wir sie mit wedelnden Armen vertreiben wollten, rückten sie noch näher, und andere Neugierige kamen hinzu und drückten sie von hinten immer näher an uns heran.

Jahre später, als ich Norbert Elias' „Prozess der Zivilisation" gelesen hatte, begriff ich, dass in Europa alle höflichen Verhaltensregeln Regeln der Distanz waren. Die stilbildenden Schichten mussten sich immer wieder neu vom nachrückenden Bürgertum distanzieren und griffen darum zu Distanzregeln. In einer Kastengesellschaft, in der Aufstieg sowieso nicht möglich ist und die höheren Kasten selbst dafür Sorge tragen mussten, dass sie den Angehörigen niedriger Kasten nicht zu nahe kamen, waren Distanzregeln sinnlos.

Die Menschen konnten also zeitlebens ihrer Neugier freien Lauf lassen und glotzen, wo bei uns schon den Kindern beigebracht wird, dass man das nicht darf. Immer wenn es spannend wird, müssen wir wegschauen oder heimlich gucken.

Eine weitere Selbstverständlichkeit, die sich in Indien als Irrtum herausstellte, war die Annahme, alle Menschen auf der Welt handelten erfolgsorientiert. Anders als die Männer in Sri Lanka, die meist gar nichts taten, waren die Männer in Indien von einer wuseligen Geschäftigkeit, ständig am Arbeiten. Aber oft schien die Arbeit Selbstzweck zu sein. Sie musste getan werden, gleichgültig ob sie etwas bewirkte oder nicht.

Am Eindrücklichsten erlebte ich das in Rajasthan in Pushkar, einer für Hindus besonders heiligen Stadt, weil sie glauben, der Pushkar-See stamme vom Fersenabdruck Brahmas, des selten verehrten Schöpfergottes der Hindus. Darum gibt es dort einen der wenigen Tempel für Brahma. Die Stadt ist so heilig, dass es im ganzen Stadtgebiet nur vegetarische Gerichte geben darf. Hilde und ich blieben dort einige Zeit, weil der Ort und das ganze Drumherum aus der Welt gefallen schienen. Es war Monsun mit unglaublichen Regengüssen, manchmal wie solide Wasserwände, und der See stieg stetig. Wir aßen täglich an einem Platz im Dorf auf der gegenüberliegenden Seite des Sees in derselben, nach vorn zum Platz hin offenen Kneipe. Gegenüber hatte ein Mann in seinem Haus einen Verkaufsstand mit Devotionalien und Obst und Gemüse eingerichtet. Viele Leute kauften bei ihm täglich ein. Eines Tages war er vom steigenden Wasser eingeschlossen und niemand konnte mehr zu ihm gelangen. Dennoch eröffnete er unverdrossen jeden Tag seinen Laden und saß den ganzen Tag zwischen seinen Waren, obwohl er nichts verkaufen konnte. Er hielt wie immer einen Stock in der Hand, mit dem er die Affen von seinen Waren vertrieb. Das war das Einzige, was er in der Zeit des Hochwassers trieb. Er hätte seine Waren auf einen Wagen laden und sie auf der trockenen Straße verkaufen können.

Ähnliches hatten wir beim Putzen beobachtet. Wenn in den Hostels die Putzjungs kamen und mit ihrem Besen das Zimmer reinigten, verteilten sie eigentlich den Schmutz nur anders. Eine gerade geputzte Fensterscheibe im Zug hatte nach dem eifrigen Putzen durch den Schaffner nur ein anderes Schlierenmuster. Man sah genausowenig von der vorbeiziehenden Landschaft wie zuvor. Viele Bauwerke machten den Eindruck, als ob sie mit der gleichen Art eifriger, aber wirkungsloser Arbeit errichtet worden seien. Oft war unklar, ob ein Haus gerade abgerissen wurde oder noch im Bau war.

Mitleid, Mitgefühl, Einfühlung und Barmherzigkeit erschienen mir selbstverständliche menschliche Eigenschaften, die überall anzutreffen wären. In Indien nahm ich überall eine unglaubliche Gleichgültigkeit gegenüber fremdem Leiden wahr. Wir sahen so viel erbarmungswürdiges Elend auf den Straßen, Familien, die auf einer Verkehrsinsel vegetierten, Kinder, die Kanalisationsgräben aushoben und dabei völlig erschöpft wirkten, Bettler, die sich vor unseren Augen in Kalkutta Gliedmaßen amputierten, um ihren Bettelwert zu steigern, und umlagert waren von Menschen, die dabei zuschauten, überall elendigliche Slums, und all das kümmerte keinen Menschen. Die Regierungen, gleich welcher Couleur, erließen großartige Gesetze, etwa ein Gesetz zum Schutz und zur Unterstützung für Menschen mit Behinderungen, das in allen öffentlichen Gebäuden Aufzüge und Rampen vorschrieb, die aber nirgendwo anzutreffen waren. Konnte das ein Ergebnis der Bhagavad-Gita sein, des Gebots, nicht auf den Erfolg zu schauen? Jedenfalls legitimierte die Lehre vom Karma eine solche Gleichgültigkeit. Das jetzige Leben ist durch die Wohl- und Untaten des vorherigen Lebens bestimmt. Die Aufgabe des jetzigen Lebens ist es, diese Schuld abzutragen, indem man das geduldig wie in einem Dauergebet hinnimmt, was einem vorbestimmt ist. Hilfe wurde nicht geleistet, um das Los des empfangenden Menschen zu bessern, sondern um das eigene Karma aufzuwerten.

Indien veränderte mich, und zwar in negativer Richtung. Ich verwandelte mich in einen misstrauischen, bösartigen Misanthropen. Hilde konnte mich kaum mehr ausstehen. Wenn jemand freundlich zu mir war, sprang mein Misstrauen an und ich ging in einen Modus der Ablehnung von beinahe schwäbischen Ausmaßen. Jedes „Hello Mister!" empfand ich als Angriff auf meine Integrität.

Nach und nach erst wurde mir deutlich, dass meine extreme Erregung über die indischen Zustände etwas mit meinem Deutschsein zu tun hatte. Ich nahm den Indern all das besonders übel, was ich mir als Deutschem nie erlauben würde. Meine deutsche Ordnungsliebe, ja, meine schwäbische Kehrwochenmentalität erzeugte in mir die Erregung über den indischen Schmutz. Meine deutsche Regulierungssucht war der Grund für meine Empörung über das indische Chaos. Meine deutsche Besserwisserei und Selbstgerechtigkeit ließ mich auf die gleichen Verhaltensweisen der Inder mit der gleichen Überheblichkeit reagieren, die mich an ihnen empörte. Die von mir so verachtete deutsche Verklemmtheit empörte sich über die indische Schamlosigkeit. Die indische Distanzlosigkeit bedrohte mich, weil in Deutschland vor allem eine Distanzkultur herrscht.

Ich wurde auf meine westliche Ideologie gestoßen, auf meinen festen Glauben an die Gleichheit, an die gleiche Freiheit und die gleiche Würde aller Menschen. Davon galt in Indien nichts. Es trieb mich zu einer blinden, absolut intoleranten Wut. Das meiste, was ich an Indien hasste, steckte in mir selbst. Der Satz, „was an mir, regt mich so auf an dir", stimmte für mich in Indien ganz und gar.

Sehnsucht nach Schwaben im indonesischen Paradies

Nach anderthalb Monaten Sri Lanka, neun Monaten Indien, anderthalb Monaten Nepal, sieben Tagen Burma (länger durfte man damals als Tourist nicht in das Land), zwei Monaten Thailand und zwei Monaten Indonesien spazierten wir an einem absolut idealen Strand mit Palmen und azurblauem Wasser und phantasierten, was wir in Tübingen im Nanz-Supermarkt im Untergeschoss des Modehauses Zinser in unseren Einkaufskorb legen würden: Saure

Gurken, Leberkäs, Senf, Maultaschen, schwäbischen Kartoffelsalat und Weckle. Da war klar, dass wir nicht weiter um die Welt reisen würden. Wir mussten möglichst schnell zurück nach Deutschland. Eine kurze Zeit erwogen wir durch China nach Peking zu reisen und dann mit der Transsib zurück nach Deutschland zu fahren. Als wir im *Lonely Planet* lasen, wie schwierig das Reisen in China war, wie man Stunden warten musste, bis man das Hotelbett bekam, dessen Existenz zuvor immer geleugnet worden war, dass es im Inneren des Landes keine Zeichen in europäischer Schrift gab und praktisch niemand Englisch sprach, gaben wir den Plan auf. Stattdessen fuhren wir noch einmal nach Sri Lanka an den touristischsten Ort der Insel, Hikaduwa, und erholten uns von den Strapazen unserer völkerkundlichen Reise durch Asien. Was alle Länder, die wir bereist hatten, gemeinsam hatten, war die ganz selbstverständliche Ablehnung aller westlichen Vorstellungen von Gleichheit, insbesondere der Geschlechtergleichheit. Solche Vorstellungen galten schlicht als absurd.

Über Karachi flogen wir nach Frankfurt am Main. Als wir auf dem Hauptbahnhof auf unseren Zug nach Stuttgart und Tübingen warteten, waren wir erstaunt, wie leer der Bahnhof war, so sehr hatten wir uns an das ständige Menschengewimmel in Asien gewöhnt.

In Tübingen ging ich zum Tropenarzt im Paul-Lechler-Krankenhaus, der Rettungsstation für heimkehrende Missionare. Sie fanden in mir Hakenwürmer, Lamblien und Amöben. Ich hatte in der Zeit der Reise alle Krankheiten bekommen, gegen die ich nicht geimpft worden war. In Thailand hatte ich eine Hepatitis A auskuriert, die ich mir in dem Heiligen See in Rajasthan geholt hatte. Während der Reise hatte ich über zwanzig Kilo verloren.

Zurück in Deutschland beschlossen wir, nach Tübingen zu ziehen. Berlin war uns zu unfreundlich, zu abweisend, zu kalt, zu düster. In Tübingen nahm Hilde zuerst Quartier bei ihren Eltern und suchte von dort aus Arbeit. Ich musste für das Sommersemester zurück nach Berlin. Wenn ich meinen Status als Privatdozent, habilitiert, aber ohne Stelle, nicht verlieren wollte, musste ich pro Jahr eine Lehrveranstaltung halten. Da ich drei Jahre nicht gelehrt hatte, musste ich im Sommersemester drei Veranstaltungen geben. Ich schlief bei Freunden oder auf dem Boden in illegalen, leer stehenden Wohnungen, zu denen meine Beziehungsleute auf irgendeine Art und Weise den Schlüssel bekommen hatten. Tagsüber saß ich in der Universitätsbibliothek und schrieb an meiner Zulassungsarbeit zum Rolfing. Es war eine verrückte Vagabundenexistenz.

Tübingen, die Zweite

Nach unserer nicht vollendeten Weltreise zogen Hilde und ich also nach Tübingen. Wir fanden eine Dachwohnung im Zentrum, die wir uns zu einer Idylle ausbauten. Ich paukte Anatomie und Physiologie in einem Fernkurs einer texanischen Universität und lernte dabei außer den Inhalten, wie frustrierend solche Fernkurse sind. Es gibt keine Diskussion, kein Nachfragen, keine Auseinandersetzung. Man ist wie eine Labormaus im Labyrinth, die den Parcours finden und ihm folgen muss.

Die Aufnahmeprüfung war seltsam: Ein späterer Ausbilder hielt seinen Fuß in die Runde und sagte, er habe Schmerzen darin und wer das wieder in Ordnung bringen könne. Einer der Bewerber traute sich und brachte es tatsächlich hin. Ich erzählte von meiner Alpenüberquerung und dass mir davon die Knöchel wehtäten. Das machte sichtlich Eindruck. Im persönlichen Interview vor dem ganzen Auswahlkomitee begrüßte mich ein Mitglied, das offensichtlich viel Autorität in dem Kreis hatte, mit den Worten: „Herzlich willkommen. Wir brauchen einen wissenschaftlichen Kopf wie den deinen in dieser Organisation!" Das freute mich sehr und gab mir Vertrauen. Dann fragte eine Frau, die mir wohl nicht so gewogen war: „Was spricht denn gegen dich?" Ich antwortete: „I plead the fifth amendment!" *(Ich berufe mich auf den fünften Verfassungszusatz!)* Der legt fest, dass niemand gegen sich selbst aussagen muss, und wurde in der McCarthy-Ära berühmt, weil sich die meisten der Beschuldigten darauf beriefen, was von McCarthy als Geständnis gewertet wurde. Ich fügte zur Erklärung an: „Denn die Frage ist eine

Falle. Gleichgültig, was ich sage, es ist falsch. Sage ich, dass nichts gegen mich spricht, beweise ich mangelndes Reflexionsvermögen. Führe ich schwere Mängel auf, werden sie gegen mich gehalten." Wenn ich ehrlich gewesen wäre, hätte ich sagen müssen, dass fremde Leute berühren eigentlich nicht mein Ding war. Ich arbeitete lieber mit Büchern. Das wäre vermutlich nicht förderlich gewesen. So hatte ich bestanden und wurde angenommen.

Rolfing-Ausbildung, der erste Schock

Wenige Wochen später ging es los. In München waren wir nahe dem Marienplatz in einem Ballettstudio über einem Bhagwanrestaurant in sehr ästhetischen Räumen untergebracht. Der wandgroße Spiegel machte den Raum groß. Ich wohnte bei Freunden von Freunden. Sie hatten die gleiche studentenbewegte, antidogmatische Geschichte wie ich. Wir verstanden uns auf Anhieb und hatten jeden Abend anregende Diskussionen und viel Freude zusammen.

Schon am ersten Tag war ich schwer irritiert und begeistert zugleich. Begeistert war ich von den Teilnehmerinnen und Teilnehmern, alles starke, spannende, mutige Persönlichkeiten aus allen Ländern Westeuropas und aus den USA. Wir hatten uns auf ein großes und teures (wegen des starken Dollars kostete es mich 35000 Mark) Abenteuer eingelassen. In der ersten Woche wurde ich einer Frau aus Basel mit einer langjährigen Praxis als Physiotherapeutin zugeteilt, die einem praxislosen Flusenkopf wie mir mit größter Skepsis begegnete. Sie fauchte mich an, als ich sie das erste Mal zu zaghaft berührte. Ich fauchte sie an, als sie mich mit ihrem üblichen Physiotherapeutenstil behandelte wie einen Regenschirm. Wir fanden ohne Aussprache einen Modus Vivendi. Die Hälfte der Gruppe waren die „practitioner". Sie durften Hand anlegen und würden diese Trainingsphase als zertifizierte Rolfer abschließen. Wir anderen waren „auditors" und durften nur zuschauen und zuhören.

Irritiert war ich, weil der US-amerikanische Anatomielehrer selbst für Laien Selbstverständliches erzählte. Schlimmer noch: Die

Bewegungslehrerin, eine sehr charmante Amerikanerin, die mit allen Männern flirtete, wies uns an, den Fuß unseres Partners zu „integrieren". Bei einigen billigte sie das Ergebnis, bei anderen nicht. Weder sagte sie uns, was einen „integrierten" Fuß von einem „nicht integrierten" Fuß unterschied, noch wie man das „Integrieren" anstellen sollte. Als ich fragte, was „integrieren" meine, antwortete sie: „You will feel it!" *(Du wirst es spüren!)* Ich fühlte nichts und war entsprechend frustriert, weil ich sofort messerscharf schloss: Es liegt an mir! Ich bin nicht geeignet für diese Arbeit.

Im richtigen Training, in dem es ums Rolfing ging, wiederholte sich diese Mischung von Faszination und Irritation. Eine Faszination war die Hauptlehrerin. Sie war wie aus einem anderen Jahrhundert, eine sanfte alte Dame mit einer ganz ruhigen, gesammelten Art. Sie war die ideale Lehrerin für das, was sie unter Rolfing verstand. Als eine der ersten, von Ida Rolf selbst ernannten Lehrerinnen trug sie höchste Legitimität in sich.

Was sie lehrte, war das „recipe" *(Rezept)*. Ida Rolf hatte es hinterlassen. Es legte für jede der zehn Sitzungen genau die Ziele fest, die in der jeweiligen Sitzung zu erreichen waren. Sie erzählte in den „lectures" *(Vorlesungen)* vor jeder Sitzung, was die Ziele der Sitzung waren und in welchen Gebieten des Körpers man dafür arbeiten sollte. Dann demonstrierte sie mit welchen Interventionen man die körperlichen Veränderungen erreichen konnte.

Dabei erzählte die alte Dame die verrücktesten Geschichten über ihre Erfolge bei ihren Klienten. Einer zum Beispiel sei ohne Lebenslinie in der Hand zu ihr gekommen und habe nach der Behandlung eine volle, lange Lebenslinie gehabt. Handlesen hatte ich immer für Quacksalberei gehalten, und nun redete meine Lehrerin davon. Ich war irritiert.

Der Lehrassistent war einer der ersten deutschen Rolfer, ein charismatischer, von sich selbst überzeugter Bayer, der erzählte, er sei einer der besten Geiger Deutschlands gewesen, die Menschen hätten geweint in seinen Konzerten. Doch dann habe er Rolfing entdeckt, und seither stecke er seine ganze Energie hinein. Auch er erzählte von seinen sensationellen Erfolgen, wie er Wangenknochen um halbe Zentimeter verschoben und so eine schwere Fehlstellung eines Kiefers korrigiert habe.

In der ersten Sitzung, in der die „practitioners" selbst Hand anlegen durften, fragte er eine Teilnehmerin, was sie als Nächstes machen wolle. Sie sagte, sie wolle einen „pelvic lift" machen. Das war bei dem auf dem Rücken liegenden Patienten ein ziehender Griff mit einer Hand am Sacrum unter das Becken. Man zog dabei das Becken nach oben, gleichzeitig die Wirbelsäule lang und aus dem Hohlkreuz. Er antwortete abrupt: „Nein!" Als sie fragte: „Warum nicht?", antwortete er: „Weil ich es sage!"

Ich war entsetzt. Das war kein Unterricht, das war keine Anleitung zum Lernen, sondern finsterste autoritäre Indoktrination. Ich wollte sofort intervenieren und sagen, so gehe das nicht. Als Lehrender müsse er jede Frage sinnvoll beantworten oder begründen, warum sie unsinnig sei. Mit seinem „Weil ich es sage!" erzeuge er nur persönliche Abhängigkeiten und kein souveränes Verfügen über Methoden. Seine autoritäre Art schüchterte mich so ein, dass ich die Intervention unterließ.

Und das habe ich ihm nie vergessen. Meine eigene Feigheit habe ich ihm so übel genommen, dass ich ihm von da an, wann immer wir etwas miteinander zu tun hatten, das Leben so schwer machte wie irgend möglich. So entstand aus meinem Versagen eine veritable Feindschaft.

Rolfing-Ausbildung, der zweite Teil

In der Zeit zwischen dem ersten und zweiten Teil der Ausbildung baute ich ein lebensgroßes Modell des menschlichen Körpers vom Zwerchfell bis zum Schädelboden. Anders als das Rolf Institut wollte ich die Anatomie perfekt beherrschen, weil ich im Geist der Wissenschaft, die ich nicht aufzugeben bereit war, davon ausgehen musste, dass alles, was da geschah, eine Grundlage in der anatomischen Wirklichkeit des Körpers haben müsse. Zudem hatte ich in meiner bisherigen Wissenschaft gelernt: Kapieren heißt nachkonstruieren. Ich musste die innere Logik eines Textes erfassen, sodass ich jedes Teil aus dieser Logik nachkonstruieren konnte. So musste ich nun die Logik des Körperbaus ergründen.

Dann gab ich selbst meine erste Sitzung. Ich hatte mir wundersame Vorstellungen davon gemacht, wie sich bei richtigem Druck das Gewebe unter meinen Händen öffnen würde und sich damit die Panzerungen meines Modells auflösen würden. Aber unter meinen Händen öffnete und löste sich nichts. Ich ging tief rein mit aller Kraft, mit Ellbogen und Knöcheln. Mein Modell stöhnte vor Schmerzen und es passierte unter meinen Händen nichts. Ich probierte es mit schwächerem, langsamerem Druck, und es passierte auch da nichts von dem, was ich erwartet hatte. Ich war verzweifelt und der Lehrassistent sah an mir den Schweiß der Verzweiflung herunterlaufen und kam mir zu Hilfe. Er flüsterte mir zu, ich solle einfach so tun, als ob ich rolfen würde. So habe er es in meiner Situation auch gemacht. Ich folgte seinem Rat. Da war er wieder: Der Bluff! Bluffend schloss ich die Ausbildung ab.

Rolfing-Praxis

Natürlich steckte ich in einem schlimmen Dilemma. Einerseits war mir klar, dass ich eigentlich nichts konnte und nur so tat als ob. Es wäre also das Beste gewesen, mir einen anderen Job zu suchen. Andererseits geriet ich mit den Kosten für Ausbildung und Einrichtung einer Praxis langsam in die Endzone meiner Ersparnisse. Ich brauchte dringendst ein Einkommen. Ich konnte mir einen Absprung nicht leisten.

Es war eine Situation zum Verzweifeln. Dazu kam noch meine rechtliche Situation. In Tübingen meldete ich mein Gewerbe als „Massagen zur Steigerung des körperlichen und seelischen Wohlgefühls" an. Prompt bekam ich eine Rechnung von der Berufsgenossenschaft der „Staatlich geprüften Masseure und medizinischen Bademeister". Ich schrieb zurück, dass ich kein staatlich geprüfter Masseur sei, und wurde aus der Beitragspflicht ausgenommen.

Meine rechtliche Stellung war die eines Betreibers eines privaten Massagesalons, der ohne staatlich geregelte Ausbildung Wohlfühlmassagen gab. Versprechungen auf Besserung krankhafter Beschwerden waren Ärzten und Heilpraktikern vorbehalten, mir also bei Strafe verboten. Kaum hatte ich mein Gewerbe angemeldet, bekam ich Besuch von der Steuerfahndung. Der freundliche junge Mann fragte scheinbar einfühlsam, wie viel meine Ausbildung und die Einrichtung der Praxis gekostet hätten. Als ich den hohen Betrag genannt hatte, schoss er sofort die Frage ab, wo ich denn das Geld herhätte. Wenn ich nicht hätte belegen können, dass es aus meinem Autorenhonorar geflossen war, wäre ich mit Steuerhinterziehung dran gewesen. Auch wollte er wohl klären, was für eine Art Massagesalon ich da betrieb. Zum Abschied teilte er mir mit, dass ich selbstverständlich den vollen Betrag an Mehrwertsteuer abzuführen hätte. Als Heilpraktiker wäre ich von der Mehrwertsteuer befreit.

Ich war am Tiefpunkt angelangt und saß in meiner Praxis und wünschte mir, dass Klienten kämen, und wünschte mir zugleich, dass keine Klienten kämen. Im *Schwäbischen Tagblatt* hatte ich eine Anzeige geschaltet. Ein Schild am Haus traute ich mich nicht anzubringen. Es war der klassische *Double Bind*: Egal, was ich machte, es war falsch und richtig zugleich, zum Wahnsinnigwerden!

Damals gab es in ganz Deutschland mit mir kaum mehr als zehn Rolfer. Gleichzeitig rollte in alternativen und irgendwie fortschrittlichen Medien eine große publizistische Welle durch die Republik, in der das Rolfing als die Wundertherapie des New Age angepriesen wurde. Auf meine Anzeige hin bekam ich eine Fülle von Anrufen. Meine Rolfing-Kollegin in Tübingen reichte mir Anfragen weiter, die sie nicht mehr bedienen konnte. Ich hatte also sehr schnell genügend Klienten, um vom Rolfing leben zu können. Das löste aber nicht mein Dilemma mit meinen grundlegenden Zweifeln an meiner Fähigkeit, die Erwartungen der Menschen erfüllen zu können, die aufgrund der publizistischen Welle zu mir kamen.

Da ich meiner Fähigkeit als Rolfer nicht traute, tat ich mehr oder weniger bewusst alles, um die Klienten wenigstens persönlich von mir zu überzeugen. Ich führte lange einfühlsame Gespräche, die oft selbst schon therapeutischen Charakter hatten, und bot mein freundlichstes Selbst. Ich rolfte auch – und nichts von dem, was uns versprochen worden war, passierte. Ich rolfte jede der Klientinnen – es waren überwiegend Frauen – und Klienten auf die gleiche Weise nach dem „recipe". Es passierte zwar nichts von dem, was uns versprochen worden war, aber allerlei anderes. Bei manchen war die Hölle los. Einer sprang auf und sagte, er sei gerade seinem Vater begegnet. Einer behauptete, ich hätte ihn von seiner Homosexualität geheilt. Eine bedankte sich dafür, dass es mit der Sexualität viel besser gehe. Eine bekam eine größere Oberweite, weil sie aus ihrer ständigen Ausatmungsstellung herauskam. Eine konnte plötzlich wieder ihren Arm strecken, der seit einem Sturz von der Leiter in einer Beugestellung festgesteckt hatte. Andere, mit denen ich das gleiche Programm absolviert hatte, merkten keinerlei Veränderung. Viele kamen mit chronischen Schmerzen, die kein Arzt in den Griff bekommen hatte. Bei manchen verschwanden sie, bei anderen nicht. Ich hatte keine Ahnung, was was bewirkte und warum. Das machte mich hilflos. Ich fühlte mich wie an eine fremde Macht ausgeliefert. Aber immerhin, manchmal passierte bei Leuten etwas. Ich bekam weiterhin neue Klienten. Ich vermutete, weil ich empfohlen worden war.

Einen großen Trost hatte ich. Im Training wurden vor der ersten und dann nach jeder Sitzung von den Klienten Polaroidbilder gemacht. Die wurden intensiv studiert und die Lehrer deuteten darauf und sagten: „Hier seht ihr das … und hier seht ihr jenes …" Ich sah davon nichts. Aber das musste an mir liegen, sagte ich mir. Auch waren die Bilder überhaupt nicht vergleichbar, weil sie aus unterschiedlichen Winkeln und Entfernungen aufgenommen wurden. Also baute ich mir eine wissenschaftlich exakte Fotowand mit einer an der gegenüberliegenden Wand fixierten Kamera und einer karierten Linoleumtapete an der Wand, vor der die Klienten auf einer karierten Trittplatte stehen sollten mit einem markierten, immer gleichen Punkt für die linke große Zehe für die Bilder von der Seite, von hinten und von vorn vor und nach den Sitzungen. Jetzt konnte ich die Bilder auf wirkliche Veränderungen überprüfen. Und siehe da, meistens zeigten sich die Veränderungen, die ich laut „recipe" in der jeweiligen Sitzung herbeiführen sollte. Mein Bluff-Rolfing war demnach richtiges Rolfing, obwohl ich immer noch kein sich veränderndes Gewebe unter meinen Fingern spürte. Auch sah ich immer noch keinen ursächlichen Zusammenhang zwischen dem, was ich da tat, und dem, was daraus folgte – oder nicht folgte.

Es war die schlimmste Zeit meines Lebens. Was ich tat, konnte ich eigentlich nicht verantworten. Ich fühlte mich als Scharlatan und Quacksalber. Schlimmer noch: Was ich tat, war illegal. Ich stellte meinen Klienten implizit durch das, was in der Presse über das Rolfing geschrieben wurde, eine massive Verbesserung ihres körperlichen und seelischen Gesundheitszustandes in Aussicht. Das durfte ich nur, wenn ich Arzt oder Heilpraktiker war. Rein rechtlich hatte ich immer noch die Stellung einer Prostituierten. Ich verschaffte körperliche Erleichterung, wenn auch mit heftigen Schmerzen verbunden, und nahm dafür pro Sitzung 120 DM, der damals übliche Preis für eine Behandlung, die eine Stunde dauern sollte, bei mir aber wegen meines schlechten Gewissens mit all den Gesprächen davor und danach viel mehr Zeit beanspruchte.

Heilpraktikerprüfung

Ich beschloss, wenigstens das rechtliche Problem zu lösen, und meldete mich für die Heilpraktikerprüfung beim Tübinger Gesundheitsamt an. Ich war naiv und dachte, wenn ich sage, was ich praktizierte, nämlich nur eine tiefere Ganzkörpermassage, mit der ich niemanden verletzen konnte, wäre alles klar. In der Prüfung fragte kein Mensch danach, was ich praktizierte. Das durften sie auch nicht. Im Schriftlichen waren umfassende medizinische Fragen zu beantworten, von denen ich noch nicht einmal gehört hatte. Im Mündlichen fragte mich der Amtsarzt, wie ich mit Alkoholikern umgehen würde, weil ich wohl eine Fahne hatte. Ein intriganter Freund hatte mich am Vorabend zu einem Gelage verführt. Ich fiel krachend durch und bekam schriftlich mitgeteilt, dass ich bei einer

Heilbehandlung eine Gefahr für die Volksgesundheit darstelle und darum keine Heilbehandlung durchführen dürfe.

Ich ließ mir ab da von meinen Klienten vor dem Beginn der Behandlung schriftlich bestätigen, dass ich ihnen keine Heilung versprochen hatte. So war ich vorerst aus dem Schneider. Monatelang war ich voller Hass auf den Amtsarzt, der mich hatte durchfallen lassen. Dann las ich im *Schwäbischen Tagblatt* die Anzeige einer Frau, die einen Kurs zur Vorbereitung auf die Heilpraktikerprüfung in Tübingen anbot. Ich buchte sofort den Kurs und fuhr ab da jede Woche zweimal nach Wankheim hinauf, in das Dorf oberhalb Tübingens, in dem ich als Kind und Jugendlicher Sklavenarbeit – so empfand ich es jedenfalls damals – geleistet hatte, um die Bauern günstig für uns zu stimmen für die nächste, nach Meinung meiner Großmutter sicher bevorstehende Hungersnot. Das Dorf hatte sich sehr gewandelt und war – wie alle Dörfer um Tübingen – zu einem Pendlerort für Studierende und Einfamilienhausbesitzer geworden. Die junge Frau, die den Kurs anbot, hatte die Prüfung in Tübingen bestanden und kannte sich in der Szene aus. Tübingen sei besonders schwer, sagte sie. Sie war sehr kompetent, auch in rechtlichen Fragen. Bei ihr lernte ich, was man als Heilpraktiker alles machen durfte, nämlich alles außer verschreibungspflichtige Arzneimittel einsetzen und Untersuchungen oder Behandlungen an den weiblichen primären und sekundären Sexualorganen vornehmen, meldepflichtige Infektionskrankheiten behandeln, mit Röntgenstrahlen hantieren und einen Totenschein ausstellen. Ich kam zu dem Ergebnis, dass ich zu Recht durchgefallen war.

Ich recherchierte die Geschichte des Heilpraktikergesetzes, weil ich wissen wollte, wie es zu dieser extrem weitreichenden Ermächtigung gekommen war. Und wie so Vieles in Westdeutschland war auch dieses Gesetz ein Produkt der Nazis. Es ist eine beispielhafte Geschichte: Ärzte waren zusammen mit Juristen die hauptsächlichen akademischen Unterstützer der Nazis. Fast jeder zweite Arzt war Mitglied der NSDAP und im Ärztebund, einer der Kampforganisationen der Nazis. Als starke Lobbygruppe forderten sie von der NSDAP, per Gesetz die lästige Konkurrenz durch die „Quacksalber" zu verbieten. Viele der führenden Nationalsozialisten waren jedoch Esoteriker und gingen selbst zu Quacksalbern, wollten diese also auf keinen Fall verboten sehen. Die Ärzte wollten andererseits auf jeden Fall verhindern, dass den Quacksalbern bei einer Zulassung durch den Staat die Fähigkeit zum Heilen amtlich bestätigt würde. Dann hätten sie sich eine wirksame Konkurrenz eingehandelt mit ihrer Forderung nach einem Verbot. Das Ergebnis, das 1939 erlassene Gesetz, war ein beinahe salomonischer Kompromiss: Wenn sie in einer Prüfung nachwiesen, dass sie keine Gefahr für die Volksgesundheit darstellten, durften sie, egal was sie machten, dies legal weitermachen. Darum wurde man in der Prüfung konsequent nicht danach gefragt, welche Heilmethode man auszuüben gedachte. Die Bundesrepublik Deutschland übernahm beinahe alle von den Nazis verabschiedeten Gesetze, wenn sie nicht direkt rassistisch oder antidemokratisch waren, also auch das Heilpraktikergesetz. In der DDR durften nur Heilpraktiker arbeiten, die ihre Zulassung vor dem Ende des Zweiten Weltkrieges erhalten hatten. Im Westen wirkte das Gesetz in Verbindung mit Artikel 12 des Grundgesetzes, der die Berufsfreiheit garantiert, wie ein Freibrief. So richtig wahrgenommen wurde diese Möglichkeit jedoch erst in den Achtzigerjahren mit der verbreiteten Akademikerarbeitslosigkeit. Ab da wurde das Gesetz zur Grundlage einer neuen, blühenden Branche. All überall schossen Heipraktikerschulen aus dem Boden. Ich war also auch hierin ein prototypischer Westdeutscher.

Die kleine Gruppe paukte wie verrückt. Wir mussten die gesamten Krankheitsmöglichkeiten des menschlichen Körpers differenzialdiagnostisch beherrschen (Schmerz im linken Unterbauch: Was kann das sein? Wie würde das behandelt?). Wir sollten die Entstehungswege der Krankheiten wissen und natürlich alle meldepflichtigen Infektionskrankheiten auswendig herbeten können. Wir hatten viel Spaß miteinander und schlossen Freundschaften, obwohl wir die heterogenste Gruppe waren, die man sich vorstellen kann. Wir bestanden alle die Prüfung und hatten damit den Freibrief. Rechtlich war ich nun abgesichert. Auch musste ich keine Mehrwertsteuer mehr bezahlen.

Quacksalbertum

Das größere Problem war mein Quacksalbertum. Weil ich dem Rolfing nicht traute, machte ich eine Fortbildung nach der anderen. Ich lernte Manuelle Therapie, mit der ich verrenkte Knochen wieder beweglich machen konnte, hatte aber eigentlich kaum jemals mit Fällen zu tun, in denen sie angebracht gewesen wäre. Ich nahm Kurse in Cranio-Sacraler Therapie, dem letzten Schrei in den Kreisen der Körpertherapeuten, bei der man mit dem Puls des Liquors, der Flüssigkeit, in der Hirn und Rückenmark schwimmen, alle möglichen Störungen beheben können sollte. Mein Pech war, dass ich die subtilen Bewegungen, auf die es dabei ankam, nur ausnahmsweise spürte, und dabei vermutlich meist durch Autosuggestion. Ich fing eine Ausbildung zum Osteopathen an, merkte aber bald, dass die Lehrer zwar ausgezeichnete Anatomiekenntnisse und wunderbare Theorien hatten, aber zu den gegensätzlichsten Diagnosen kamen, wenn ich sie nacheinander bat, bei meinem Klienten festzustellen, was der Fall war. Davon hatte ich schon im Rolf Institut genug gehabt. Es gab kaum eine Fortbildung, die ich ausließ, und ich verschleuderte sehr viel Geld.

Im Rolf Institut berichteten alle nur über ihre Erfolge. Auch im Hausorgan des Rolf Instituts, den *Rolf Lines*, kamen nur Erfolge vor. Dort gab es die irrsinnigsten Geschichten. Eine Rolferin behauptete steif und fest, sie rolfe ihre Klientinnen und Klienten in die Unsterblichkeit. Sie selbst sei unsterblich und sie könne alle Menschen in die Unsterblichkeit rolfen. Sie veranstaltete vom Rolf Institut gesponserte Kurse, in denen sie den Teilnehmern beibringen würde, wie man Klienten in die Unsterblichkeit rolfe. Andere berichteten, wie sie bei ihren Klienten vorgeburtliche Traumata aus einem früheren Leben aufgelöst hätten. Und Reiki, eine esoterische Heilmethode durch Handauflegen, galt als eine unentbehrliche Hilfe beim guten Rolfing.

Bei einem Regionaltreffen der südwestdeutschen Rolfer, es waren inzwischen acht allein in Hessen und Baden-Württemberg, nahm ich all meinen Mut zusammen und berichtete von meinen

Misserfolgen. Das löste einen Knoten. Andere gaben zu, dass es bei ihnen auch nicht immer gut lief. Wir verabredeten uns zu regelmäßigen halbjährlichen Treffen jeweils in einer anderen Praxis, um über unsere aktuell größten Misserfolge zu sprechen. Derjenige von uns, bei dem wir gerade waren, könnte uns seine Problempatienten vorstellen, und wir würden gemeinsam beraten, was zu machen sei. Diese Art Balintgruppe stellte für mich eine immense Erleichterung dar, denn ich merkte, dass es den anderen ähnlich erging wie mir. Es lag nicht an mir. Es lag am System.

Board of Directors

Früh schon kandidierte ich als Vertreter Europas im Board of Directors *(Aufsichtsrat)* des Rolf Instituts. Einerseits wollte ich gegen den deutschen Lehrassistenten und Oberrolfer aus dem ersten Teil meines Trainings vorgehen, andererseits suchte ich nach der wissenschaftlichen Basis des Rolfing und hoffte sie im höchsten Gremium des Instituts zu finden. Es musste sie geben. Ida Rolf war eine promovierte Biochemikerin. Ihr Buch „Rolfing – The Integration of Human Structures" argumentierte sehr wissenschaftlich. Es musste im Rolf Institut ein Zentrum der Vernunft geben, das sich von den esoterischen Idiotien, wie der Unsterblichkeit, abgrenzte.

Ich wurde mit großer Mehrheit gewählt, weil ich der einzige Kandidat war. Das erste Meeting war im Januar in Tampa in Florida. Im Hotel geriet ich in Schwierigkeiten. Ich besaß keine Kreditkarte. Das war damals noch sehr unüblich in Deutschland. In Amerika war man ohne Kreditkarte jedoch ein höchst suspektes Wesen, denn nur die ganz Armen hatten keine. Ich kam mir vor wie behindert, denn ohne Kreditkarte war nichts zu haben. Für das Zimmer musste eine Kreditkartennummer hinterlegt werden (das Institut sprang ein). Ohne Kreditkarte konnte man kein Auto mieten, in anständigen Restaurants kein Essen bestellen, nicht telefonieren, nichts Richtiges einkaufen. Ich war auf Schnellrestaurants und Convenience Stores reduziert. Wenn ich zu Fuß durch das Vorstadtviertel zum Strand ging, wurde ich sehr misstrauisch aus den Häusern beäugt und mehrmals von der Polizei angehalten und nach meinen Papieren befragt. Hätte ich gejoggt, wäre ich nicht aufgefallen, aber ein europäisch gekleideter Fußgänger, das ging gar nicht. Ich fuhr mit dem Bus in die Stadt, war der einzige Weiße im Bus und wurde von den Mitfahrern angeglotzt wie ein Exot. Die Stadt war potthässlich. Es war die Zeit des beginnenden Niedergangs der Innenstädte, weil die Industriearbeitsplätze nach Taiwan und Südkorea abwanderten. Jedes zweite Grundstück war leer, wurde bestenfalls als Parkplatz genutzt. Es war deprimierend. Überall wurden Drogen gehandelt.

Das Treffen des Board of Directors war eine gigantische Enttäuschung. In den Pausen redeten die Mitglieder dieses höchsten Gremiums nur über esoterischen Unsinn. Es gab eine riesige Kontroverse, ob eine Geistheilerin einer Frau aus Hawaii die Dose, in die sie alle negativen Energien ihrer Klienten abgezogen hatte, mit der Post senden durfte. Das sei viel zu gefährlich und sie riskiere ein Verfahren wegen Missbrauchs der US Mail, sagten die einen. Die anderen meinten, die Energien seien ja gefangen, da könne nichts passieren. Ich saß dabei und staunte. Über Rolfing wurde kein Wort geredet.

Die Inhalte der Board-Sitzungen drehten sich um eine große Intrige. Es stand eine Revolution bevor. Die neue Generation Rolfer wollte die Gründergeneration ablösen. Die beharrten auf ihrem Recht auf charismatische Herrschaft, da durch die Gründerin eingesetzt. Ich stand dazwischen und forderte die Übernahme einer wissenschaftlichen Zeitschrift, die ein Schweizer Rolfer, Hans Flury, der mein wissenschaftliches Denken bei der Auswahl damals begrüßt hatte, gerade aus eigenen Mitteln finanzierte, in das Budget des Instituts. Ich scheiterte mit meinem Antrag glorios. Am Rande der Sitzungen traf ich einen uralten Gründungsrolfer, der bei der Herausgabe des Buches von Ida Rolf mitgearbeitet hatte. Er erzählte mir, dass alle Bilder von Klienten in Ida Rolfs Buch gestellt gewesen seien. Ida Rolf habe Anweisungen gegeben, wie die Fotografierten sich aufstellen sollten, und er habe sie dann fotografiert. Ich war entsetzt. Meine schlimmsten Erwartungen waren weit übertroffen.

Die Rettung

Zu einer meiner letzten Board-Sitzungen reiste ich mit Willi Harder, einem Rolfer aus Zürich, der vorher Bauingenieur gewesen war und von dort ein solides Wissen der Physik mitbrachte. Er hielt beim Annual Meeting einen Vortrag, „Physics for Rolfers", in dem er dem erstaunten Publikum Newton erklärte, wonach sich nur dann etwas nicht bewegt, also in einem stabilen Gleichgewicht ist, wenn sich die auf den Körper wirkenden Kräfte gegenseitig aufheben. Wenn der Mensch mit seinem Gewicht auf solidem Boden steht, dann bieten die Moleküle im Boden genausoviel Widerstand wie der Körper durch die Schwerkraft gegen den Boden gedrückt wird. Der Boden drückt sozusagen mit der gleichen Kraft zurück. Diese Unterstützungskraft des Bodens muss in einem integrierten Körper möglichst ohne Kraftanstrengung so geleitet werden, dass alle Körperblöcke mit ihrem Schwerpunkt auf der Linie der Unterstützungskraft liegen. Wo das nicht der Fall ist, entstehen Scherkräfte, die durch Muskelkraft und Gewebespannungen ausgeglichen werden müssen.

In der Diskussion stellte sich heraus, dass die Rolfer ständig von der Schwerkraft redeten, aber in Wirklichkeit kaum eine Ahnung hatten, worüber sie da eigentlich redeten. Sie wussten nichts von der Unterstützungskraft des Bodens. Die erstaunliche Wirkung des Rolfings stammte daher, dass mit dem in der Schwerkraft austarierten Körper die Unterstützungskraft des Bodens optimal genutzt werden konnte. Selbst die Lehrer staunten über den Vortrag Willi Harders über die Basics der Mechanik.

Hans Flury, der Schwager von Willi, war Arzt in Zürich und einer der ersten Rolfer in Europa. Er war es, der mich bei der Auswahl hoffnungsvoll als wissenschaftlich Denkenden begrüßt hatte. Er hatte, genau wie ich, aber viel länger schon, unter der bodenlosen Unseriosität des Rolf Instituts gelitten. Mit eigenem Geld hatte er eine Zeitschrift gegründet, die *Notes on Structural Integration*. Sie sollte die strukturelle Integration auf eine rationale, wissenschaftlich überprüfbare Grundlage stellen. Eigentlich wollte er das verwirklichen, was Ida Rolf behauptet hatte zu tun, aber nie getan oder auch nur verstanden hatte, nämlich die strukturelle Integration aus der Wirkung der Schwerkraft auf den Körper zu entwickeln. Es erinnerte mich an meine Zeit in der SAZ, wo wir das Werk von Marx rekonstruieren und zu seiner Vollendung bringen wollten. Jetzt war Ida Rolf dran.

Nahm man Newton ernst, war das ganze „recipe" ein einfältiger Irrtum. Es schrieb ja vor, alle Klienten gleich zu behandeln. Aber die Strukturen waren in Wirklichkeit sehr unterschiedlich. Folgte man Newton, mussten bei jedem einzelnen Klienten seine Abweichungen vom integrierten Körper, in dem alle Schwerpunktzentren der Körperblöcke in der Linie der Unterstützungskraft des Bodens liegen, festgestellt werden und daraufhin eine auf diese Abweichungen zugeschnittene Behandlung erfolgen. Dann gab es für jeden Griff und jede Art der Behandlung einen logischen, rechtfertigbaren Grund. Wir nannten diese neue Behandlungsform nicht mehr Rolfing, sondern Strukturelle Integration und gründeten die „Schweizer Gesellschaft für Strukturelle Integration" (SGSI) nach Schweizer Vereinsrecht – wie die FIFA.

Das Typische an dieser scheinbar chaotischen Entwicklung

Die große Frage war nach diesen Erkenntnissen, warum ich auf diese „Therapie" hereingefallen war und was mich so lange zu einem führenden Mitglied einer esoterischen Sekte gemacht hatte. Ich glaube, der Hauptgrund waren die eigenen guten Erfahrungen mit der Methode. Diese wurden durch die ständige anekdotische Form der Beweisführung unter Rolfern, in der nur die Geschichten von Erfolgen berichtet wurden, als zwangsläufig empfunden. Jede Rolfing-Sitzung musste eigentlich solch gute Ergebnisse bewirken. Und man trainierte sich in der Wahrnehmung, die nicht ganz so gut gelaufenen Sitzungen als Ausnahmen zu sehen oder sie dem Widerstand des Klienten anzulasten, sodass man meinte, tatsächlich nur Erfolge zu produzieren. Diese Wahrnehmung führte zu den Allmachtsvorstellungen der meisten Rolfer. Dieses Allmachtsversprechen war bei mir das stärkste Motiv gewesen, diesen Beruf zu ergreifen. Es war auch die emotionale Basis für die enge Bindung unter den Rolfern. Man war eine verschworene Gemeinschaft von Menschen, die von ihren eigenen Allmachtsvorstellungen besoffen und etwas verrückt geworden waren.

Prototypisch westdeutsch war die Erfahrung nur insofern als meine Generation zu dieser Zeit stärker als zuvor oder danach zu solch extremen sektenartigen Experimenten neigte.

Willi Harder und ich stießen auf unserer Reise durch den Südwesten der USA auf dem Weg zum Annual Meeting in einem Supermarkt auf den Kern dessen, was das Rolf Institut so amerikanisch machte. Es gab da eine Margarine mit dem Namen: „I can't believe it's not butter." *(Ich kann nicht glauben, dass es keine Butter ist.)* Sie hatten alles, was angeblich schlecht und böse war an der Butter, vor allem das Cholesterin, herausgenommen und dafür alles, was gut und gesund war, in Überdosis hineingepumpt, die Vitamine, die ungesättigten Fettsäuren. Das versprachen auch die Rolfer: Sie würden alles Schlechte und Böse aus ihren Klienten austreiben und vom Guten und Schönen im Überfluss hineingeben. Das war genau das Programm der Pietisten. Und das war wahrscheinlich der tiefere Grund, warum ich auf das Rolfing so abgefahren war: Wie die Pietisten durch Pein zur inneren Reinigung!

Tübingen, die Dritte

In all der Zeit lebte ich mit Hilde glücklich in Tübingen. Die Stadt war für mich bei meiner Rückkehr nach zwanzig Jahren eine Überraschung. Sie hatte sich sehr verändert. Die Altstadt entlang der Ammer war bei meinem Weggang dem Verfall überlassen. Man plante eine Verbreiterung der Straße dort. Heidelberg, das früh reich geworden war, hatte es vorgemacht. Alles, was nicht direkt unter Denkmalschutz stand, war abgerissen worden und durch lohnendere Bauten und breitere Straßen ersetzt worden. Auch in der Schweiz konnte man das besichtigen. Obwohl es dort keinen Bombenkrieg gegeben hatte, unterschieden sich die Städte kaum von den einst zerbombten Städten in Westdeutschland. Auch dort war alles, was nicht direkt unter Denkmalschutz stand, abgerissen worden und mit Häusern mit mehr Stockwerken bei gleicher Traufhöhe lohnender bebaut worden. Der Wohlstand hatte eine genauso starke Zerstörungskraft wie der Krieg.

Tübingen musste das Geld gefehlt haben. Denn dieser Teil der Altstadt war sehr schonend und geschichtsgetreu restauriert und nur an wenigen Stellen mit Neubauten einfühlsam ergänzt worden. Es war eine Augenweide, eine lebendige Fußgängerzone mit Straßencafés und Buchhandlungen und Galerien. Tübingen hatte sehr gewonnen.

Ich war in all den Jahren regelmäßig nach Tübingen zu Besuch gekommen. Meine Mutter wohnte im Altersheim. Sie war schon 1972 mit 62 Jahren eingezogen, weil sie eine so schwere Osteoporose hatte, dass sie sich selbst nicht mehr versorgen konnte. Sie genoss es, die Jüngste zu sein, und war umschwärmt von den alten Herren, alles Professoren, was ihr sehr wichtig war. Wir telefonierten beinahe täglich. Ich besuchte sie so häufig wie möglich. In ihren Kalendern war jeder Besuch freudig vermerkt, wie ich später herausfand.

Die Nazis, die sie während ihres bisherigen Lebens umgeben hatten, waren nun zusammen mit ihr im Altersheim angekommen. Eine Nachbarin, eine Metzgersfrau aus einem Dorf bei Tübingen, sagte bei Tisch z. B., als das Gespräch auf den Holocaust kam: „Aber Herr Wagner, des waret doch bloß Juda!" *(Aber Herr Wagner, das waren doch bloß Juden!)*

Ich hatte eine harte Zeit in Tübingen wegen meiner Selbstzweifel, was das Rolfing anging. Ich wäre gern mit stolzgeschwellter Brust als der berühmte Heiler durch die Straßen Tübingens gelaufen. Stattdessen schlich ich voller Selbstzweifel dahin. Ich suchte nach einem Ausweg und diente mich den Grünen und dem Institut für Politische Wissenschaft an. Immerhin war ich ein bekannter

Autor und habilitierter Politikwissenschaftler. Beide ließen mich abblitzen und holten mich erst, als ich Tübingen verlassen hatte. In meiner Verzweiflung trank ich mehr als mir guttat.

Ich führte den Haushalt, meine Freundin arbeitete Vollzeit in einer Kunsthandlung und produzierte abends selbst Kunst. Ich putzte und kochte und machte die Einkäufe. Ich lernte die Routineküche und merkte wie stressig und frustrierend die Hausarbeit war. Man merkte sie nur, wenn man sie falsch gemacht hatte. Und wenn man fertig war, ging es wieder von vorne los.

Tübingen war andererseits eine Idylle. Wir unternahmen regelmäßige Wanderungen auf dem Spitzberg bis vor zur Wurmlinger Kapelle auf der Nordseite mit flachem Anstieg und pilzreichem Mischwald, genossen dann dort in einer Imbissstube Most und Ripple und wanderten an der steilen Südseite mit Sonnenhitze, Weinstöcken und weitem Blick übers Land zurück. In Schwärzloch, einem ehemaligen Klosterhof mit romanischer Kapellenapsis und romanischen Türfiguren, der seit dem 19. Jahrhundert als Ausflugslokal für die Bürger und Studenten diente, saßen wir oft unter uralten Kastanien und tranken Mostbowle und wunderten uns, dass die Landschaft des Ammertals immer schöner wurde. Wir besuchten herrliche Inszenierungen des Tübinger Sommertheaters. Einmal spielten sie das Leben Hölderlins an verschiedenen Standorten. Eine urschwäbische Theatertruppe von der Schwäbischen Alb spielte das Volk, auf breit Schwäbisch schimpfend und klatschend unterhalb des Hölderlinturms am Neckar herumwerkelnd. Am anderen Ufer des Neckars standen, wie geisterhafte weiße Engel, die Schauspieler des Zimmertheaters und rezitierten in getragener Sprache Texte Hölderlins. Es war wie ein Traum und vermittelte mir aus dem Kontrast zum Schwäbischen, was in der deutschen Sprache an Glanz und Zauber möglich war.

Die Katastrophe

Unsere Beziehung endete tragisch, vermutlich durch meine Schuld. Wir hatten als Cäsar und Kleopatra angefangen und waren bei Hänsel und Gretel angekommen, so erschien es mir. Das, was ich auf meiner abgebrochenen Reise-um-die-Welt-allein gesucht hatte, steckte als Gier nach Abenteuer und dem wilden Leben immer noch in mir. Bei einer unserer vielen Vergnügungsfahrten auf die Schwäbische Alb kamen wir zu dem Ergebnis, dass es das Beste für uns sei, wenn wir uns einverständig trennen würden. Wir fuhren nach Haigerloch in ein tolles Lokal und feierten unsere Trennung.

Doch wenig später gestand Hilde, dass die Trennung von ihrer Seite Bluff gewesen sei. Sie habe fest damit gerechnet, dass ich schnell reuig zurückkehren werde. Mir war es aber ernst und ich blieb dabei. Wir zogen beide 1988 getrennt zurück nach Berlin. Sie hat sich dann ein knappes Jahr später vom Mahnmal für die deportierten Juden auf der Putlitzbrücke in den Tod gestürzt.

Als sie tot war, überfluteten mich die Liebesgefühle zu ihr. Lange steckte ich in dieser Liebe zu einer toten Frau. Lange lebte ich in einem schlechten Gewissen. Lange hat es gedauert, bis ich mich erinnern konnte, welch gute Zeiten wir auf der griechischen Insel, der Weltreise und auch in Tübingen zusammen gehabt hatten. Zu meinem Geburtstag hat sie, als ich sie in Richtung Mexiko verlassen hatte, im Anzeigenteil des *Schwäbischen Tagblatts* ein Gedicht unter der Überschrift „Für Wolf" aufgegeben: „Zeit der Tränen/Zeit der Erinnerung/an schöne Tage und Jahre./Zeit der Trennung/Zeit des Dankes/für all die Liebe/für Vertrauen und Mut/die mich lebensfähig hielten."

Wilde Jahre in Berlin

Bevor das geschah, hatte ich meine „wilden" Jahre in Berlin. Ich war dorthin gezogen in der Vorstellung, dass ich am Savignyplatz in

West-Berlin all die Abenteuer erleben konnte, die ich auf der Weltreise gesucht hatte, denn all die weltreisenden Frauen, die ich auf meinen Reisen bisher getroffen hatte, liefen auch als Typ am Savignyplatz herum und waren dort viel leichter zu erreichen. Ich gab unter „Aktivitäten" in einem Stadtmagazin eine Anzeige auf: „Marxist sucht Marxistin, die nicht nur das ist." Ich bekam 15 Antworten und machte mit allen Treffen aus.

Dabei stellte sich meine Vorstellung vom überall und leicht erreichbaren wilden Leben in Berlin schnell als Irrtum heraus. Es boten sich mir Einblicke in eine traurige Welt der einsamen, verzweifelten Singles. Auf meine Anzeige hatten sich viele gemeldet, die so weit weg vom Marxismus waren, wie man sich das kaum vorstellen konnte. Sie hatten sich gemeldet, weil es eine Anzeige war, die nicht auf Sex aus war.

Ich bekam mit, dass es in West-Berlin eine große Szene von Menschen gab, die Anzeigen schrieben und sie beantworteten. Man kannte sich. Einige Männer verschickten nur noch hektografierte Antworten auf alle, ihnen irgendwie interessant erscheinenden Anzeigen. Frauen bekamen Hunderte von Antworten, berichteten sie mir. Eine hatte experimentiert, mit welchen Formulierungen sie wie viele Antworten bekam. Das Zielen auf eine feste, dauerhafte Beziehung war ein Faktor, der die Antworten reduzierte. Stärker noch wirkte jedoch, wenn sie eine Behinderung oder türkische oder arabische Herkunft andeutete. Die meisten Antworten waren so primitiv sexuell, dass die Frauen sie nach einem Blick darauf vernichteten. Eine hatte leichtfertigerweise ihre Telefonnummer in die Anzeige geschrieben und bekam über Monate täglich so viele Anrufe, dass sie für einige Zeit nach Westdeutschland gezogen war, seltsamerweise jedoch ihre Telefonnummer beibehielt, denn ich erreichte sie ein Jahr danach unter der alten Nummer und fragte sie nach ihren Erfahrungen.

Ich war mit den Anzeigen nicht prototypisch, aber sicher typisch westdeutsch. Denn Kontaktanzeigen, die nicht auf Heirat aus waren, stiegen nach der Studentenrevolte explosionsartig an. Zugleich nahm die Anzahl an alleinstehenden Menschen mit der stetig zunehmenden Zahl von Scheidungen und Trennungen massiv zu und die Kontaktmöglichkeiten, wo man Menschen des anderen Geschlechts unbefangen treffen konnte, nahmen ab. Tanzveranstaltungen, bei denen man legitimerweise jemanden ansprechen und zum Tanz auffordern konnte, verschwanden in Westdeutschland fast vollständig. Sie wurden durch Discos ersetzt, wo jemanden anzusprechen bereits als ungehörige Anmache abgewehrt wurde und oft schon akustisch nicht möglich war.

In der DDR gab es zwar auch eine hohe Scheidungsrate, aber Scheidungen waren keine solchen finanziellen Katastrophen wie in Westdeutschland, denn einen Versorgungsausgleich gab es bei Ehepaaren nicht, bei denen beide erwerbstätig waren. Scheidungen in der DDR führten meist direkt in neue Beziehungen und Ehen. Mit der hohen Frauenerwerbstätigkeit und dem viel traditionelleren öffentlichen Leben blieben die öffentlichen Kontaktmöglichkeiten bis zum Ende der DDR sehr viel höher als im Westen. Es gab zwar Kontaktanzeigen, aber nie mit einer so hohen Frequenz und Bedeutung wie im Westen.

Die verabredeten Treffen waren meist deprimierend, denn es war immer schon nach wenigen Sekunden klar, ob da was laufen konnte oder nicht. Es kam bei mir eigentlich immer nur darauf an, ob ich mir vorstellen konnte, mich von der anderen Person anfassen lassen zu können und sie anfassen zu wollen. Manche Frauen sahen mir an den Augen an, wie ich mich entschieden hatte, und standen auf und gingen. Sie kannten schon alle Sprüche und waren es leid, sie ein weiteres Mal hören zu müssen.

Bei einigen funkte es und wir probierten uns aus. Zeitweise hatte ich also kurze Beziehungen zu mehreren Frauen, manchmal gleichzeitig. Das war das wilde Leben, das ich mir erhofft hatte – mit schlechtem Gewissen, das sich ab und an einstellte. Mehrheitlich aber fühlte ich mich frei wie ein westlicher Stadthirsch und hirschte durch mein West-Berlin. Ich ließ mir das Haar wachsen, kämmte es nach hinten und gelte es fest. Ich gefiel mir. Ich schaffte mir einen Strohhut an, einen knallroten Schal, italienische Schuhe und Hosen, einen leichten, weiten, schwarzen Mantel und genoss die weiblichen Blicke, die ich auf mich zog. Ich zog durch die Kneipen und lernte, Frauen anzusprechen, ohne zudringlich zu werden. Ich fühlte mich attraktiv und frei. Und das sollte aus meiner Sicht möglichst lange so bleiben.

Bei einer der Verabredungen traf ich auf eine echte Marxistin, mit der sich sehr schnell beiderseits ein inhaltliches Interesse ohne erotische Intentionen entspann. Sie war in einer marxistischen Psychotherapiegruppe bei einer Absolventin des Holzkamp-Instituts. Das war der abgespaltene linke Teil des Fachbereichs Psychologie an der FU. Die Therapie war kostenlos, weil Teil eines universitären Projektes zur Suchtprävention. Das würde zu mir passen, meinte sie. Ich solle mich dort mal vorstellen. Es wäre schön, wenn wir uns so weiter treffen könnten.

Ich stellte mich bei der Psychotherapeutin zu einem Vorgespräch vor und wurde von ihr mit einer Wartefrist von einem Dreivierteljahr angenommen. Dann müsse ich zuerst ein Jahr in Einzeltherapie mit ihr arbeiten, bevor ich in die Gruppe käme. Während des Jahres Einzeltherapie gebe es ein oder zwei Wochenseminare in Westdeutschland mit Anwesenheitspflicht. Die Sitzungen der Einzeltherapie müsse ich auf Tonband aufnehmen und nach einem vorgegebenen Schema alle transkribieren. Es war mir recht. Ich stimmte zu.

Liebesversuch, der Vierte

In dieser wilden Zeit lernte ich Male kennen, eine Schönheit mit wild um den Kopf stehenden roten Locken, strahlend blauen Augen und einem wunderbaren, selbstironischen Humor. Sie war sehr belesen, hatte Psychologie und BWL studiert und eine lange Psychoanalyse hinter sich. Ich spürte schon beim ersten Gespräch mit ihr eine Vertrautheit, als ob wir uns schon lange kennen würden. Wir kamen beide aus der westdeutschen Provinz und waren von dort nach Berlin geflüchtet. Wir hatten beide ein Amerikajahr in einer winzigen ländlichen Kleinstadt verbracht. Wir waren beide der undogmatischen Linken zugeneigt, ohne organisiert zu sein. Wir waren beide wohngemeinschaftserprobt. Wir waren beide erfahrene Trinker und allen Genüssen des Lebens zugeneigt. Dazu kam: Wir waren etwa gleich alt und hatten genügend Lebenserfahrung, um uns mit Respekt und Höflichkeit zu begegnen.

Wir hatten eine sehr schöne und aufregende Zeit zusammen, besuchten Opern, Konzerte, Theater und Museen. Doch als Male mitbekam, dass da noch andere Frauen waren, brach sie die Beziehung ab. Sie hatte in Dreierbeziehungen gelebt und wollte die Erfahrung auf keinen Fall wiederholen. Ich war traurig und enttäuscht, doch wollte und konnte ich zu diesem Zeitpunkt von meinem „wilden" Leben nicht lassen.

Dann traf mich die Nachricht von Hildes Suizid und das wilde Leben war vorbei. Ich war vor Entsetzen und Trauer monatelang wie erstarrt.

Marxistische Psychotherapie

Ende September 1989 begannen meine Einzelsitzungen in marxistischer Psychotherapie mit der Therapeutin M. Beim Vorgespräch konnte ich nicht ahnen, in welchem Abgrund ich stecken würde, als die Therapie dann begann. Ich gab mir die Schuld am Suizid Hildes. Ich hatte mich für die Therapie angemeldet, weil der säkularisierte Pietist in mir mich wieder auf die Suche nach dem richtigen Weg trieb. Wieder würde ich mich mit 150 Prozent Einsatz auf den neuen „richtigen Weg" begeben. Dazu kam der Gedanke, mit einer „marxistischen Psychotherapie" einen idealen Weg gefunden zu haben, in dem sich die wichtigsten Stränge meines bisherigen Lebens trafen: Der Marxismus und die Psychobewegung. Hinzu kam noch mein Geldmangel: Die Therapie kostete nichts! Die Therapeutin wurde vom Bezirk als Drogenberaterin beschäftigt und behandelte uns im Rahmen dieser Arbeit.

Auf meiner Suche nach dem richtigen Weg stellte ich alle meine Antennen vollständig auf M. ein und lauerte regelrecht darauf, jedes Signal, was richtig oder was falsch war, frühzeitig aufzufangen und es eifrig zu befolgen. M. bediente mich damit reichlich, wobei sie ständig betonte, es ginge nicht um richtig und falsch.

Proklamiertes Ziel der „Arbeit", wie M. die Therapie nannte, war es, seine Handlungsmöglichkeiten gegen das kapitalistische System zu erweitern. Dazu sollte man zu jedem im Gespräch behandelten Punkt bei der Transkription in einer Spalte neben dem Text des Gesprächs die „Stellungnahme des Gefühls", vor allem die Abwehr irgendwelcher Ängste, ermitteln, um aus der Betrachtung dieser Ängste in einer weiteren Spalte „Erkenntnisse" zu formulieren, die dann in der letzten Spalte zu neuen „Handlungsmöglichkeiten" führen sollen. Wichtig war also vor allem herauszufinden, womit ich meine Handlungsmöglichkeiten einschränkte und wie ich sie erweitern könnte.

Laut M. war zum Beispiel die Hoffnung eine solche Einschränkung. Ich sollte mir alle Hoffnungen abschminken. Denn die würden mich von der hoffnungslosen Wirklichkeit isolieren und das wirkliche Handeln aufschieben und letztlich verhindern. Erst beim Verzicht auf Hoffnung entwickle man die Fähigkeit zum realitätsgerechten Denken und Handeln, Hoffnung sei vor allem eine Angstabwehr.

Allen „idealistischen" Konstruktionen, die als Gegensatz zu „marxistisch" galten, sollten wir ebenso abschwören. „Idealistisch" war zum Beispiel die Vorstellung, man könne sich in andere Personen einfühlen. Fühlen könne man sich nur selbst. Das fand ich einleuchtend und in Übereinstimmung mit der Physiologie. Es gab zwar die Spiegelneuronen, doch auch die zeigten nur an, was man selbst fühlte. Alle angebliche Empathie sei Projektion eigener Annahmen auf andere Personen und verhindere einen realitätsgerechten Kontakt zum wirklichen und nicht nur vorgestellten Anderen. Das war aus meiner Sicht guter und fruchtbarer Materialismus.

Doch in ihrer praktischen Arbeit behauptete M. stets zu wissen, was bei mir los war, und zwar nicht als fragendes Spiegeln, sondern als Tatsachenaussage. Schon in der ersten Sitzung, als ich von der Katastrophe berichtete, die mich mit dem Suizid Hildes getroffen hatte, hielt sie nach einer halben Stunde einen kleinen Vortrag, in dem sie mir erklärte, was ich dachte, was ich spürte und woher das kam: „Du hast dich von deiner Kindersituation her als Behinderung erlebt. Das muss ja auch dein ständiger Kinderschmerz gewesen sein. Also wenn du den so deutlich bei ihr erlebt hast, dass du eigentlich immer als Kind gelebt hast. Und dass du damals ja auch nicht sehen konntest, in was für einer Situation deine Mutter gesteckt hat, und du dir das einfach nur in dieser wirklich kurzschlüssigen Weise deutlich machen konntest." Immer wieder verfiel sie in solche Erklärungen meiner Gefühlslage und wusste auch sofort, warum sich Hilde umgebracht hatte. Mir fiel dieses eigentlich skandalöse Vorgehen nicht auf, denn ich war auf der Jagd nach dem richtigen Weg und für jede autoritäre Anweisung und Erklärung dankbar.

Von der Theorie her ging es darum, sich gewährend und akzeptierend mit sich selbst zu beschäftigen und sich so zu erforschen, dass man Abwehr und Blockaden überwinden konnte und sich selbst sein lassen konnte, wie man war. Wenn M. diesem theoretischen Programm folgte, waren die Sitzungen fruchtbar und erkenntnisreich. Aber das war eher die Ausnahme. Denn sie steckte voller vorgefasster Urteile über die Wirklichkeit. So behauptete sie auch schon in der ersten Sitzung, Alkohol töte die Gefühle ab. Als ich widersprach und berichtete, dass bei mir Alkohol eher gefühlsverstärkend wirke und ich mich dann in meiner Trauer richtig suhle, beharrte sie darauf, dass dies ein nachgewiesener Irrtum sei.

Sie proklamierte, die Angstvermeidung sei die Grundlage für unser aller Probleme. Darum müsse man seine Ängste erforschen, dann käme man der Wahrheit auf die Spur. Ich schrieb mein Buch „Die nützliche Armut" um. Der neue Titel hieß: „Angst vor der Armut", das erste Kapitel „Angst als Methode". Stolz präsentierte ich das Buch in der Therapiegruppe, schenkte es allen Mitgliedern. Es wurde ein Sondertermin angesetzt, bei dem es besprochen werden sollte. Es gab nur vernichtende Kritik, und zwar nicht inhaltlich, sondern psychomäßig: Ich hätte mich in dem Buch vor meinen eigenen Ängsten gedrückt, hinter Autoritäten versteckt. Sonst hätte ich das Buch in der Ich-Form schreiben müssen. Als ich sagte, dann hätte ich das Buch gleich sein lassen können, Bücher mit allgemeinem Gültigkeitsanspruch, also wissenschaftliche Bücher, könne man nicht anekdotisch schreiben, wurde mir diese Aussage zum Verhängnis: Mein Anspruch auf allgemeine Gültigkeit beweise, wie weit ich „von mir weg" sei. Es war eine Schlacht und ein Schlachten. Ich war selbst schuld daran, denn ich hatte mich mit dem Versuch, es richtig zu machen, dem Urteil der anderen ausgeliefert. Und immer ging es um richtig und falsch. Es war wieder das „I can't believe it's not butter"-Syndrom: Das Falsche wegmachen und mehr vom Richtigen rein.

In meinem Schlusswort zu der Sitzung über mein Buch formulierte ich eine bahnbrechende Einsicht, einen Ausweg aus der Richtig-Falsch-Moral: „Also ich neige dazu, dass es eher darum geht, lebendiger zu werden, zu sehen, kommt da eigentlich mehr von mir zum Vorschein als bisher, kommen mehr Seiten hervor, ist es ein breiteres Auseinanderfächern als bisher und nicht, ist es eine falsche oder richtige Stellungnahme oder eine falsche Interpretation."

Eine Freundin zeigte mir, wie das geht. An Wegkreuzungen schaute sie, welcher Weg schöner war, und nahm dann den. Sie ging nicht immer den richtigen Weg, aber immer den schöneren.

Der Fall der Mauer

Neben der Therapie stürzte ich mich in die Weiterentwicklung der Strukturellen Integration. Wir diskutierten in Zürich heftig und stritten uns oft nächtelang über die richtige Methode und über Grundfragen einer wissenschaftlich begründeten Strukturellen Integration.

Nach einer dieser Nächte klopfte Hans Flurys Frau früh morgens an meine Tür und sagte, als ich „Herein" gerufen hatte, den Kopf durch einen Spalt in der Tür steckend: „Wolf, die Mauer in Berlin ist gefallen!" Ich sagte darauf: „Ach, das ist aber schade! Die war so schön!", drehte mich um und schlief weiter.

Es war der typische Zynismus eines Westberliners. Aber es stimmte auch: Vom Westen her gesehen war die Mauer tatsächlich schön. Zum einen bildete sie mitten im Zentrum Berlins Oasen der Ruhe. Oft machten wir mit Freunden am Sonntag lange Spaziergänge entlang der Mauer. Verkehr gab es nicht. Die früher belebtesten Straßen endeten an der Mauer in einer Sackgasse. Manchmal waren hölzerne Aussichtsplattformen aufgestellt worden, von denen man auf die andere Seite der Mauer auf grüne Wiesen blicken konnte mit vielen, meist blinden „Karnickeln" *(berlinerisch für Kaninchen)*, die dort ungestört herumhoppelten. Am Potsdamer Platz, einstiges Zentrum der Weltstadt Berlin, war es besonders ruhig und idyllisch. Hier lagen die beiden Berlins sozusagen Rücken an Rücken und blickten auf ihre neuen, geschäftigen Zentren, Zoo im Westen, Alexanderplatz im Osten, und ließen ihre Ränder in Ruhe. Wir spielten dort regelmäßig, im Schatten der Mauer, auf einer wilden Wiese Volleyball. Die lag auf einem Stück DDR, das die Behörden der DDR beim Bau der Mauer aufgegeben hatten, um die Mauer zu begradigen. Nun war es rechtlich zwar immer noch DDR, lag aber im Westen, d. h., keiner war zuständig. Der Westen ließ alles wild wachsen und wir hatten unser Stück Dschungel für unser Volleyballspiel.

Überhaupt stand die ganze Mauer auf DDR-Gebiet, und zwar so, dass man vom Westen her etwa einen Meter DDR hatte, bevor man auf den Sockel der Mauer traf. Dieser Umstand, dass die Mauer auf dem Territorium der DDR stand, machte sie zu einem kulturhistorisch einmaligen Riesenkunstwerk. Vor 1976 hatte sie aus grauen, rauen Betonplatten bestanden, die waagrecht übereinander in geschlitzten Betonsäulen gesteckt hatten. Ab 1975 wurden diese hässlichen Teile nach und nach durch die „vierte Generation der Mauer (Grenzmauer-75)" ersetzt. Die bestand aus 3,60 Meter hohen, aufrecht stehenden, 1,50 Meter breiten, T-förmigen, mit Asbest gegen Feueranschläge verstärkten Betonsegmenten, die auf beiden Seiten weiß grundiert waren, damit sie, gleichgültig wie herum man sie mit ihrem T-Querstrich auf den Boden setzte, einen hellen Kontrast bieten würden, gegen den man Flüchtlinge besser sehen und abschießen könnte. Dieser makabre Zweck erzeugte zum Westen hin eine schier endlose, ideal grundierte Leinwand für Graffiti.

Überall sonst in West-Berlin waren sie verboten. An der Berliner Mauer zwar auch, doch fehlte es den DDR-Behörden an Möglichkeiten, das Verbot im Westen durchzusetzen. Und der Westen hatte kein Recht zur Verfolgung, denn die Mauer stand ja auf DDR-Boden. So wurde die Westseite der Mauer zum Eldorado der Graffiti-Künstler. Dort hatten sie genügend Zeit und Fläche. Noch heute kann man im Internet die Sprüche und Bilder der Mauer besichtigen. Mehrere Kunstfotografen haben ganze Strecken aufgenommen und ins Netz gestellt.

Ich fuhr in derselben Nacht mit dem Auto zurück nach Berlin. Ab Nürnberg geriet ich in den verrücktesten Stau meines Lebens. Ich war umgeben von jubelnden und überglücklichen Menschen in ihren vollgestopften Trabis. Sie alle wollten nach einem Westbesuch zurück in die DDR. Man stelle sich das vor: Ein Stau, weil so viele Menschen zurück in die DDR wollten. Unglaublich. Ich weinte vor Rührung und Freude. An der Grenze wurden wir alle durchgewunken. Da übermannte mich die Rührung erneut und selig weinend fuhr ich nach West-Berlin hinein.

Dort verfiel ich schnell wieder in die übliche West-Berliner Arroganz gepaart mit akademischem Zynismus. Der akademische Zynismus funktionierte so: Wenn eine Erziehungsdiktatur zusammenbrach, so räsonierte ich in meiner Neuköllner Wohngemeinschaft, würden sich die bisher von moralisch begründeten Verboten umstellten Menschen in einer Art Atavismus mit großer Freude dem bisher Verbotenen zuwenden. Das zeigten meiner Meinung nach die langen Schlangen von „Zonis" in ihren „stonewashed" Jeans vor den Beate-Uhse-Läden. In der Sowjetunion erwartete ich einen Rückfall in den vorsowjetischen ethnischen Nationalismus, der den einstigen Vielvölkerstaat sprengen würde. Für das Gebiet der DDR sah ich einen Rückfall in nazistische Denk- und Verhaltensweisen voraus, was sich durch das plötzliche Auftauchen von Skinheads und Fremdenfeinden in der DDR zu bestätigen schien.

Bei einem Schwarzmarktkurs von 16 DDR-Mark für eine West-mark, den man am Westberliner Bahnhof Zoo leicht erzielen konnte, erwartete ich die moralische und ökonomische Verödung der DDR. Ostdeutsche Frauen würden sich massenhaft im Westen prostituieren. Eine Fluchtbewegung nach Westen würde einsetzen, die alle Fluchtbewegungen der Fünfzigerjahre weit übertreffen würde. Alle wertvollen beweglichen Güter der DDR würden von westlichen Profithaien außer Landes geschafft werden. Bei einer Währungsreform wäre nichts mehr übrig in der DDR, was sich zu kaufen lohne. Die Nachfrage nach Ostwaren würde auch bei den Ostdeutschen wegfallen, denn endlich kam man an die begehrten Westwaren heran, und das Gebiet der untergegangenen DDR würde einen ökonomischen Zusammenbruch wie nach einem ver-lorenen Krieg erleben und hinterher als Billiglohngebiet für den Westen funktionieren.

Meine Westberliner Arroganz brach sich eine noch viel bruta-lere Bahn: Zu meinem eigenen Erschrecken verachtete ich die Ost-deutschen, wie sie die Bürgersteige der Karl-Marx-Straße in Neu-kölln, meine damalige Wohngegend, lautlos füllten und im Einheitslook sich vor den Auslagen der Geschäfte entlangschoben. Jeden Morgen, wenn ich aus dem Haus zu meiner Rolfing-Praxis aufbrach, standen schon mehrere Häuserbocks lang die Schlangen in stonewashed Jeans und warteten darauf, ihr „Begrüßungsgeld" ausgehändigt zu bekommen.

Ich fand das ganze Verfahren demütigend und nahm es absur-derweise den Gedemütigten übel. Mit wehendem schwarzem Man-tel, rotem Schal und breitkrempigem Hut ging ich auf die Schlan-gen voller Verachtung zu, als ob sie nicht da wären. Die Menschen stoben auseinander und ließen mich mit entsetzten und empörten Blicken durch: So tat ich das Meinige dazu, das Bild vom arrogan-ten Besserwessi entstehen zu lassen, ein prototypischer Westdeut-scher eben.

Erste Erkundungen der verschwindenden DDR

Glücklicherweise fanden Male und ich an ihrem Geburtstag wieder zusammen und führten eine intensive, harmonische und glückliche Liebesbeziehung . Wir unternahmen in ihrem silbern lackierten R4, den ich liebevoll „Silberfisch" nannte, regelmäßig Mittwochs ausgedehnte Ausflüge ins Umland Berlins, anfangs DDR, dann Neue Bundesländer, bis hinunter nach Dresden, hinüber nach Halberstadt, hinauf nach Rostock und rüber nach Frankfurt an der Oder. Immer noch war West-Berlin der Westpol der Welt, der einzige Ort, von dem aus es in alle Richtungen nach Osten ging, wie Gerhard Seyfried in einem seiner hellsichtigen Comics pointiert formuliert hatte. Bei diesen spannenden Exkursionen in den Überallosten stellten sich die meisten meiner zynischen Vorhersagen als Irrtümer heraus.

In den Geschäften verkaufte man uns nirgendwo die Schätze der DDR, weder für Ost- noch für Westgeld. In Musikbuchhandlungen hatten sie die Partituren weggeschlossen und sagten: „Die verkaufen wir nicht für billiges Geld in den Westen!" Denn die DM-Ost-Preise lagen, auch wenn man sie in DM-West bezahlte, weit unter den Preisen für Partituren im Westen. In den Buchhandlungen verkauften uns die Buchhändlerinnen nur die Ladenhüter des Marxismus-Leninismus. Die Bückware blieb Bückware für ihre treuen Ostkunden. Zwar sahen wir in Dresden westdeutsche Straßenhändler, die billigen Westramsch für teures Geld an gierige Ostpassanten verkauften, doch viele andere Ostpassanten beobachteten das Geschehen mit dem gleichen Ekel wie wir. Je länger die Maueröffnung zurücklag, desto stärker wurde die Ablehnung bei den Bewohnern der kleinen, abgelegenen Dörfer, durch die wir kamen. Offensichtlich hatten sie schon schlechte Erfahrungen mit Schnäppchenjägern, betrügerischen Billighändlern und Altbesitzern aus dem Westen gemacht. Ausverkauf war nicht. Das Gegenteil war der Fall.

In den Straßen West-Berlins hatte die Straßenprostitution in der besonders regellosen Zeit der noch existierenden D-Mark Ost, wo der Anreiz besonders hoch gewesen wäre, nicht sichtlich zugenommen. Witzig war ein Bericht, an dessen Quelle ich mich nicht erinnere, der schilderte, die Westprostituierten seien empört darüber, wie freundlich und kundenorientiert die Ostprostituierten ihre Freier bedienten. Sie ließen die professionelle Kälte und Verachtung, die sich im Westen eingebürgert hatte, vermissen und würden das Geschäft ruinieren. Jedenfalls war von einem rapiden Verfall der ostdeutschen Moral nichts zu sehen. Im Gegenteil: Wir stießen in Gesprächen eher auf eine wachsende moralische Empörung über die Verkommenheit und Ellbogenmentalität im Westen.

Auch die Schlangen vor den Beate-Uhse-Läden direkt nach der Wende, die ich als Beleg für den Atavismus, einer Rückkehr zur vorsozialistischen Moral gewertet hatte, erwiesen sich in späteren Untersuchungen als Ausdruck eines viel unbefangeneren Verhältnisses zur Sexualität in der DDR. Während die Studentenbewegung und der symbolische Feminismus im Westen die Geschlechterbeziehung zum verminten Territorium werden ließ, waren meine westdeutschen Verklemmtheiten den Ostdeutschen ziemlich fremd. Als die Ergebnisse dieser Untersuchungen erschienen, erkannte ich erstmals, wie sehr westdeutsch ich war.

In Jena und in Dresden sahen wir junge Männer in voller Skinheadmontur durch die Straßen und über den Marktplatz gehen und meinten, beobachten zu können, wie sie die Empörung, die sie auslösten, sichtlich genossen. Es schien eine logische Reaktion auf die zusammengebrochene Erziehungsdiktatur zu sein: Man tat das, was vorher am meisten verboten war. Doch dann erfuhren wir, dass es die Skinheadbewegung schon zu DDR-Zeiten gegeben hatte. In allen Gesprächen und auch an der Empörung der ostdeutschen Passanten merkten wir, dass der Sozialismus in den Köpfen weiterwirkte und die Menschen weiterhin auf Antifaschismus, Antimilitarismus, internationale Völkerverständigung und Selbstbestimmung setzten. Der Rückfall in vorsozialistische Nazihaltungen fand in den Jahren um die Wende nicht statt. Es war eher ein Aufbruch zur Freiheit zu sehen.

Dennoch beobachteten wir auch Erscheinungen, die uns erschütterten. Überall in der DDR konnten wir den Verfall all dessen sehen, was Volkseigentum gewesen war. Scheiben hingen lose in den Fensterrahmen, nur mit ein paar Stiften gehalten, wo nur ein wenig Kitt notwendig gewesen wäre, um sie wieder einzupassen und abzudichten. Wände waren voller Schwamm und Schimmel, wo ein kleines Stück Blech den Schaden frühzeitig hätte abwenden können. Das Gemeineigentum wurde verschleudert, etwa das Trinkwasser oder die Heizenergie. Die Volkseigenen Betriebe, hörten wir, waren Warenlager für die Selbstbedienung der Volksgenossen.

Der erschütternde Kontrast dazu waren die Datschen. Diese Oasen des Privatbesitzes waren gepflegt und ausgestattet vom Feinsten, vieles davon von Quelle, dem Versandkaufhaus im Westen. Offensichtlich fand hier ein Prestigewettbewerb um die jeweils beste Ausstattung statt, wie in jeder westdeutschen Villengegend, nur auf sehr viel niedrigerem Niveau. Das zu sehen, war das Todesurteil über jeden Sozialismus. Diese gemeinsamen Erkundungsfahrten schweißten uns zusammen. Wir entwickelten eine große Vertrautheit. Mir ging es dabei immer besser. Mit Male kam ich über meine Traurigkeit und meine Selbstbeschuldigungen hinweg. Doch obwohl wir so glücklich miteinander waren, beging ich die Dummheit, wieder nach meinem „wilden" Leben zu suchen. Ich meinte, in einer festen Beziehung das Leben zu verpassen. Wieder hatte ich andere Frauen im Kopf und wieder brach sie die Beziehung ab. Wieder war ich traurig, blieb aber bei meiner Gier.

Der Ausbruch aus der „marxistischen Therapie"

Die meisten Mitglieder der „marxistischen Therapie", insbesondere die Leiterin, waren wie Holzkamp und das Psychologische Institut, aus dem sie kamen, überzeugte Anhänger des real existierenden Sozialismus in der DDR. Einmal zeigte ich M. Fotografien, die ich vom stalinistischen Heldendenkmal in Treptow aufgenommen hatte, um zu zeigen, dass in dieser Art totalitärem Sozialismus jede Individualität verpönt und verschwunden sei. Sie war empört über meine Bilder und nannte sie eine denunziatorische, polemische, unwahre Sicht.

Der Zusammenbruch ihres Ideals schien sie selbst und auch die anderen DDR-Fans in der Gruppe in keiner Weise zu berühren. Nie wurde in der Gruppe darüber gesprochen, was alles bekannt wurde über die DDR, über die Geruchsproben von Dissidenten, die schon fertig angelegten Verhaftungslisten, die Zersetzungsmaßnahmen, Bestrahlungen und Einweisungen in psychiatrische Kliniken. Es gab nicht die Spur eines Gedankens, dass man sich möglicherweise geirrt hatte. Stattdessen schwärmten einige Frauen in der Gruppe in beinahe pubertärer Weise für Gregor Gysi.

Eine hellsichtige Freundin sagte, ich sei Mitglied in gleich zwei Sekten, dem Rolf Institut und dieser Therapiegruppe. Es sei schwer zu entscheiden, welche die schlimmere für mich sei.

Wir waren alle in einem moralischen Abhängigkeitsverhältnis. M. hatte die Allmachtstellung, die ich mir als Rolfer immer erträumt hatte. Dann überzog sie es. In einem Gruppengespräch über Kindheitserfahrungen berichtete ich, wie die stärkeren Jungen mich mit großem Vergnügen auf dem Boden fixiert und verprügelt hatten. Sie herrschte mich an, wie ich einen solchen Unsinn reden könnte. Kein Mensch habe Freude an der Gewalt. Ich müsse es doch inzwischen besser wissen. Ich war entsetzt über diesen illusionären Dogmatismus und erinnerte mich, dass sie von Anfang an mich immer so dogmatisch belehrt hatte. Dann meinte sie, zu mir gewandt, es zeige sich mal wieder, dass „diese Arbeit" mit Männern aussichtslos sei. Ich gab ihr recht und stieg aus.

Psychoanalyse

Danach ging es mir sehr schlecht. Ich war mal wieder vor dem Richtig und Falsch gescheitert. Ich fragte meinen Schweizer Freund Hans, der mit einer Psychoanalytikerin verheiratet gewesen war, was ich machen sollte. Er sagte, ich solle endlich eine Psychoanalyse machen. Er habe das gemacht und es habe ihm sehr geholfen. Er fragte seine Ex und die empfahl ihm eine Psychoanalytikerin in Berlin. Nach einem Erstgespräch schickte sie mich zuerst zu einem Mann. Ich fand seine Adresse nicht und kam viel zu spät. Für ihn und mich war es ein Zeichen, dass ich nicht zu ihm wollte. Ich ging zu ihr.

Die ersten Sitzungen hielt sie mit mir im Sitzen, sodass ich sie sah. Sie war von Anfang an irritiert, dass ich als habilitierter Politikwissenschaftler als Rolfer arbeitete. Das war das einzige Mal, dass sie direktiv intervenierte.

Ihre Intervention hat mich veranlasst, mich auf Professorenstellen zu bewerben, und zwar auf Fachhochschulprofessuren. Ich hatte herausgefunden, dass ich mit meinen mehr als fünf Jahren Arbeit als Therapeut zusammen mit Promotion und Habilitation und mit meinen Büchern über Armut die Voraussetzungen für eine Berufung auf eine Professur an einer Fachhochschule im Bereich Sozialpädagogik/Sozialarbeit erfüllte. Dort gab es regelmäßig Stellen für Politikwissenschaftler. Mir kam das entgegen, denn ich sah meine Aufgabe sowieso eher in der Lehre als in der Forschung. Meine Bewerbungen an westdeutschen Fachhochschulen wurden regelmäßig schnell mit der Begründung abgewiesen, ich hätte nicht die notwendige Praxis als Sozialarbeiter. Körpertherapie sei keine einschlägige Praxis.

Der Wissenschaftsrat hatte für das Gebiet der DDR empfohlen, alle Ingenieurhochschulen (IHSen), viele technische Hochschulen sowie einige Ingenieurschulen in Fachhochschulen zu überführen. Vor allem in Sachsen hatten vieler dieser Institutionen Promotions- und Habilitationsrecht gehabt und protestierten gegen ihren Abstieg. Andere, etwa die Ingenieurschulen und Gartenbauschulen, erlebten einen Aufstieg und Prestigegewinn und waren nur zu gerne bereit, bei diesem Programm mitzumachen.

Lehrauftrag in Erfurt

Wie durch ein Wunder kam eine Stelle an einer dieser Fachhochschulen auf mich zu. Ein ehemaliger Kollege, dessen Partnerin schon eine Stelle am Fachbereich Sozialwesen der frisch gegründeten Fachhochschule Erfurt hatte, half seiner Freundin aus einer Verlegenheit. In Erfurt war ein Westkollege, der dort auf dem ersten Listenplatz für die Professur Politische Wissenschaft stand und schon berufen war, angereist, war angeblich einmal um das Gebäude der frisch gegründeten Fachhochschule gegangen und hatte entsetzt die Flucht ergriffen und den Ruf ausgeschlagen. Nun brauchten sie eine Vertretung. Und da war dem Kollegen mein Name eingefallen. Ich bekam also einen Anruf und eine Vertretungsprofessur angeboten. Natürlich nahm ich sofort an.

Aber es war keine Lehrstuhlvertretung. Ohne sich mit mir abzusprechen oder mich zu informieren, hatte die Kollegin das Angebot auf einen einfachen Lehrauftrag reduziert. Ich war enttäuscht, nahm aber trotzdem an und traf in der ehemaligen Bezirksparteischule auf ein Kollegium, das nur aus Westdeutschen bestand. Sie hatten ein etwas feindliches Verhältnis zu den Studierenden und warnten mich, ich müsse sie wie in der Schule aufrufen. Von sich aus würden sie nichts sagen.

Entgegen dieser Vorwarnung traf ich auf sehr aufgeschlossene, sehr interessierte und debattenfreundliche Studierende. Die meisten waren über dreißig. Ihnen war in der DDR ein Studium aus ideologischen Gründen verweigert worden, weil sie der Kirche zu nahe standen oder als Dissidenten galten oder den Wehrdienst verweigert hatten. Sie holten nun überglücklich die verweigerte Chance nach. Ich teilte sie in Arbeitsgruppen auf und ließ jede Gruppe einen Text zur Geschichte der Armut in Deutschland erarbeiten. Ihre Ergebnisse hielt ich an der Tafel fest, sodass wir am Schluss einen Überblick über die Geschichte der Armut in Deutschland hatten, den sie erarbeitet hatten.

Sie sagten, in der DDR habe es keine Armut gegeben. In Polen, Rumänien, Bulgarien? Ja. In der DDR? Nein. Miete und Grundnahrungsmittel seien so billig gewesen, dass auch die Rentner mit ihren Minimalrenten zurechtgekommen seien. Ich erwiderte, dass es Armut in allen Gesellschaften gebe, denn es seien halt immer die mit dem niedrigsten Einkommen. Darum könne man Armut auch nicht abschaffen. Man habe das in der DDR aus ideologischen Gründen einfach nicht so genannt. Für die DDR habe es Armut nur im Kapitalismus gegeben. Als ich ihnen auch noch schilderte, wie Armut in anderen Ländern, zum Beispiel Indien, aussah, baten sie mich, an die Fachhochschule Erfurt zu kommen.

Berufungsverfahren

An diesen, seit Oktober 1991 gegründeten Fachhochschulen herrschte das totale Chaos. Man hatte renommierte Fachvertreter aus westdeutschen Fachhochschulen oder aus den aufgewerteten Ingenieurschulen oder abgewerteten Universitäten der DDR zu Gründungsrektoren und Gründungsdekanen berufen. Sie schlugen dem Ministerium Kolleginnen und Kollegen für die Berufungskommissionen vor. Damit waren „Seilschaften" die Regel, denn natürlich wählten sie Leute aus, die sie schon kannten und schätzten. Sie legten ihre Berufungsliste den völlig überforderten und überhaupt noch nicht organisierten Ministerien vor. Diese waren notdürftig mit Westimporten bestückt worden, die von den entsprechenden Ministerien in den westdeutschen Bundesländern delegiert worden waren, die für das neue Bundesland als zuständig galten. Für Thüringen waren das Bayern, Hessen und Rheinland-Pfalz.

Für mich war das alles ein Glücksfall. In den Berufungskommissionen saßen überwiegend Altachtundsechziger, die mein Bluff-Buch selbst gelesen und weiterempfohlen hatten. Jetzt war mein Ruf als Bluff-Wagner kein Hindernis mehr, sondern eine Empfehlung. In Hochschule und Ministerium nahmen sie es mit der Praxis als Sozialarbeiter nicht so genau. Sie waren froh, einen, von seinen Publikationen und Lehrveranstaltungen her so einschlägig qualifizierten Bewerber zu haben und akzeptierten meine Jahre als Körpertherapeut als einschlägige Praxis.

Ich bewarb mich auf die neu ausgeschriebene Stelle des „Geflohenen". Nun war sie aber anders ausgeschrieben, und zwar so, dass man auch hätte schreiben können: „Eine Stelle für Politikwissenschaft unter besonderer Berücksichtigung des Kollegen X." Wie in Seilschaften üblich, hatte die Kollegin, die der Berufungskommission für diese Stelle vorsaß, die Stelle für ihren Freund ausgeschrieben. Nach dem Motto: Eine Krähe hackt der anderen kein Auge aus, ließen es die anderen Kollegen geschehen, weil sie ebenfalls ihre Schäfchen ins Trockene bringen wollten. Ich hatte also eigentlich keine Chance, bewarb mich aber trotzdem.

Die Probevorlesung und Anhörung verlief in höflich distanzierter bis feindlicher Stimmung. Es war klar: Ich hatte verloren. Ich war deprimiert. Es regnete. Ich fuhr hinauf nach Buchenwald. Das Konzentrationslager passte zu meiner Stimmung. Durch den kalten Regen ging ich weinend den Weg zum Steinbruch, wo die Häftlinge einst durch das gleiche Wetter zur totbringenden Schwerstarbeit getrieben worden waren, und sang vor mich hin die Arie aus Mendelssohn Bartholdys „Elias": „Ich bin nicht besser als meine Väter."

Meine Psychoanalytikerin schluckte mein antifaschistisches Pathos nicht, als ich ihr davon erzählte. Sie sagte vielmehr, ich solle prüfen, ob ich da nicht die von mir wahrgenommene Botschaft meines Vaters an mich gesungen hätte, ich dürfe nicht besser werden als er. Er war promovierter Jurist. Darum hätte ich mich möglicherweise dem naheliegenden Karriereschritt auf eine Professur entzogen. Es leuchtete mir ein und bestärkte mich im Bemühen um eine Professur.

An der Fachhochschule Jena musste ich am nächsten Tag „vorsingen". Einige Mitglieder der Berufungskommission kannten mein Bluff-Buch und sahen es als beste Voraussetzung für die Lehre an einer Fachhochschule. Auch dass ich den Heilpraktiker und medizinische Therapieerfahrung hatte, fanden sie eine optimale Voraussetzung für die Arbeit mit zukünftigen Sozialarbeitern und Sozialarbeiterinnen. Ich durfte ihnen mein Vorgehen in einer Lehrveranstaltung für Sozialstrukturanalyse zeigen und lieferte ihnen gleichzeitig eine hypothetische Sozialstrukturanalyse der DDR, die von den Ost-Mitgliedern sehr positiv aufgenommen wurde. Überhaupt achtete dieser Fachbereich auf eine paritätische

Besetzung nach Ost und West – eine sehr seltene Sorgfalt in jenen Zeiten.

In Jena landete ich auf Listenplatz eins für eine C3-Stelle. In Erfurt war ich auf Listenplatz zwei für eine C2-Stelle. Das war ein Unterschied von etwa 500 DM für die gleiche Arbeit. Das Ministerium berief mich auf die Stelle in Erfurt. Ich lehnte ab und schrieb, ich wüsste, dass ich in Jena auf Platz eins für eine C3-Stelle stünde, und würde es vorziehen, in Jena zu arbeiten. Das stimmte. Denn die wollten mich. In Erfurt wollten sie einen anderen.

Das Ministerium wollte mich in Erfurt und erhöhte dafür meine Stelle dort auf C3 und schrieb, dass nur Erfurt für mich infrage käme. Ich hatte keine andere Wahl. Ich nahm die Berufung zum Ärger meiner Erfurter Kollegin an.

Später stellte sich heraus: Das Ministerium war zur Überzeugung gelangt, dass die nur aus Wessis bestehende Professorenschaft am Fachbereich überwiegend aus DKP- und SEW-treuen Altlinken bestand.

Die Ehefrau eines der bereits Berufenen hatte als Lehrerin Berufsverbot erhalten, weil sie Mitglied der DKP war. Er selbst und ein weiterer Kollege kamen aus dem Holzkamp-Lager am Psychologischen Institut (PI) der FU Berlin, das sehr DDR-treu war.

Das Ministerium wollte verständlicherweise nach dem Sturz der SED-Diktatur keine Anhänger eben dieser Partei aus dem Westen als Professoren beschäftigen. Die bereits Berufenen konnte sie nicht loswerden. Aber die sollten keine weiteren nachholen. Darum sprach es grundsätzlich keinem der Erstplatzierten einen Ruf aus. Weil ich habilitiert war, sei ich besser qualifiziert als der Erstplatzierte und müsse darum vorgezogen werden, war bei mir die Begründung.

Der ganze Vorgang ist typisch für Berufungen an deutschen Hochschulen. Die Qualifikation ist zwar wichtig, entscheidend sind aber Gruppendynamik, Beziehungen, politische Opportunität und schlichtes Glück.Das Groteskeste dieses an Grotesken reichen Vorgangs war, dass ich, der einstige Vorkämpfer gegen die Berufsverbote, nun vom Berufsverbot gegen die Frau eines der Professoren am Fachbereich profitierte und selbst zum Mittel wurde, um einen politisch ungewollten Mitbewerber auszubooten.

Als ich den Brief mit dem endgültigen Ruf in Berlin erhalten hatte, fuhr ich mit einem triumphalen Gefühl nach Erfurt zur Ernennung und wiederholte im Auto immer wieder laut: „Professor Doktor Wolf Wagner! Professor Doktor Wolf Wagner! Professor Doktor Wolf Wagner!" Ich hatte es geschafft und konnte es kaum glauben. Ich war raus aus der Angst vor Armut. Als freier Therapeut hatte ich unter prekären Bedingungen gelebt. Altersarmut war mir sicher gewesen. Nun würde ich ein gutes Gehalt und bis ans Lebensende eine ebenso gute Pension beziehen. Als ich im Winter in der Schweiz von einer mehrstündigen Skitour zurückkam, machte mich die Erkenntnis froh, dass ich während dieser Zeit über zweihundert Mark verdient hatte. Als Rolfer hätte ich in der gleichen Zeit Verluste gemacht. Ich fühlte mich als Gewinner im großen Lottospiel des Lebens.

Prototypischer westdeutscher Sieger in Ostdeutschland

Es war eine seltsame Konstellation, von der ich anfangs gar nichts merkte. Als prototypischer Westdeutscher auf einer Professorenstelle im Gebiet der DDR war ich etwas, das mehr war als ein Gewinner. Ich war Sieger.

Sieger hätte es in der Wiedervereinigung eigentlich nicht geben dürfen, außer wenn alle Sieger gewesen wären. So wie Willy Brandt seine Ostpolitik angelegt hatte und wie es das Grundgesetz in seiner Präambel und in Artikel 146 vorsah, sollte eine Vereinigung aus einer Verhandlung unter Gleichwertigen hervorgehen, die ihre Unterschiedlichkeit respektierten und sie in einer neuen Verfassung integrierten. Die europäische Einigung war ein solcher Prozess der Vereinigung unter Gleichwertigen. Von ihm hätte man lernen können. Darauf war eigentlich auch alles im Grundgesetz ausgelegt. Warum war ich dann doch Sieger und nicht Partner?

Es lag wohl an dem so überraschenden Ausgang der ersten freien und geheimen Volkskammerwahlen am 18. März 1990, die der im Westen herrschenden Schwarz-Gelben Koalition mit ihren Ablegern im Osten eine klare absolute Mehrheit verschaffte und der favorisierten SPD, vor allem aber den Revolutionären vom Bündnis 90, eine krachende Niederlage verpasste.

Bis zu diesem Tag hatte Kohl noch eine Politik gefahren, die auf der Linie des Artikels 146 GG gelegen hatte. Der sah vor, dass das geltende Grundgesetz von einer neuen, von beiden Seiten ausgehandelten Verfassung nach einer positiven Volksabstimmung abgelöst werden sollte. In diesem Sinne legte der Bundeskanzler am 28. November 1989 für alle überraschend ein Zehn-Punkte-Programm zur Wiedervereinigung vor. In Punkt 4 heißt es dort: „Es ist zunächst eine Vertragsgemeinschaft herzustellen. Diese beinhaltet ein dichtes Netz von Vereinbarungen und in naher Zukunft auch gemeinsame Institutionen." In Punkt 5 heißt es: „Es ist sogar denkbar, konföderative Strukturen zu erschaffen." Eine Konföderation ist der lose, vertraglich geregelte Zusammenschluss zweier souveräner Staaten in einigen Handlungsbereichen, also gleichberechtigt. In Punkt 10 wiederholt das Programm sogar die Formulierung des Artikels 146 GG: „Mit dieser Politik wird auf einen Zustand des europäischen Friedens hingewirkt, in dem das deutsche Volk in freier Selbstbestimmung seine Einheit wiedererlangen kann." Freie Selbstbestimmung hieß Volksabstimmung.

Nach den Volkskammerwahlen am 18. März 1990 war Schluss mit Artikel 146 und der Gleichwertigkeit. Man verhandelte ja jetzt sozusagen mit sich selbst. Warum sich die Umstände mit einer neuen Verfassung und einer Volksabstimmung machen, wenn man es mit Artikel 23 GG, dem Beitrittsparagrafen, viel einfacher und schneller durchziehen konnte? Artikel 23 war eigentlich nur für den Beitritt kleinerer Einheiten wie dem Saarland oder West-Berlin gedacht, nicht für die große Wiedervereinigung, denn sonst hätte es des Artikels 146 gar nicht bedurft.

Beitritt bedeutete die totale Übernahme alles Westdeutschen und die Vernichtung alles DDRigen. Beitritt machte den Westen zum uneingeschränkten Sieger, denn der Beitritt konnte nur von Spezialisten aus dem Westen, wie mich, richtig umgesetzt werden. Auf diese Weise wurde ich zum Sieger gemacht.

Beitritt war in meiner Sicht ein schwerer Irrtum, ein Verstoß gegen den ganzen Geist der Ostpolitik der letzten zwanzig Jahre, die auch von der sozialliberalen Koalition getragen worden war. Es war pure Willkür und wurde gemacht, weil man die Mehrheit dazu hatte und weil es für den Westen, den wichtigsten Lieferanten von Mehrheiten, leichter war. Dort änderte sich nichts außer den Postleitzahlen und dem späten Solidaritätszuschlag, der natürlich auch von den Ostdeutschen bezahlt werden musste.

Im Osten änderte sich fast alles. Der Beitritt war faktisch ein Anschluss, ein Absorbieren der DDR in die Bundesrepublik. Den Menschen in der DDR wurde ihr Land unter den Füßen weggezogen und in ein anderes verwandelt, und zwar durch Leute wie mich. Ohne sich bewegt zu haben, landeten sie in einem fremden Staat, wurden zu Fremden im eigenen Land.

In den Verwaltungsspitzen saßen lauter Westjuristen mit Westgehalt und bis 1995 „Buschzulage". Das war die Zulage für verbeamtete Wessis, die ihren Hauptwohnsitz noch im Westen hatten. Auch ich erhielt sie bis Juli 1993, als ich nach Waltershausen zog. Die Zulage sollte die „Beschwernisse" einer Arbeit im Osten ausgleichen. Die Westjuristen waren die eigentlichen Agenten bei der Umsetzung des Beitritts. Sie saßen überall und setzten in aller Gutwilligkeit und Naivität den beschlossenen Beitritt durch.

So war ich mit meinem persönlichen Glücksfall, Professor geworden zu sein, Teil eines Systems geworden, das aus meiner Sicht auf einem kolossalen Irrtum beruhte.

Auf der Couch

Nach meiner erfolgreichen Bewerbung durfte ich in der Psychoanalyse auf die Couch. Das ist von großer Bedeutung, denn die Couch steht so, dass der Patient den Analytiker oder die Analytikerin nicht sehen kann. So funktioniere die „Übertragung" besser. Weil ich in Erfurt arbeitete, ermöglichte mir meine Analytikerin an den Wochenenden immer mehrere Termine. Das Liegen auf der Couch irritierte mich anfangs sehr. Ich wusste nicht so recht, was ich da machen sollte. Natürlich suchte ich wieder nach dem Richtig und Falsch, produzierte Geschichten, von denen ich glaubte, dass sie von mir erwartet würden.

Dann hatte ich eine tiefgreifende Erkenntnis – ausgerechnet in einer Yogastunde (auch eine prototypisch westdeutsche Erscheinung zu jener Zeit). Eine Rolfing-Klientin von mir war Yogalehrerin (eine der ersten damals in West-Berlin). Sie bekam mit, dass ich sehr gute Kenntnisse in Anatomie hatte. Also schlug sie mir vor, gemeinsam Kurse zu geben. Ich würde die Anatomie erklären und sie würde darauf abgestimmte Yogaübungen zeigen und anleiten. Wenn ich nicht dran war, saß ich hinten auf meiner Yogamatte und machte die Übungen mit. Ich habe ein sehr hartes Bindegewebe und konnte daher die Yogadehnungen nur sehr stümperhaft ausführen. Auch hasse ich seit dem Sportunterricht in der Schule körperliche Übungen, besonders in der Gruppe.

Mein Vorbild war eher Winston Churchill, der auf die Frage, wie er es denn geschafft habe, so alt zu werden, geantwortet haben soll: „Absolutely no sports!" (*Absolut keinen Sport!*) Dennoch schämte ich mich für meine Unbeweglichkeit. Ich meinte zu wissen, was die jungen Frauen, die mich bei den Drehdehnungen hinten herumhampeln und mich abmühen sahen, über mich dachten: „Man, ist der unbeweglich! Der sollte auch mal ein bisschen mehr Sport treiben."

Innerlich wehrte ich mich gegen diese Anschuldigungen und beschimpfte in mir die jungen Frauen als „verdammte Sportlehrerinnen". Dann merkte ich, dass das ja alles meine Gedanken waren. Die Beschimpfungen stammten alle von mir. Der Sportlehrer, gegen den ich mich wehrte, war ich.

Diese Erkenntnis brachte für mich die Wende in meiner Psychoanalyse. Ich hatte nun erkannt, dass ich, während ich auf der Couch lag und nichts von meiner Analytikerin sehen konnte, dennoch immer genau zu wissen glaubte, wie sie jetzt guckt und was sie jetzt über mich denkt, wann sie unwillig ist und wann nicht. Ich konnte alle Urteile, Herabwürdigungen und Beschimpfungen, die ich meiner Analytikerin unterstellte, direkt als meine Urteile, Herabwürdigungen und Beschimpfungen über mich selbst erkennen und versuchen herauszubekommen, wie ich zu ihnen kam. Von da an war das das Thema unserer Sitzungen: Was ich meinte, was sie über mich dachte, und wie ich dazu kam.

In den ein, zwei Minuten zwischen dem Klingeln an ihrer Tür und bis ich auf der Couch lag, sah ich in ihrem Gesicht alle möglichen Urteile. Über die redete ich dann. Und mir war immer klar, dass ich über Urteile redete, die ich über mich selbst gefällt hatte. Es war extrem spannend herauszufinden, was und warum ich so über mich dachte. Sie hörte sich das alles an und sagte nur selten etwas dazu, fragte höchstens nach.

Dabei kamen mir sensationelle Einsichten: Ich erzählte einen Traum, in dem ich mit Rolfern über einen Menschen redete, den wir ablehnten. Ich sagte: „Schaut euch nur seine Struktur an, dann ist doch alles klar!" Im Wachzustand hatte ich in den Zeiten als Rolfer sehr häufig so über andere geurteilt. Die Körperstruktur zeigte angeblich den Charakter. Im Training für den Titel „Advanced Rolfer" sagte mir der Hauptlehrer, dem ich als Board-Mitglied schwer zugesetzt hatte, mit meiner Struktur könne ich nie ein guter Rolfer werden. Obwohl ich den Verdacht hatte, dass es schlichte Rache war, hat mich dieses Urteil damals bis ins Mark getroffen. Meine Hyperkyphose war nicht reversibel. Ich war für immer verurteilt.

In der Psychoanalysesitzung wurde mir mit einem Schlag bewusst, dass ich im Rolfing die gleichen Urteile über Menschen aufgrund ihrer äußeren Erscheinung gefällt und sie sogar für mich selbst für gültig gehalten hatte, die ich an meiner Vätergeneration so heftig kritisiert hatte: Sie hatten auch behauptet, der Charakter der Juden und anderer, aus ihrer Sicht minderwertiger Rassen zeige sich in ihrer Körperstruktur. Der Holismus der sich selbst „humanistische Psychologie" nennenden, „alternativen" Medizin führte zu dem gleichen Rassismus wie bei den Nazis. Wenn Körper, Geist und Seele ein untrennbares Ganzes waren, dann konnte man aus der Körpererscheinung zwingende Schlüsse auf die Verfassung von Geist und Seele ziehen. Ich war tatsächlich nicht besser als meine Naziväter.

In den folgenden Sitzungen entdeckte ich in mir Abgründe, die ich immer nur anderen zugeschrieben hatte. Vieles was ich als Therapie ausgegeben hatte, war eigentlich Missbrauch auf Wunsch der Missbrauchten. Gerade beim Rolfing und seinem Versprechen, den Körper nahezu beliebig umgestalten zu können, waren Männer, aber vor allem Frauen, zu jedem Schmerz bereit, um die erwünschten Veränderungen zu erreichen. Der Bodyismus, der die gesamte Persönlichkeit im Körper sichtbar geronnen sah, machte Rolfer und Klient zu einem eingeschworenen, konsensualen Team im Selbstmissbrauch.

Ich war damals der Vorsitzende des Ethikkomitees für Deutschland. Auf der nächsten Jahresversammlung der europäischen Rolfer formulierte ich diese Erkenntnis, dass wir ständig in Gefahr stünden, unsere Klienten mit ihrem Einverständnis zu missbrauchen und dass wir dazu dringend unserem Holismus abschwören müssten. Es gebe nur eine lose und ziemlich fragile Beziehung zwischen Körper, Geist und Seele. Das zeige am eindrucksvollsten der Fall des Physikers Stephen Hawking, der mit seiner amyothrophen Lateralsklerose körperlich ein komplettes Wrack war, geistig jedoch uns alle wie Zwerge aussehen ließ. Über seine Seele etwas aus seinem Körper zu schließen war auf groteske Weise absurd und ungehörig. Strukturelle Integration müsse sich ganz klar als eine Arbeit allein am physischen Körper verstehen. Was Geist und Seele daraus machten, sei nicht unser „Business". Meine Rede kam nicht gut an bei den Rolfern.

Die Wahrheitsgläubigkeit, die ich in meinen Lehrveranstaltungen und meiner politischen Praxis manchmal vertreten hatte, war nicht weit von dem Dogmatismus der Nazis und K-Gruppen entfernt, die ich so bekämpfte. Die Sprüche über das, was wir unseren Gegnern antun würden, wenn wir nur könnten, die ich unwidersprochen duldete und in meinem Inneren durchaus bejahte, weil ich den gleichen Hass spürte, machten deutlich, dass ich zu all dem fähig war, was ich an anderen so hoch moralisch verurteilte. In einer Sendung über Auschwitz wurde ein polnischer Kardinal gefragt, ob er meine, dass ein neues Auschwitz möglich sei. Er antwortete: „Ich muss nur in mich hineinsehen, um zu der Antwort zu kommen: Ja, es ist möglich." Für einen katholischen Kardinal war das eine sensationell mutige Aussage. In der Psychoanalyse realisierte ich, dass sie auch auf mich zutraf.

Ich lernte mehr und mehr, mich zu akzeptieren in meiner Widersprüchlichkeit. Auch meinen pietistischen Wahn, das Richtige zu finden und es zu 150 Prozent perfekt ausführen zu wollen, lernte ich zu akzeptieren und ihn mit einem Lächeln zu begrüßen, wenn ich ihm mal wieder verfallen war. Dadurch konnte ich es öfter mal bleiben lassen, weil ich den Kampf dagegen nicht selbst wieder zum Teil eines pietistischen Säuberungsprogramms machte („I can't believe it's not butter" lässt grüßen).

Ich konnte inzwischen öfter zulassen, mich als den fünfzigjährigen Akademiker mit Haarausfall und beginnendem Wohlstandsbauch zu sehen, der ich wirklich war, anstatt mich dauernd als einen vierzehnjährigen Jungen zu betrachten.

All das geschah, ohne dass meine Psychoanalytikerin jemals etwas dazu gesagt, mich gelobt oder getadelt hätte. Dabei funktionierte die Übertragung, die ich anfangs sehr skeptisch betrachtet hatte, ganz ausgezeichnet. In einer Sitzung sagte ich am Anfang: „Ich habe irgendwie das Gefühl, dass heute bei Ihnen etwas Besonderes los ist." Sie fragte: „Wann ist der Geburtstag Ihrer Mutter?" Und es stimmte: Es war der Geburtstag meiner Mutter.

Immer wieder zitierte sie aus der ersten Duineser Elegie von Rainer Maria Rilke: „Denn das Schöne ist nichts/als des Schrecklichen Anfang, den wir noch grade ertragen,/und wir bewundern es so, weil es gelassen verschmäht,/uns zu zerstören. Ein jeder Engel ist schrecklich." Ich begriff: Es ging darum, das ständig abgewehrte Schreckliche nach und nach zu akzeptieren. Damit bekamen auch Fehler und Irrtümer eine andere Bedeutung.

Leben im „Roten Kloster"

Das erste Jahr nach meiner Berufung pendelte ich von Berlin nach Erfurt. Es war unmöglich, in Erfurt bezahlbaren Wohnraum zu finden. Mit der Wende war die Mehrzahl der Altbauten nicht vermietbar, weil die Eigentumsverhältnisse ungeklärt waren. Meist waren die ehemaligen Eigentümer bereits in den Fünfzigerjahren in den Westen geflohen. Im Einigungsvertrag war die Klausel aufgenommen worden: „Rückgabe vor Entschädigung." Damit waren die Altbauten für Jahre blockiert, weil man erst herausfinden musste, wer Anspruch auf die Immobilie hatte, und diesen dann gerichtlich klären lassen musste. Dabei verfielen sie. Ihre Sanierung verschlang die Vermögen ihrer westdeutschen restituierten Eigentümer. Für die meisten war es ein Verlustgeschäft, denn die Einwohnerzahlen und damit die Nachfrage nach Wohnraum brachen ein. Aber immerhin waren danach die ostdeutschen Innenstädte saniert, wie es sich die Ostdeutschen nach der Bezahlung einer Entschädigung an die Alteigentümer mit ihrem geringen Vermögen nie hätten leisten können. Der Irrtum Beitritt hatte auch positive Folgen.

Die Plattenbauten waren voll belegt. Aus meiner Westberliner Zeit war ich mir sicher, dass die Bewohner mit dem Hochhauswohnumfeld sehr unzufrieden wären. Gropiusstadt hatte das bewiesen, meinte ich. Wir haben mit der Stadt Erfurt eine repräsentative Befragung über die Wohnzufriedenheit in den Plattenbauten durchgeführt. Die empirische Untersuchung leistete das, was sie leisten sollte. Sie widerlegte unsere Vermutungen, überführte uns des Irrtums und belehrte uns so über die Wirklichkeit. Die Wohnzufriedenheit war sehr hoch. Die soziale Durchmischung der Plattenbauten war für uns Wessis überraschend hoch. Die Ärztin wohnte direkt neben dem Arbeiter.

Erst als sich in den folgenden Jahren die Einkommen im Osten – wie alles andere – den Weststrukturen annäherten und sich folgerichtig wie im Westen aufspreizten, zogen die Besserverdienenden aus in die neu errichteten Einfamilienhäuser in den grünen Vororten um Erfurt herum. Ein Haus war wie das andere. Ich nannte diese Siedlungen deshalb „horizontale Platte". Die Platten-hochhäuser verwandelten sich dadurch schnell in Armenghettos mit viel Leerstand.

Damals jedenfalls gab es für Leute wie mich nichts zu mieten, es sei denn zu Mietpreisen, die höher lagen als in München. Staffel-mieten waren häufig.

Wir neuen Professorinnen und Professoren wohnten deshalb zu sehr moderaten Preisen in den Zimmern der ehemaligen Bezirks-parteischule, wo die Parteimitglieder, die für einen Aufstieg geschult wurden, manchmal über Monate gewohnt hatten. Mit dem Zusam-menbruch der DDR war es eines der wenigen großen Gebäude in Erfurt, das zur Verfügung stand. Für die neugegründete Fachhoch-schule war die Parteihochschule ideal, denn in den beiden Unterge-schossen gab es Hörsäle, ein Auditorium Maximum, in dem wohl Parteitage geübt worden waren, und eine großzügige Mensa. In den oberen acht Stockwerken lagen die Zimmer. Im Volksmund hieß das Gebäude das „Rote Kloster" und die Kurse „Rotlichtbestrahlung". Die Zimmer konnte man durchaus als Zellen bezeichnen von ihrer Größe her und dem Komfort ihrer Einrichtung: ein Bett, ein Stuhl und am Fenster ein festgeschraubter Schreibtisch, eine Nasszelle mit Dusche und garantiertem Fußpilz. Direkt neben der Tür hing ein Lautsprecher für die Durchsagen der Parteiführung. Der war inzwi-schen abgeschaltet. Wir waren uns sicher, dass darin früher Abhör-einrichtungen untergebracht waren, und waren uns entsprechend unsicher, ob sie immer noch funktionierten.

Drei Stockwerke waren mit Professoren aus dem Westen belegt. Wir nannten es „Professorenintensivhaltung". Man konnte die Hei-zung nicht regulieren außer durch Öffnen des Fensters. Es gab Auf-züge in dem Hochhaus. Doch jedes Mal, wenn sie anfuhren oder stoppten, wackelte das ganze Haus. Das führte dazu, dass man nie richtig tief schlafen konnte. Ich entwickelte Augenzucken und ein Flimmern vor den Augen, Zeichen von Stress pur.

In den ersten Tagen musste alles ganz schnell gehen mit der Ein-stellung von uns Neuen. Es gab noch keine routinierte Verwaltung. Alles war Chaos. Damit wir lehren durften, mussten wir vereidigt sein. Der Kanzler der Hochschule rief uns nacheinander in seine Wohnzelle in der Professorenintensivhaltung, weil das Kanzlerbüro noch nicht funktionierte, und nahm uns dort den Amtseid auf das Grundgesetz ab. Er saß auf seinem Bürostuhl. Wir wurden nacheinander auf die Kante seines Bettes gesetzt und hoben die Hand zum Schwur. Ich meinte, unter der Tagesdecke die Ärmel oder Beine seines Pyjamas hervorlugen zu sehen. Trotz der seltsamen Umstände gelte der Eid, sagte der Kanzler, und ich hob die rechte Hand zum Schwur.

In einem Machtkampf zwischen denjenigen, die schon meine Berufung torpediert hatten und alles im Fachbereich nach ihrer Pfeife tanzen lassen wollten, und uns Neuen, die eigene Vorstellungen hatten, obsiegten wir Neuen und ich wurde zum Prodekan gewählt. Der Dekan und ich verbrachten einen Großteil unserer Arbeitszeit mit dem unzählige Male wiederholten Versuch, für ein Telefongespräch nach draußen eine Amtsleitung zu bekommen. Dazu musste man auf der Wählscheibe eine Null und eine Acht wählen. Der Dekan hob den Hörer und ich drehte mit einem Bleistift die Wählscheibe. Wenn ein piepsendes Signal anzeigte, dass wir gescheitert waren, legte der Dekan den Hörer wieder auf die Gabel und es ging von vorne los. Manchmal dauerte es länger als eine halbe Stunde, bis wir eine Amtsleitung bekamen. Gespräche nach Westdeutschland brauchten besonders lang. Weil es noch so wenige Verbindungen gab, ertönte meist ein Besetztzeichen, was uns jedes Mal beinahe verzweifeln ließ.

Vor dem Gebäude der ehemaligen Bezirksparteischule stand eine öffentliche Telefonzelle, von der aus man zuverlässig Verbindungen in den Westen bekam. Da es ja noch keine Mobiltelefone gab, waren alle importierten Westler praktisch auf dieses eine Telefon angewiesen. Abends nach Dienstschluss bildeten sich lange Schlangen liebes- und tröstungsbedürftiger Wessis, die dort auf Anschluss warteten.

Die Restaurantsituation war katastrophal. Wir pilgerten jeden Abend vorbei an der Telefonzelle zu einem, in einem Schrebergartengelände gelegenen „Sportlerheim". Dort roch es penetrant nach altem Frittenfett, kaltem Rauch und abgestandenem Bier. Die Bedienung war von ausgesuchter Unhöflichkeit, sagte nie etwas außer der Rechnungssumme. Das einzige essbare Gericht hieß „Thüringer Rostbrätel" und bestand aus einem in Bier, daher der seltsame Geruch, und Gewürzen marinierten, fetten Stück Schweinenacken unter einem Haufen angeschwitzter, grob geschnittener Zwiebeln. Die von Fett triefenden Fritten schmeckten, wie sie rochen. Dazu gab es ein köstliches Bier, dem wir in unserer Verzweiflung heftig zusprachen. Danach rochen wir alle schon von Weitem nach „Sportlerheim". Die Alternative war das Offizierskasino der Bundeswehr. Unklar war, was schlimmer war.

Es gab kaum Bücher. Die Bibliothek war praktisch unbenutzbar, weil in einem Akt von Vetternwirtschaft eine Ingenieurin, die kaum Ahnung vom Bibliothekswesen hatte, zur Leiterin gemacht worden war. Darum mussten wir alle Lehrmaterialien per Fotokopien oder ausgedruckten eigenen Texten selbst herstellen. Es gab aber nur ein Fotokopiergerät und einen Drucker, den einer der Kollegen gerne für sich in seiner Wohnzelle bunkerte. Meist erstellte ich mein Lehrmaterial an den Wochenenden in Berlin und schleppte es nach Erfurt. Einen Großteil meiner Lehrveranstaltungen konzipierte ich während der langen Zugfahrten zwischen Erfurt und Berlin, wo man ungestört und inspiriert durch den Blick aus dem Zugfenster arbeiten konnte.

Als Prodekan nutzte ich die Position zum Rekrutieren möglichst vieler ostdeutscher Praktikerinnen und Praktiker der Sozialen Arbeit für unsere Lehre. Wenn wir schon keine ostdeutschen Professoren hatten, sollte die hiesige Praxis wenigstens durch Lehrbeauftragte vertreten sein. Dazu fuhr ich mit meinem klapperigen Diesel durch halb Thüringen wie durch ein Labyrinth mit riesigen Umwegen, denn überall wurden die völlig heruntergekommenen Straßen repariert oder völlig neu angelegt. So lernte ich das Land besser kennen, als ich es eigentlich wollte.

Auf diesen Fahrten in die Kleinstädte Thüringens sah ich viele Skinheads. Meine Studenten berichteten, dass sie manchmal in richtige Hetzjagden gerieten, wenn sie mit ihren langen Haaren und antinazistischen Aufklebern auf ihren Autos in die „falsche" Gegend gerieten. In Eisenach traf ich mich mit einem Sozialarbeiter in einem Jugendzentrum nur für Rechtsradikale, die dort an den Muskelgeräten trainierten, ihre Parolen zu Rechtsrock brüllten und ungehindert und ungerügt den Hitlergruß zeigten. Der Sozialarbeiter war überfordert. Er nannte seine Arbeit „akzeptierende Jugendarbeit". Mir schien sie unterstützende Jugendarbeit zu sein. Vor dem Heim hörte ich, wie einer der Skinheads mit seinem Freund über seine Freundin schimpfte: „Ich opfere mich hier für die Sache, habe überall Schwierigkeiten, auf der Schule, in der Lehre, bei meinen Eltern. Und da macht mir diese Tussi Vorwürfe."

In der Erfurter Straßenbahn traf ich abends Skinheads, die ihren Baseballschläger in einem feinen, seidenen Schonbeutel bei sich trugen. Einmal standen neben mir junge Männer und Frauen, die sich gegenseitig auf jede ausländisch aussehende Person aufmerksam machten: „Schau, da ist schon wieder einer!" Sie selbst waren gekleidet wie amerikanische Kids aus dem schwarzen Ghetto: Umgekehrte Baseballkappen, lapprige T-Shirts, tiefer gelegte Hosen, Tattoos und ausgeleierte Turnschuhe. In Umfragen schätzten die meisten Thüringer den Ausländeranteil in Thüringen auf über 20 Prozent bei einem tatsächlichen Anteil von 1,2 Prozent.

Meine Erklärung dafür war, dass diese Randgruppen der DDR mit der Wiedervereinigung in ihrem Status unter den der westdeutschen ausländischen Arbeiter gerutscht waren. Denn die waren wenigstens schon gelernte Westdeutsche, mussten es nicht erst noch werden wie die Ossis.

Die „Austreibung" meiner Mutter

Anlässlich eines Traumes, in dem meine Mutter gegen meine Freundin intrigierte, kam ich in der Psychoanalyse darauf, dass ich mich noch immer innerlich meiner Mutter versprochen fühlte. Bei meiner Lebensgeschichte war das eigentlich naheliegend. Aber niemand war darauf gekommen, und meine Analytikerin, die es wohl längst wusste, sagte nichts, wofür ich ihr sehr dankbar bin und sie sehr bewundere.

Mein erwachsenes Leben lang hatte ich meine Mutter beinahe täglich angerufen, jeweils nur ein oder zwei Minuten, aber täglich wie die regelmäßigen Quietschlaute, mit denen Küken die Verbindung zur Mutterhenne aufrechterhalten. Darum musste ich Frauen immer auf Distanz halten und in immer neuen Beziehungen auf die Befreiung hoffen. Bei der nächsten Frau wird alles besser. Dabei hatte ich inzwischen genügend Wiederholungen des immer Gleichen erlebt. Es würde nicht besser oder anders werden.

Nach dieser, für mich schockierenden Einsicht wollte ich meine Mutter „aus mir vertreiben" und rief sie sechs Wochen lang nicht an. Sie selbst rief auch nicht an, denn sie lag in Tübingen dement im Pflegeheim.

Zu ihrem Geburtstag fuhr ich hin. Die Pflegerinnen begrüßten mich freudig und erzählten mir, dass meine Mutter keine Nahrung mehr annehme. Sie hätten die Hoffnung, dass sie sich von mir füttern lassen würde. Doch meine Mutter verweigerte auch von mir die Nahrung. Ich fragte sie: „Willst du sterben?" Sie antwortete: „Ja! Ich hab genug! Ich will nicht mehr!" Darauf sagte ich: „Gut, dann bekommst du heute als Geburtstagsgeschenk deinen Tod!" Ich ging zu den Ärzten und Pflegerinnen und handelte mit ihnen aus, dass sie ihr Essen und Trinken weiter anbieten, es aber akzeptieren sollten, wenn sie das Essen verweigerte. Sie sollten sie nicht künstlich ernähren.

Sie stimmten vorbehaltlos zu. Es gehöre zur Selbstbestimmung des Menschen, sich einen solchen Tod zu wählen. Ich fragte die Ärzte, wie lange es denn dauern würde, und sie meinten, drei bis sechs Wochen, man könne das nicht so genau sagen. Ich fuhr nach Frankreich in meinen dringend benötigten, schon gebuchten zweiwöchigen Urlaub.

Ich hatte ein schlechtes Gewissen dabei. Aber es stellte sich als das genau Richtige heraus. Denn endlich machte ich den Platz bei meiner Mutter frei für meinen Bruder, den ich in all den Jahren durch meine dominante Anwesenheit belegt hatte. Jetzt war er jeden Tag im Pflegeheim gewesen und hatte die Hand seiner Mutter gehalten und sich von ihr verabschiedet.

Auf dem Heimweg aus Frankreich rief ich von Paris aus an, und meine Mutter verabschiedete sich von mir am Telefon mit einem langen „Adee, Adeeee, Adeeeee!" In dieser Nacht starb sie.

Mein Bruder berichtete, ihr Tod sei nicht schwer gewesen. Ihr ganzes System sei immer schwächer geworden. Sie habe nicht gelitten und sei immer fröhlicher geworden. Als ihre Leiche dann von der Einsegnungskapelle des Stadtfriedhofs zum Krematorium gefahren wurde und um die Kurve verschwand, überkamen mich die Trauer und das schlechte Gewissen.

Leben in einem Großexperiment

Ich war mit meiner Berufung zum Teil eines falschen Systems, eines Irrtums geworden, wie ich fand. Aber bekanntlich können Irrtümer auch positive Folgen haben. Und das war bei mir der Fall. Denn dieses willkürliche Umstülpen eines ganzen Landes war wie ein sozialwissenschaftliches Großexperiment. Es war, als ob ein verrückter göttlicher Sozialwissenschaftler Deutschland in zwei Gruppen aufgeteilt hätte und diese einige Generationen lang in sehr unterschiedlichen Welten hatte leben lassen. Dann führte er sie wieder zusammen, unterwarf dabei aber den kleineren Teil vollständig unter die Lebensbedingungen des größeren, des siegreichen Teils. Und nun wollte er sehen, was daraus würde. Das war das Experiment, dessen Zeuge ich war.

Für einen Sozialwissenschaftler war es ein Glücksfall. Es war, als wenn einem Meeresbiologen plötzlich Kiemen wachsen und er mitten zwischen seinen Untersuchungsobjekten leben würde. Ich steckte mitten im größten sozialen Umbruch der jüngeren deutschen Geschichte. Jeder Tag war aufregend. Ich musste nur mit offenen Augen und Ohren dabei sein.

Im „Roten Kloster" war ich jedoch von der Welt weitgehend isoliert. Ich kam mir dort vor, wie in einem U-Boot. Wenn ich vom

Bahnhof ankam, tauchte ich unter in die Räume der Parteischule mit Essen und Schlafen und Arbeit im gleichen Haus, außer der Abende im „Sportlerheim". Aber auch dort waren wir Westprofessoren unter uns und redeten nur über Hochschulprobleme. Nach in der Regel vier Tagen tauchte ich wieder auf und fuhr zurück nach West-Berlin.

Seit meinem Lehrauftrag hatte ich ein sehr gutes Verhältnis zu den Studierenden. Sie waren, wie sie sich selbst ironisch nannten, „staatlich geprüfte Ossis". Sie hatten unter dem DDR-Regime gelitten und hatten daher keine Spur Groll gegen die Wessis. Für sie waren wir Befreier. Wir lieferten Denkanstöße und Unterrichtsformen, die sie in der DDR nie erfahren hatten. Sie waren neugierig und lernten für sich und nicht wie Schüler für Noten. Vom OSI her war ich gewohnt, die Studierenden zu duzen, und hatte das in Erfurt schon bei meinem Lehrauftrag eingeführt. Meine Kolleginnen und Kollegen, alles Altachtundsechziger, gerieten unter Druck und zogen nach. In beinahe familiärer Atmosphäre strickten wir gemeinsam an der Studienordnung und den Berufungsverfahren für die nächsten Professuren.

Das Schöne am „Roten Kloster" war, dass wir intensiven Kontakt zu den anderen Westprofessoren aus anderen Fächern, meist Ingenieuren, bekamen und uns über die unglaublichen Unterschiede in unseren Fachkulturen verständigten. Dass wir unsere Studierenden duzten, war für die Bauingenieure skandalös. Da könne man doch keine sachgerechten Noten mehr geben. Wir fanden skandalös, wie abwertend die Bauingenieure über die Architekten sprachen. Die könnten nur schön rumzeichnen und rumreden. Sie müssten dann denen immer vorrechnen, was davon geht und was nicht. Alle zusammen hatten sie Probleme mit den Ostkollegen. Die seien noch pedantischer und akribischer als sie und wollten immer genaueste Anweisungen bis ins Detail. Aber mir erschien es so, dass der Unterschied zwischen Ost und West bei uns im Sozialwesen viel größer war als der zwischen Ost- und Westingenieuren. Überhaupt schien mir die DDR eine Ingenieurskultur gewesen zu sein. Es gab klare Wahrheiten. Westdeutschland war eher eine Kultur der Sozialwissenschaftler und Juristen. Alles war möglich und nichts war klar.

Der Sprachkrieg

Wir aus dem Westen importierte Professorinnen und Professoren waren entsetzt, als die Studentinnen von sich beinahe ausschließlich in männlicher Form sprachen. Drei Frauen sprachen von sich „als drei Mann hoch", bezeichneten sich als „Studenten", waren „Kindergärtner", „Erzieher" und wollten „Sozialarbeiter" werden. Die Thüringer Landeszeitung Gotha vom 30.9.1995 berichtet: „Der VEB Narva Berlin motivierte das weibliche Geschlecht: Frauen und Mädchen, jetzt geht es ran im Wettbewerb von Mann gegen Mann!"

Auch mich irritierte dieser Sprachgebrauch und ich spürte dabei immer einen kleinen Schreck, so als ob ich mich umblicken müsste nach einer missbilligenden oder strafenden Instanz. Denn ich hatte im Verlauf von über zwanzig Jahren durch Einsicht, aber auch durch Druck meinen unreflektiert immer männliche Formen gebrauchenden Sprachgebrauch als patriarchalisch bis chauvinistisch erkennen gelernt und war sehr darum bemüht, ihn zu verbessern. An dem kleinen Schreck konnte ich ablesen, dass ich dabei ein wenig in pawlowscher Weise konditioniert war und nicht nur aus Einsicht handelte. Ich war mehrfach in Liebesbeziehungen, noch häufiger in Kneipengesprächen gerügt und beschimpft worden und hatte das immer als sehr unangenehm empfunden.

Eine feministische Kollegin am Fachbereich in Erfurt hatte es sich zur persönlichen Aufgabe gemacht, der sprachlichen Zurückgebliebenheit, insbesondere unserer Studentinnen, aber auch der Studenten, abzuhelfen, und maßregelte und korrigierte sie ebenso wie uns an jeder nur möglichen Stelle. Selbst wenn nur Männer zur Wahl auf ein Amt, z. B. des Dekans, kandidierten, bestand sie darauf, dass die Wahl immer mit „Dekan oder Dekanin" angesagt wurde, weil so klar gemacht würde, dass auch eine Frau kandidieren könnte. Mehr oder weniger halbherzig zogen wir anderen Lehrkräfte mit, versuchten aber die umständlichen Wiederholungen aller Wörter in beiden Geschlechtsformen zu vermeiden, indem wir das von der TAZ eingeführte große I, also statt Studenten und Studentinnen nur StudentInnen, in die gesprochene Sprache übersetzten. Dazu musste man an der Stelle im Wort, wo das große I geschrieben stand, eine winzige kleine Pause machen und die Stimme ein wenig anheben. Bei den meisten von uns sah das aus und hörte sich an, als ob wir einen kleinen Hüpfer machten wie bei einem schweren Schluckauf. Das wirkte zwar auf Uneingeweihte etwas seltsam, war aber in Schrift und Sprache zum allgemeinen Brauch unter den ProfessorInnen des Fachbereichs geworden. Das ging so weit, dass wir in einer Anhörung einer Kandidatin aus dem Westen, die überraschenderweise genauso wie unsere Studentinnen ausschließlich männliche Formulierungen gebrauchte, ihr in den Fragen nach ihrem Vortrag mit ständigen Schluckaufhüpfern die Innen-Formen zur Übernahme anboten. Sie merkte davon nichts und blieb bei ihrer ausschließlich männlichen Form.

Die Studierenden erfüllten in den Hausarbeiten die von uns gemachten Auflagen, die meisten weigerten sich aber, ihre Alltagssprache zu verändern. Oft hatte ich den Eindruck, dass insbesondere die Studentinnen die männliche Form sogar demonstrativ einsetzten, als ob sie damit ihre Ostidentität verteidigen wollten und sich freuten, wie wir uns ärgerten.

Dass es ein Kulturkampf war, bestätigte sich in einer meiner Veranstaltungen mit dem Titel „Vergesellschaftungsformen Ost West. Wie sind wir geworden, was wir sind?" Dort sammelten wir Urteile, die wir über die jeweils andere Seite aufgrund eigener Erfahrungen hegten. Eine Aussage, die allgemeine Zustimmung fand, war: Die Wessis machten zu viel „Gedöns" um das Frausein. In Gesprächen kam heraus, dass sie als Ostfrauen meinten, sie hätten viel mehr an wirklicher Emanzipation, an gleichberechtigter Teilhabe an der Gesellschaft erreicht, sie hätten sozusagen „ihren Mann gestanden", und dies drücke sich eben auch in ihrer Sprache aus, in der sie demonstrierten, dass sie in gleicher Funktion und gleicher Leistung wie die Männer in der Gesellschaft gestanden hatten. Dass nun die

Westfrauen, die zum Teil nie richtig gearbeitet hätten, daherkämen und ihnen zeigen wollten, was richtiges Frausein sei, fänden sie empörend, zumal jetzt, wo die Frauen im Osten miterleben müssten, wie sie selbst auf den Status der Westfrauen zurückgestutzt würden. Mit diesem ewigen „Innen" würde der Unterschied zwischen den Geschlechtern nur noch betont in Bereichen, wo er gar keine Rolle spiele. Die Westfrauen, die sich nie auch nur einen Bruchteil der gesellschaftlichen Beteiligung der DDR-Frauen erarbeitet hätten, würden vor den wirklichen gesellschaftlichen Herausforderungen ausweichen auf das symbolische Terrain der Sprache und sich dort billige Ersatzerfolge holen. Jetzt solle dasselbe mit den Ostfrauen geschehen: zurück an Heim und Herd, raus aus der Arbeit und dafür als Trost überall „Innen". Nein, das würden sie sich nicht gefallen lassen. Es war eine erbitterte Aussprache.

Seither sehe ich die Frage weniger dogmatisch, wie man an diesem Text sieht. Wo es der Zusammenhang notwendig macht, verwende ich beide Formen. Doch wo die Beteiligung von Männern und Frauen selbstverständlich ist, ziehe ich die männliche Form um der Lesbarkeit willen als Allgemeinform vor. Eine meiner Lektorinnen beim Rotbuch Verlag hat mir das klar gemacht. Sie übersetzte für die deutsche Ausgabe des *Le Monde diplomatique* und sagte, man könne keinen Aufsatz über den Balkan übersetzen und im deutschen Text dann ständig von den Bosniern und Bosnierinnen, Serben und Serbinnen, Kroaten und Kroatinnen usw. schreiben.

Für mich blieb der Konflikt eine ständige innere Irritation, denn beide Seiten hatten Rationalität auf ihrer Seite, aber eben mit entgegengesetzter Schwerpunktsetzung: die einen mit Betonung der Sprache, der Welt der Symbole, die anderen mit Betonung der wirklichen Leistung, der Welt der Dinge. Ich erahnte darin einen kulturellen Unterschied zwischen Ost- und Westdeutschland: Für Westdeutsche ist es von zentraler Bedeutung, welche Worte benutzt werden. Im Gespräch hört man nicht zu mit dem Willen, herauszufinden, was die andere Person meinen könnte, was hinter den Worten an Absicht und Erfahrung steht. Selten kommt ein forschendes Nachfragen: „Meinst du damit vielleicht …?" Im Westen wird man beim Wort genommen und durch die Worte, die man gewählt hat, kategorisiert, beurteilt und genügend oft auch verurteilt. Den Ostdeutschen wurde im Prozess des Beitritts in allen Bereichen eine sprachliche Unterwerfung unter den symbolischen Rigorismus der Westdeutschen abgefordert, dem sie sich nicht beugen mochten. Es war Ausdruck der beginnenden Phase der Eskalation im Kulturschock Deutschland.

Eine Berliner Wochenzeitung hatte eine Karikatur veröffentlicht, die den Innen-Krieg auf den Punkt brachte. In einer Buchhandlung fragt eine typische Ostfrau in Jeans und mit blonden Kurzhaarlocken die typisch aufgeschickte Westbuchhändlerin mit baumelnden Ohrringen, riesiger Brille und Jäckchen mit Leopardenmuster: „Haben Sie ein Buch über die Verständigungsprobleme zwischen Ost-Frauen und West-Frauen? Gerade ich als Ossi leide oft darunter, dass …" Da unterbricht die Buchhändlerin und sagt belehrend: „Das heißt nicht Ossi, sondern Ossa!"

Waltershausen

Zum Glück hatte ein Freund aus Zeiten des „sozialen Lernens" aus schlechtem Gewissen ein Häuschen in Waltershausen gekauft. Seine Eltern hatten in der Nähe von Magdeburg eine Gaststätte mit Übernachtung im Grenzgebiet der DDR besessen, die geschlossen wurde, als das Grenzgebiet zur Sperrzone erklärt worden war. Mit der Wiedervereinigung lag das Grundstück mitten in Deutschland und erzielte einen Spitzenpreis. Aus einem etwas verqueren Gerechtigkeitsgefühl heraus entschied er, das Geld auf dem Gebiet der DDR zu investieren, und erwarb von den in den Westen geflüchteten Besitzern in Waltershausen ein kleines Haus im Bauhausstil am Rand des Thüringer Waldes.

Waltershausen ist eine typische Thüringer Kleinstadt, die ihre beste Zeit im Zeitalter des Waidanbaus erlebt hatte. Das ist eine gelbblühende Pflanze, deren Blätter, zermalmt und mit Urin versetzt, eine haltbare blaue Farbe erzeugen, die in ganz Europa zum Färben von Textilien verkauft wurde. Mit der Entdeckung der Schiffsroute nach Indien um Afrika herum verdrängte das indische Indigo ab 1620 das Thüringer Waidblau. Die Thüringer Städte blieben so, wie sie am Höhepunkt des Färberreichtums Ende des 15. Jahrhunderts gewesen waren, denn nach dem Niedergang des Waids fehlte das Geld für Modernisierungen. So war Waltershausen ein im Kern spätmittelalterliches Städtchen mit viel DDR-Industrie drum herum am Rand des Thüringer Waldes, fünfzig Kilometer westlich von Erfurt.

Das Häuschen lag idyllisch in einem Rasengrundstück auf dem ersten Berghang des Thüringer Waldes, direkt am Waldrand mit einem weiten Blick über die Thüringer Ebene. Mein Freund vermietete das Haus an mich und ließ es nach meinen Wünschen renovieren. Ich zog im Juli 1993 ein und pendelte nun mit dem Zug von Waltershausen nach Erfurt.

Bei den Zugfahrten und in meiner DDR-Nachbarschaft in Waltershausen konnte ich ab da am wirklichen Leben in dem Großexperiment teilnehmen, und ich bekam sehr viel von den Problemen und Konflikten im Alltag der Wende mit. Meine Nachbarn nahmen mich als Exoten auf und halfen mir in meiner akademischen Hilflosigkeit, mich auf dem Land zurechtzufinden, meinen Rasen zu mähen, die Hecke zu schneiden, das Tor zum Grundstück zu streichen und wieder gangbar zu machen. Während wir arbeiteten und in den Pausen und beim Feierabendbier, fragte ich und sie erzählten bereitwillig aus ihrer Zeit in der DDR.

Ein Nachbar, der Ingenieur bei Leuna gewesen war, ging zum Bürgermeister und forderte ihn auf, die Straße, in der wir wohnten, teeren zu lassen, denn nun wohne da ein Professor. Die Straße wurde tatsächlich geteert. Weil ich Professor war, wurde Vieles geduldet, was sonst unmöglich gewesen wäre. Ich durfte das Gras im Garten wild wachsen lassen, obwohl sich dabei auch das Unkraut ausbreitete. Ich durfte das Herbstlaub liegen lassen. Ich durfte die Fenster „nackt" lassen, d. h., keine Vorhänge oder Rollläden anbringen. Manchmal läuteten Fremde an meiner Tür und fragten, ob das Haus zu verkaufen sei, denn „nackte" Fenster hatten in der DDR nur leer geräumte Wohnungen.

Bei den Zugfahrten von und nach Erfurt hörte ich den Gesprächen um mich herum zu, wie geschimpft wurde über die Zustände, über die Privilegien der Wessis, über ihre Habgier und Inkompetenz, wie sie keine Ahnung hätten, was hier vorging. Eine Schulklasse hatte das alte Lied von den blauen Bergen umgedichtet und sang es lauthals: „Aus den roten Bergen kommen wir und die Wessis sind genau so dumm wie wir!" Ich sog alles in mich auf, gab mich nicht als Wessi zu erkennen und konnte so monatelang in teilnehmender Beobachtung Ethnologe des Ostens spielen.

Am deutlichsten war ein sich aufschaukelnder Ost-West-Konflikt. Eine Bankangestellte erzählte ihrer Freundin empört, ihr West-Chef habe sie angeherrscht, als sie ihn auf einen Fehler aufmerksam gemacht habe: „Von so einer Ost-Tussi lass ich mir doch nichts sagen!" Wenn erkennbare Wessis in ihren flotten Anzügen in Trupps irgendwo mit ihren Klemmbrettern auftraten, war nach übereinstimmender Erfahrung aller im Zug höchste Alarmstufe angesagt. Dann wurde etwas geplant, was „denen" Geld einbringen und „uns" nur schaden würde. Man fühlte sich den Wessis moralisch und kulturell überlegen, aber faktisch aufgrund der Macht- und Geldverhältnisse zugleich hilflos ausgeliefert. Dafür wurden im Zug täglich neue Belege erzählt und von den westlichen Tätern, wie mir, mit ihrem vielen Geld auch täglich geliefert.

Verkehrte DDR

Von meinen direkten Nachbarn, mit denen ich eine Hecke teilte und um deren korrektes Schneiden es viele Belehrungen gab, erfuhr ich Erstaunliches über die DDR. Sie hatten als Ehepaar mit einem Kind zusammen mit einem Chemiker und seiner Frau in dem Haus gewohnt, das ich nun allein bewohnte. Der Chemiker hatte ein Telefon, weil er Chefchemiker der „Gummi-Bude" war, einer Fabrik, in der Reifen für Fahrräder und den vielfältig einsetzbaren

Kleintransporter Multicar produziert wurden. Er, obwohl kein Parteigenosse, genoss beinahe unbegrenzte Privilegien, denn er konnte in der permanenten Mangelsituation der DDR „aus Scheiße", wie es im Volksmund hieß, zwar nicht das sprichwörtliche Gold, aber immerhin Gummi machen.

Die Mangelsituation war das Grundthema der DDR. Wegen ihr war die DDR sozialistischer geworden, als sie es selbst wohl wollte. Marx hatte für den Sozialismus gefordert: Die Arbeitsteilung insbesondere zwischen Stadt und Land, zwischen Frau und Mann und zwischen körperlicher und geistiger Arbeit müsse verringert werden. Das Geld müsse an Bedeutung verlieren und durch die direkte Beziehung der Menschen zueinander ersetzt werden. All das war in der DDR wegen der Mangelsituation der Fall gewesen. Die großen VEBs versuchten so viel von der Wertschöpfungskette in ihrem jeweiligen Betrieb zu vereinen wie irgend möglich, damit sie nicht auf Zulieferungen von unzuverlässigen Außenpartnern angewiesen waren. Man musste möglichst alles, auch die Kinderbetreuung und die Lebensmittelversorgung, unter eigene Kontrolle bringen.

Weil es wegen der allgemeinen Mangelsituation für Geld kaum das zu kaufen gab, was man sich wünschte, musste man zu denen, die über Bücher, Platten, Kaffee oder andere erstrebenswerte Güter verfügten, eine warme freundschaftliche Beziehung aufbauen und pflegen. Nur so kam man an die „Bückware", die so hieß, weil sie nicht offen ausgestellt, sondern unterm Ladentisch versteckt war.

Die Landwirtschaftlichen Produktionsgenossenschaften (LPGs) waren wegen der ständig drohenden Mangelsituation so privilegiert, dass manche Wissenschaftler behaupteten, der wirtschaftliche Niedergang der DDR sei durch die überhöhten Agrarsubventionen verursacht worden. Die Bauern, die sich zuerst mit allen Mitteln gegen den Beitritt zur LPG gesträubt hatten, erlebten, dass ihr Leben in der LPG deutlich leichter war als im eigenen Kleinbetrieb. Es gab geregelte Arbeitszeiten, Urlaub und moderne Wohnungen samt Kinderversorgung in Hort und Schule. Die Unterprivilegierung des Landes gegenüber der Stadt war dadurch in der DDR erheblich reduziert. Vermutlich aufgrund dieser Erfahrung weigerten sich die meisten Genossen in den LPGs, die ja immer noch ihr Land besaßen, nach dem Ende der DDR zur alten Bewirtschaftung als Kleinbauern zurückzukehren. Sie ließen ihr Land lieber in der Genossenschaft. So sind die meisten der früheren LPGs die einzige Institution der DDR, die vom Prinzip her die Wende überlebt hat. Noch heute kann man vom All aus die Grenze der DDR an den viel größeren Feldern erkennen.

Lehre am Fachbereich Sozialwesen

Am Fachbereich Sozialwesen der Fachhochschule Erfurt war ich eine Fehlbesetzung. Von Sozialarbeit hatte ich eigentlich keine Ahnung. Ich hatte zwar in der Studentenbewegung im Arbeitskreis Kritischer Sozialarbeiter mitgearbeitet und hatte zwei Bücher und mehrere Aufsätze über Armut geschrieben. Aber die praktische Arbeit mit Klienten kannte ich nicht.

Ich war mir dieses Defizits bewusst und tat alles, um es möglichst schnell zu überwinden, denn ich war sehr froh über die ganz andere Situation in der Lehre an einer Fachhochschule als an der Universität. Hier bestand meine Aufgabe darin, möglichst gute Sozialarbeiterinnen und Sozialarbeiter für die Praxis auszubilden. Am Otto-Suhr-Institut war völlig unklar gewesen, wofür wir die Studierenden qualifizierten, außer eben zu Wissenschaftlern. Das hatte den Vorteil einer gewissen Wurstigkeit, denn so wenig wie Politologen nützlich waren, so wenig Schaden konnten sie anrichten. Das war bei Sozialarbeitern anders. Die konnten großen Schaden anrichten, wenn sie nicht rechtlich und methodisch und vom Hintergrundwissen her gut vorbereitet waren. Darum ging ich mit einer ganz anderen Ernsthaftigkeit an die Lehre.

Das Schöne war, dass der Fachbereich die Zersplitterung des Gegenstandes in viele Fächer, die ich schon in meinem eigenen Studium beklagt hatte, aufheben wollte. Es sollten nicht Psychologie, Soziologie, Recht und Sozialmedizin als separate Fächer gelehrt werden, die dann von den Studierenden auf soziale Probleme anzuwenden waren. Stattdessen sollte ein exemplarisches soziales Problem analysiert und an ihm die Funktion und Bedeutung der Psychologie, der Soziologie, des Rechts und der Sozialmedizin vorgeführt werden. Ich wählte dazu das soziale Problem „Alkoholismus", das in der Sozialarbeit eine sehr große Bedeutung hat. Viele sind Klienten der Sozialarbeit, weil ihnen ihre Alkoholabhängigkeit Job, Beziehung und Wohnung gekostet hat. Siebzehn Jahre lang lehrte ich „Kultur des Alkohols" mit allen rechtlichen, medizinischen, soziologischen und psychologischen Aspekten des Problems.

Prorektor und Hochschulpolitik als Robin Hood

Als ich die Hochschullehrerstelle angetreten hatte, war ich ein Semester lang Prodekan gewesen und war an dieser Arbeit beinahe zusammengebrochen. An der FU hatte ich immer in Gremien gearbeitet. Jetzt wollte ich mich dem entziehen. Als es hieß, man brauche Professoren, die im Wahlvorstand mitwirkten, und ich als Bedingung einer Mitarbeit erfuhr, dass man dann nicht für ein Gremium kandidieren dürfe, meldete ich mich. Ich wolte verhindern, dass ich wieder in die Hochschulpolitik hineinrutschte.

Es war mal wieder ein großer Irrtum. Das Gegenteil passierte. Weil der Wahlvorstand das erste, überhaupt existierende Gremium an der Hochschule war, das nicht aus den Gründungsdekanen bestand, und ich der einzige Professor darin, wurde ich als erster neutraler professoraler Repräsentant der Hochschule angesehen und für alle möglichen Aufgaben herangezogen. Ich sollte die frisch gewählten Gremien eröffnen und die ersten Wahlen zum Vorsitzenden des Konzils oder zum Dekan und Prodekan leiten. Ich wurde so zur ersten prominenten hochschulpolitischen Figur mit dem Ruf der Neutralität und kompetenten Sachlichkeit, obwohl ich Wessi war.

Als die Rektorin gewählt war, bat sie mich, einer ihrer beiden Prorektoren zu werden. Ich sagte gerne zu, denn es reduzierte meine Lehrverpflichtung von 18 auf 10 Semesterwochenstunden. Und das Amt des Prorektors war wenig arbeitsintensiv, weil die

Rektorin alles selbst machen wollte. Sie arbeitete Tag und Nacht und legte sich ständig mit dem Kanzler an, weil sie auch den kontrollieren wollte. Anfangs amüsierte ich mich darüber und lehnte mich zurück. Dann wurde es schwierig, denn sie war zugleich umständlich und unstrukturiert. Die Sitzungen waren nicht vorbereitet. Es gab keine Beschlussvorlagen. Die sollten in den Sitzungen entstehen. Dadurch dauerten sie häufig bis weit nach Mitternacht. Ich war froh, dass mein letzter Zug nach Waltershausen um elf Uhr nachts ging und ich mich um halb elf verabschieden konnte. Alle beneideten mich.

Meine Motivation zur Hochschulpolitik war die gleiche, die mich in der SAZ am Otto-Suhr-Institut angetrieben und mich dazu gebracht hatte, das Bluff-Buch zu schreiben und Erstsemestercolloquien zu organisieren. Ich sah mich als eine Art Robin Hood der Hochschulpolitik. Wie dieser im Mythos den Reichen nahm, um es den Armen zu geben, so wollte ich den Professoren, den Reichen an der Hochschule, nehmen und den Studierenden, den Armen an der Hochschule, geben.

Bei den Studierenden war das Robin-Hood-Sein einfach. Es ging zuerst einmal darum, die gröbsten Vernachlässigungen und Übergriffe durch Lehrende abzustellen, etwa Hausarbeiten und Klausuren monatelang unkorrigiert liegen zu lassen, Lehrveranstaltungen und Sprechstunden unangekündigt und unentschuldigt ausfallen zu lassen, die Lehre insgesamt sträflich zu vernachlässigen, Studierende in Lehrveranstaltungen bloßzustellen, um nur die häufigsten Probleme zu nennen. Dann ging es darum, studierbare Studien- und Prüfungsordnungen zu beschließen und die Studienbedingungen zu optimieren, etwa eine gut funktionierende und gut bestückte Bibliothek zu schaffen.

Buchprojekt „Kulturschock Deutschland"

In dieser Zeit wurde ich vom Rotbuch Verlag gebeten, ein Buch über Ost-West zu schreiben. Ich nannte es „Kulturschock Deutschland", weil ich dazu als Prorektor schon eine Veranstaltung an der Hochschule durchgeführt hatte. Die These war, dass die ganze DDR durch die Form der Wiedervereinigung als Beitritt nach ihrer Selbstauflösung in ein fremdes Land mit einer fremden Kultur versetzt worden war. Die Einwohner mussten alle unter Kulturschock leiden. Ich verarbeitete so meine eigene Erfahrung mit dem Kulturschock in Clark, South Dakota.

Die proletarischeren, deutscheren und an mehr Gleichheit gewohnten Ostdeutschen mussten sich auf das mittelständischere, amerikanischere und an Ungleichheit gewohnte Westdeutschland einlassen und waren wegen der Vereinigung als Beitritt dazu gezwungen, sich ihm anzupassen.

Was ich wohl wegen meiner prototypisch westdeutschen Sozialisation völlig übersah, war die sozialistische Prägung der DDR. Zwar war der Sozialismus verschwunden, doch er hatte unübersehbare Spuren hinterlassen. Der Sozialismus hatte die Ostdeutschen nachhaltig der Kirche entfremdet. Nach dem Zusammenbruch des Sozialismus hatten die Kircheneintritte nicht merklich zugenommen. Der Sozialismus hatte die faktische Gleichstellung der Frauen erheblich vorangetrieben. Die Erwerbsbeteiligung von verheirateten Frauen war doppelt so hoch wie im Westen und blieb es trotz aller Versuche der westlichen Wiedervereiniger, die Ostfrauen zurück an den Herd zu treiben. Die Landwirtschaft war im Sozialismus nachhaltig umstrukturiert worden und blieb dieser neuen Genossenschaftlichkeit in der BRD treu.

Ich reiste über Weihnachten mit meinem Laptop nach Gomera mit dem Plan, in den dreizehn Tagen jeden Tag zehn Seiten zu schreiben. Dann würde ich das Buch in den Frühjahrssemesterferien schon hinbekommen. Das gelang mir zwar, doch dann stürzte ich bei einer Skilanglauftour auf dem Rennsteig des Thüringer Waldes so schwer, dass ich von einem Bandscheibenvorfall oder Wirbelbruch ausgehen musste. Der lokale Orthopäde stellte nach stundenlangem Warten in seiner chaotischen Praxis im Röntgenbild nicht nur einen, sondern gleich sieben Wirbelbrüche fest. Ich sagte: „Das kann nicht von meinem Sturz kommen. Da muss vorher was gewesen sein. Testen Sie bitte auf Osteoporose." Sie fanden Osteoporose und wiesen mich geradezu panisch in die Klinik von Waltershausen ein.

Sie war bekannt als die „Mörderklinik". Ein eifersüchtiger Pfleger wollte einen Arzt in Misskredit bringen und vergiftete mehrere seiner Patienten mit Digitalis. Mein Nachbar wäre beinahe einer davon gewesen, konnte gerade noch gerettet werden, als herausgekommen war, was vor sich ging. In dieser „Mörderklinik" sollte ich sechs Wochen bewegungslos liegen, sagten die Ärzte. Am ersten Morgen kam eine Schwester mit einem Waschzuber, Handtüchern und Waschlappen.

Ich fragte, was das denn bedeute. Sie sagte, sie habe Anweisung, mich zu waschen. Ich protestierte, ich könne das selbst tun. Nein, das gehe nicht. Strenge Anweisung. Also wusch sie mich. Doch dann drückte sie mir den Waschlappen in die Hand und sagte: „Unten rum müssen sie das selbst machen!" Ich war schockiert und sagte: „Entweder Sie machen das auch unten rum oder ich kann mich insgesamt selbst waschen!" Ab da durfte ich mich selbst waschen.

Jeden Tag bekam ich Heparin-Spritzen gegen die Thrombosegefahr. Das war die falscheste denkbare Behandlung. Bettlägerigkeit und Heparin tragen zum Knochenabbau bei. Die Behandlung in der „Mörderklinik" verschlimmerte meinen Zustand. Nach drei Wochen bestand ich darauf, auf eigenes Risiko in mein nahegelegenes Haus entlassen zu werden.

Liebeswende

Schon in meinem Urlaub in Frankreich, vor dem Tod meiner Mutter, hatte ich mich nach Male gesehnt. Doch ich traute mich nicht, Kontakt zu ihr aufzunehmen. Ich war immer noch beschäftigt mit allerlei komplexen Beziehungen.

Erst als ich mich aus diesen, zum Teil auf schändliche Weise, gelöst hatte, traute ich mich anzurufen. Male lud mich zu sich ein und

264

sofort waren wir wieder innigst verliebt. Doch nach all den Enttäuschungen, die ich ihr bereitet hatte, wollten wir vorsichtig miteinander sein und schrieben uns einige Monate lang ausschließlich Briefe, um unsere beiderseitigen Ängste zu klären. Ich bearbeitete diese in meiner Psychoanalyse.

Wir trafen uns und verabredeten ein gegenseitiges Trennungsverbot für ein halbes Jahr, um einmal Ruhe zu haben, unsere Liebe zu leben. Da sie freiberuflich tätig war, konnte sie Berlin für längere Zeit verlassen und bei mir in Waltershausen wohnen, als ich von Gomera zurückgekommen war. Sie war dabei, als ich meinen Skiunfall hatte. Als ich am nächsten Tag vom Arzt zurückkam und erklärte, dass ich sofort und schnellstens in die Klinik solle, aber nicht mit dem Krankenwagen transportiert worden war, sondern mit dem eigenen Auto hatte fahren dürfen, sagten wir uns, dass es dann wohl so dringlich nicht sein könne, und feierten mit gutem Essen und Wein Abschied und den Einzug in die „Mörderklinik". Male kam regelmäßig, tröstete mich und bekam Ärger mit dem Personal, weil sie sich mit „Straßenkleidern" auf den Rand des Bettes setzte.

Als ich mich selbst nach Hause entlassen hatte, waren wir überglücklich und richteten uns ein pflegefreundliches Liebeslager ein mit Blick auf den Frühling und die weite Ebene. Der Verlag verschob den Erscheinungstermin um ein halbes Jahr und ich hatte genügend Zeit, meinen Text zu schreiben.

Der Sturz und seine Folgen veränderten in Verbindung mit der Psychoanalyse mein inneres Erleben. Der Sturz hatte mich meiner Wirklichkeit nähergebracht, meinem Alter und meiner tatsächlichen Bedürftigkeit in Beziehungen. Der Sturz machte mir klar, wie hinfällig und verwundbar ich war. Meinen fünfzigsten Geburtstag hatte ich noch wie ein omnipotenter, unverwundbarer junger Mann gefeiert. Ich hatte alle im Fachbereich, inklusive der Studenten, in mein Haus in Waltershausen eingeladen und viele waren gekommen. Nun, zwei Jahre später, lag ich da, im wahrsten Sinne angeknackst. Mit sieben gebrochenen Wirbeln und nur noch 70 Prozent meiner altersgemäßen Knochendichte fühlte ich mich wie ein alter Mann.

Ich hatte es der Psychoanalyse zu verdanken, dass mich diese Erkenntnis nicht deprimierte, sondern beruhigte, ja aufmunterte. Ich konnte mich auf das einlassen, was war, und musste nicht mehr etwas, was sein könnte, hinterherjagen. Und was war, war wunderbar: Ich konnte die Liebe, die mir Male entgegenbrachte, ohne Angst annehmen und meine eigene Liebe zu ihr zulassen. Das war nicht Resignation, sondern Aufbruch.

1997 heirateten wir und Male zog zu mir. Wir hatten eine sehr gute Zeit zusammen in Waltershausen. Male, die zuerst als ewige Stadtbewohnerin eine Art Sauerstoffallergie entwickelt hatte, lernte, an ausgedehnten Waldspaziergängen Vergnügen zu haben. Wir lockten, ohne es zu wissen, die Katze unserer Nachbarin in unser Revier und verliebten uns in sie. Male sah sie über unsere Wiese zu einer Katzenkonzertgruppe laufen. Ich sagte: „Die will auch Spaß haben." Male erwiderte sehr bestimmt: „Das ist ein junger Kater und der will nur kuscheln." Also nannten wir das Tier „Kuschi". Von der Nachbarin, mit der wir uns anfreundeten, erfuhren wir dann, dass es eine alte Katze war, die schon mehrfach Junge gehabt hatte, inzwischen sterilisiert war und einen schweren Autounfall überlebt hatte. Die Nachbarin sagte etwas wehmütig, ihre Katze sei in den „Westen gegangen".

Nach vier Jahren in beinahe ländlicher Idylle hatte Male trotz ihrer vielfältigen Jobs als Lehrbeauftragte an der Fachhochschule, bei Meisterschulungen in Berlin, Seminaren in ganz Thüringen und bei der Schulung für Schülermediation an Thüringer Schulen genug von der reizarmen Abgeschiedenheit und drohte scherzhaft mit der Scheidung, wenn wir nicht bald in die Stadt, nach Erfurt, zögen.

Dort fanden wir eine herrschaftliche Wohnung über die ganze Breite eines klassizistisch ausgebauten, mittelalterlichen Fachwerkhauses mit Blick auf einen kleinen Platz, „Plänchen" genannt. In dem Gebäude hatte 1791 der kränkelnde Friedrich Schiller mit seiner Frau sieben Wochen lang gewohnt und an seiner „Geschichte des Dreißigjährigen Krieges" gearbeitet. In unserer Wohnung gab es einen denkmalgeschützten Raum mit einer barocken Stuckdecke. Wir fühlten uns mitten in der Altstadt adäquat untergebracht und genossen Erfurt sehr. Ich war sehr froh, dass ich nicht mehr jeden Tag hundert Kilometer Autobahn fahren musste.

Versteher

Als ich nach meiner Bettlägerigkeit an die Hochschule zurückkam, trug ich ein groteskes Korsett mit zwei Feststellhebeln links und rechts wie zwei Revolver, die ich ziehen konnte. Ich erregte damit viel Aufsehen und Bewunderung, wie „tapfer" ich mich doch trotz meiner siebenfach gebrochenen Wirbelsäule hielt.

Als ich mich damit in Westberlin bei einer Spezialistin für Osteoporose vorstellte, schlug sie die Hände überm Kopf zusammen und rief: „Was haben denn die mit Ihnen gemacht?!" Das Korsett musste sofort weg, weil auch dieses zu einer Immobilisierung und damit zum Knochenabbau beitrug. Akute osteoporotische Wirbelbrüche sollten nur mit Schmerzmitteln erträglich gemacht, aber nie immobilisiert werden. Ich würde noch viele weitere haben und dabei um zehn Zentimeter kleiner werden.

Eigentlich war Osteoporose eine Krankheit von Frauen nach den Wechseljahren, nicht von einem Mann mit vierzig Jahren, denn da musste ich den ersten Wirbelbruch erlitten haben, beim Rolfing-Training vermutlich noch zwei weitere. Mit meinem Zitterer hatte ich offensichtlich von meiner Mutter auch die Osteoporose ererbt. Das ergab die Biopsie.

Ich führte meine eigentlich weibliche Krankheit bei Partys als Beweis dafür an, dass ich ein „Frauenversteher" sei. Einige Jahre später habe ich alle Symptome eines Brustkrebs entwickelt, der dann doch keiner war. Das war selbst mir zu viel „Frauenversteher".

Derweil war 1996 „Kulturschock Deutschland" erschienen. Ich hatte das Buch in der Ich-Form verfasst und alles aus meiner persönlichen Sicht beschrieben, jedoch mit wissenschaftlichen Belegen untermauert. Damit traf ich einen Nerv. Das Buch wurde zu einem Bestseller mit mehreren Auflagen. Ich bekam viele Einladungen zu

Lesungen und fuhr in ganz Deutschland herum, besonders häufig nach Ostdeutschland, und lernte dabei auch entlegene Regionen der neuen Bundesländer kennen. Das Gebiet der DDR wurde meine neue Heimat. Im Westen galt ich als „Ossiversteher", eine ähnlich abwertende Bezeichnung wie „Frauenversteher".

Ost-West-Irrtümer eines prototypischen Westdeutschen

Im Jahr 1998 hatte ich die Gelegenheit, einige Fragen in einer für Deutschland repräsentativen Umfrage unterzubringen, mit denen ich meine Beobachtungen über Ost-West-Unterschiede testen konnte. Ich schlug als Item vor, dass die Befragten auf einer Skala von -3 bis +3 wählen sollten, welcher Position sie mehr zuneigten, nämlich, „Ich halte eine korrekte Bezeichnung der Geschlechter (z. B. Arzt/Ärztin) für wichtig", auf der einen Seite und auf der anderen: „Ich halte eine korrekte Bezeichnung der Geschlechter (z. B. Arzt/Ärztin) für unwichtig." Meine Kollegen protestierten. Das Ergebnis sei doch klar. Ich bestand darauf, weil es ja auch darum ginge, herauszufinden, wie groß der Unterschied sei.

Das Ergebnis war für uns schockierend: Es gab keinen signifikanten (statistisch bedeutsamen, weil überzufälligen) Unterschied in den Antworten zwischen Ost und West. Es war sogar so, dass die Westmänner die korrekte Bezeichnung für unwichtiger hielten als die Ostmänner. Bei den Frauen gab es überhaupt keinen Unterschied zwischen Ost und West. Ich war einem Irrtum aufgesessen. Das „Innen" war nur in der westdeutschen linken und grünen akademischen Subkultur, also bei prototypischen Westdeutschen wie mir, von Bedeutung, dort allerdings von hohem dogmatischem Rang.

Eine Analyse der Wirklichkeit im Alltag von Ost und West bestätigte dieses Ergebnis: Die Arbeitsteilung zwischen Mann und Frau war im Westen weit ausgeprägter als im Osten. Die Männerlöhne waren im Westen immer noch Familienlöhne. Das viel niedrigere Einkommen der Frauen war ergänzendes Einkommen, weil die Gewerkschaften im Westen Organisationen der Arbeitsplatzbesitzer, also der Männer, waren. In der DDR dagegen waren seit 1965 die Frauen rechtlich voll gleichgestellt mit dem Mann. Außer bei den Spitzenpositionen waren Frauen auf allen Ebenen etwa gleich repräsentiert wie Männer, und zwar in beinahe allen Berufen. Die Fraueneinkommen unterschieden sich kaum von denen der Männer. Das gilt übrigens für die Neuen Bundesländer auch noch heute. Das Familieneinkommen war und ist dort das von Frau und Mann zusammengenommen. Bei Scheidungen gab es darum keinen Versorgungsausgleich in der DDR – außer wenn und solange Kinder zu versorgen waren.

Die berühmte und immer wieder beschworene Benachteiligung der DDR-Frauen durch die Doppelbelastung der Frau mit Job und Familie wurde von meinen Gesprächspartnerinnen abgestritten. Es habe eine ziemlich gerechte Arbeitsteilung gegeben, denn in der DDR hatte es eine nur dem Sozialismus geschuldete erhebliche Zusatzbelastung gegeben: Das Beschaffen von Dingen, die man im Westen einfach im nächsten Baumarkt kaufen konnte. Das war Männersache und kostete viel Zeit und Bier.

In der gleichen Deutschland-repräsentativen Befragung hatten wir auch ein Item untergebracht, das meine Beobachtung testen sollte, die Ostdeutschen seien weniger konfliktbereit als die Westdeutschen. Wieder sollten die Befragten auf einer Skala von -3 bis +3 wählen, welcher Aussage sie mehr zuneigten, nämlich „Konflikte sollten eher vermieden werden" oder „Konflikte sollten eher ausgetragen werden". Auch da schien mir aufgrund meiner Beobachtungen des Alltags in Waltershausen und Erfurt der Unterschied eklatant zu sein. Ich erwartete eine ganz deutliche Bestätigung. Und wieder wurde ich widerlegt. Es gab keinen statistisch signifikanten Unterschied zwischen Ost und West. Wieder stammte ich als Altachtundsechziger aus einer besonders konfliktbereiten westdeutschen Subkultur und hatte verkannt, dass die westdeutsche Mehrheit immer noch genauso konfliktscheu war wie die Mehrheit im Osten.

Das Gleiche galt für meine „Beobachtung", die Ostdeutschen seien mehr am Gemeinwohl orientiert. Diesmal waren die Pole „Die Einzelinteressen sollten hinter dem Gemeinwohl zurückstehen" auf der einen Seite und „Die Einzelinteressen sind wichtiger als das Gemeinwohl" auf der anderen. Wieder gab es keinen signifikanten Unterschied. Ost- wie Westdeutsche gleichermaßen neigten deutlich dem Zurückstellen der Einzelinteressen hinter dem Gemeinwohl zu. Ich hatte auch da meinen Werterelativismus aus der Altachtundsechziger-Subkultur ganz Westdeutschland unterstellt. Damit wurde offensichtlich, dass der prototypische Westdeutsche, der ich behaupte zu sein, in vielen Teilen kein Massenprodukt geworden ist. Die Achtundsechziger waren und bleiben eine wohlhabende westliche Subkultur.

Der Sturz der Rektorin

Inzwischen hatte sich an der Hochschule allgemeiner Widerstand gegen die Rektorin formiert. Aus beinahe allen Fachbereichen trafen wir uns in einem Lokal auf einem Hügel über Erfurt und planten ihre Abwahl. Wir zählten durch und waren uns sicher, dass es gelingen würde. Um sicher zu gehen, kandidierten wir zu dritt. Das Konzil musste eine Dreierliste beschließen, aus der dann der Senat auswählen würde. Diese Dreierliste wollten wir allein mit unseren Kandidaten bestücken, sodass die Rektorin nicht einmal zu einer Kandidatur zugelassen wäre. Wir schickten aus Fairness einen Emissär zur Rektorin, der sie von unseren Planungen unterrichtete, um ihr die Chance zu geben, die peinliche Niederlage zu vermeiden, indem sie gar nicht erst zur Wiederwahl antrat. Sie glaubte ihm nicht und war dann völlig entsetzt, als sie tatsächlich nicht einmal auf die Dreierliste kam.

Der Senat wählte mit großer Mehrheit den in der DDR ausgebildeten Professor für Thermodynamik Wolfgang Storm zum Rektor, die beiden Mitkandidaten zu Prorektoren. Ich wurde Prorektor für Bibliotheksfragen und Studium und Lehre.

Das neue Rektorat machte alles anders als die Rektorin: Wir erklärten den Mitarbeiterinnen und Mitarbeitern unser Vertrauen in ihre Arbeit. Sie wüssten, was ihre Aufgabe und wie sie am besten zu erledigen sei. Wir würden sie machen lassen. Für sie war es eine Befreiung. Wir duzten uns, und jede und jeder erfüllte seine oder ihre Aufgabe nach den eigenen Vorstellungen und bestem Können. Ich war kreativ, schnell und flüchtig. Meine Mitarbeiterinnen mussten meine Flüchtigkeitsfehler erkennen und korrigieren und mich anmahnen, wenn ich etwas vergessen hatte. Ohne sie wäre ich aufgeschmissen gewesen. Als Team waren wir sehr gut.

Wir hatten viel Freude dabei, feierten jeden Geburtstag, jeden Tag vor dem Urlaub, machten Betriebsausflüge und verstanden uns hervorragend. Schwierigkeiten wurden immer direkt angesprochen. Wir konnten uns gut streiten, und zwar nie von oben nach unten, sondern auf Augenhöhe. Denn entscheidend war nicht, wer etwas sagte, sondern was gesagt wurde. Für viele war das neu und ungewohnt, hat sich aber schnell durchgesetzt.

Wir führten an der Hochschule zusammen mit dem Kanzler, Rudolf Tilly, eine kooperative Demokratie ein: Wir luden Delegierte aller Fachbereiche und Dezernate aus allen Ebenen, also Studierende, Mitarbeitende und Lehrende zu einer großen (es waren etwa 60 Personen) mehrtägigen Strategiekonferenz in ein Hotel im Thüringer Wald ein. Dort veranstalteten wir eine klassische Analyse der Stärken, Schwächen, Chancen und Bedrohungen der Hochschule (SWOT) und entwickelten daraus eine konsensuale Strategie.

Alle fühlten sich gehört und beteiligt. Diese Strategietagungen wiederholten wir jedes Jahr und entwickelten so die Hochschule weiter. Alles wurde diskursiv mit Beteiligung der gesamten Hochschule entwickelt und dann von den Gremien beschlossen.

Ost-West-Absurditäten

Weil der Rektor und die Prorektorin ihre Bildung in der DDR erhalten hatten, also Ossis waren, bekamen sie zwanzig Prozent weniger Gehalt als ich, der Wessi. Das wurde lange mit den niedrigeren Lebenshaltungskosten in den neuen Ländern gerechtfertigt. Da wir aber alle drei in Thüringen lebten, war das eine unhaltbare und absurde Begründung.

Noch absurder war es, dass auch die geringe Leistungszulage von 240 DM, die wir wegen des Amtes erhielten und die in keiner Weise die Mehrkosten deckte, die durch das Amt entstanden, bei den beiden Ossis um 20 Prozent niedriger war. Wir erbrachten sicherlich nicht unterschiedliche Leistungen, nur weil wir Ossis oder Wessis waren. Auch die Begründung, die das Bundesverfassungsgericht im Jahr 2003 nachschob, konnte nicht ziehen. Danach sei der Gehaltsunterschied gerechtfertigt, weil sich die neuen Bundesländer einfach die höheren Westgehälter noch nicht leisten könnten. Dann hätten wir alle, auch ich, ein geringeres Gehalt bekommen müssen.

Es war nicht nur absurd. Es war eine dumme und bösartige Politik, nicht nur im Hochschulbereich. Mehrfach im Jahr stand in den Zeitungen, dass mal wieder Tarife und Regelsätze für Auszahlungen nach Ost und West differenziert festgelegt worden waren, immer zum Nachteil des Ostens. Nach einem Anschlag auf die Erfurter Synagoge am 20. April 2000 führte die Thüringer Regierung eine jährliche Thüringen-repräsentative Befragung zur politischen Kultur ein. Seit 2001 gibt es dort das Item „Westdeutsche behandeln Ostdeutsche als Menschen zweiter Klasse". Seit 2001 stimmen jedes Jahr mehr als 50 Prozent der befragten Thüringer zu. Die eben geschilderten Absurditäten zeigen, dass sie damit einen Teil der Wirklichkeit wiedergeben. Wie konnte man so dumm sein, wegen relativ geringer Beträge eine so verheerende Symbolpolitik zu betreiben? Damit wurde der Anfangsirrtum Beitritt auf die Spitze getrieben.

Lobbyismus für die Rechte der Studierenden

Das Thüringer Hochschulgesetz sollte überarbeitet werden. Das bot mir die Möglichkeit, mit dem zuständigen Referenten Verbesserungen des Gesetzestexts zu verabreden. Ein Beispiel war, dass ich gerne einen Katalog im Gesetz gesehen hätte, in dem die Aufgaben der Professoren aufgelistet werden. Ein Kollege bei uns, ausgerechnet ein Jurist, hatte sich strikt geweigert, irgendwelche Aufgaben zu übernehmen, die über seine Lehrveranstaltungen und die dazugehörenden Prüfungen hinausgingen, etwa eine Mentorentätigkeit zu übernehmen oder an der Entwicklung einer Studienreform mitzuwirken. Sein Argument war, typisch für Juristen: Das Gesetz habe dies nicht vorgesehen.

Also schrieben wir ins Gesetz unter § 47 Absatz 2: „Zu den Aufgaben der Professoren gehören auch" und dann kamen elf Punkte, unter anderem: „3. Die Mitwirkung an der Verwaltung der Hochschule einschließlich der Selbstverwaltung"; „5. Die Förderung der Studenten durch Beteiligung an Tutorenprogrammen, Mentorenprogrammen und an der Studienberatung"; „6. Die Teilnahme an Promotions-, Habilitations- und Berufungsverfahren" (da hatte er sich auch gedrückt); „9. Die Beteiligung an Aufgaben der Studienreform" und: „10. Die Erstattung von dienstlich veranlassten Gutachten in ihren Fächern einschließlich der hierfür erforderlichen Untersuchungen ohne besondere Vergütung; hierunter sind insbesondere Gutachten gegenüber der eigenen Hochschule sowie Gutachten in Berufungsverfahren zu verstehen."

Der letzte Punkt stammte aus der Erfahrung, dass unsere Architekten ihre Vorschläge, wie die Hochschule ausgebaut werden sollte, als Architektenleistungen vergütet bekommen wollten. Die anderen Hochschulen protestierten gegen diesen Katalog. Er sei eine Einschränkung der Freiheit von Lehre und Forschung. Doch der Katalog ging durch, wurde Gesetz. Der Kollege kochte, musste sich aber dem Gesetz beugen. Als Robin Hood hatte ich gewonnen.

Eine viel wichtigere Änderung ging ohne jeden Kommentar durch. Ich hatte in der Schweiz erlebt, dass dort in allen Bereichen Teilzeitarbeit möglich war, auch im Studium, und zwar ohne dass man eine Zwangslage nachweisen musste. Ich korrespondierte mit den entsprechenden Referenten für das Hochschulrahmengesetz und handelte mit ihnen aus, dass sie eine entsprechende Klausel in das neue Gesetz einbauen würden.

Der Referent in Thüringen fand meine Argumentation überzeugend und wir schafften gemeinsam die Möglichkeit zum Teilzeitstudium. Ich fand meine Initiative eine Heldentat, denn damit war die Regelstudienzeit faktisch ausgehebelt. Wie meist bei selbst empfundenen Heldentaten, ging sie gründlich schief: Kaum jemand machte von den neuen Möglichkeiten Gebrauch.

Ich, der ich den Lobbyismus immer verurteilt hatte, war mit meinen Interventionen, ohne es zu merken, selbst zum Lobbyisten geworden. Ich musste meine Bewertung des Lobbyismus überdenken.

Rektor

Rektor Storm konnte für keine zweite Amtszeit kandidieren, weil er im Amt die Altersgrenze überschritten hätte. Also kandidierte ich für das Amt. Als Prorektor hatte ich mich genügend qualifiziert. Einige Freunde aus der SAZ waren entsetzt. Wie konnte man für ein solch affirmatives Amt kandidieren? Damit würde ich unweigerlich korrumpiert. Die Anhänger der kritischen Theorie hatten mich schon als Prorektor kritisch beäugt: Ich war damit Teil des herrschenden Machtkartells und damit Träger und Stabilisator des ideologischen gesellschaftlichen Verblendungszusammenhangs.

Meine vordergründige Motivation für das Amt war höchst unideologisch: Im Hochschulgesetz stand der Satz: Der Rektor „ist von seinen Dienstpflichten als Professor für ein Jahr nach Beendigung der Amtszeit befreit". Das war wie ein Sechser im Lotto. Wenn ich es schaffte, Rektor zu werden und eine Amtszeit durchzuhalten, könnte ich danach bei voller Bezahlung meinen lang gehegten und mehrfach schon im Ansatz realisierten Wunsch von einer Reise rund um die Welt wahrmachen.

Für mich hatte das Amt keinen Schrecken. Schon als Prorektor hatte ich die Gestaltungsmöglichkeiten genossen. Macht fand ich etwas Schönes. Es machte mir Freude, Satzungen und Ordnungen zu entwerfen, Beschlussvorlagen zu schreiben, nach dem Kompromiss zu suchen, Leute einzubinden, Sitzungen zu einem Ergebnis zu bringen, kurz, Politik zu machen.

Irrtum Bologna-Prozess

Am 19. Juni 1999 unterzeichneten die Bildungsminister aus 29 Ländern Europas in Bologna die Bologna-Erklärung als Höhepunkt eines über zehn Jahre währenden Prozesses mit dem Ziel, einen europäischen Hochschulraum zu schaffen mit vergleichbaren Abschlüssen und gegenseitiger Anerkennung von Studienleistungen auf der Basis einer umfassenden Modularisierung des Studiums.

Ich sah darin eine große Chance, all das zu ändern, was mich in meinem Studium so gestört hatte. Die Fixierung auf abfragbares Wissen als angebliche „Bildung" sollte ersetzt werden durch das Erlernen von Kompetenzen, etwa der Kompetenz, komplexe Probleme erfassen und lösen zu können, oder der Kompetenz, Unbestimmtheit und Unklarheit aushalten zu können, oder der Kompetenz zur Teamarbeit, d. h., mit Leuten zusammenarbeiten zu können, die man nicht leiden kann. Für jede Fähigkeit sollten mehrere Lehrveranstaltungen, die inhaltlich und methodisch zusammengehörten, um bestimmte Kompetenzen zu vermitteln, zu einem lehrveranstaltungsübergreifenden Modul zusammengefasst und mit einer lehrveranstaltungsübergreifenden Prüfung abgeschlossen werden. Richtig durchgeführte Modularisierung war also das Gegenteil von Verschulung, Verbürokratisierung und Prüfungsmarathon. Mit ihr sollte der Zersplitterung des Stoffes endlich Einhalt geboten werden. Zusammenhängendes würde zusammenhängend erlernt und geprüft.

Schon als Prorektor hatte ich für die Umsetzung des Bologna-Prozesses in diesem Sinne gekämpft. Der damalige Rektor, Wolfgang Storm, und ich unternahmen Erkundungsreisen nach England, in die USA, nach Italien und ich allein nach Paris. Das Ergebnis der Reisen war, dass Bologna nichts, wirklich nichts mit Amerika zu tun hatte. Die damals gängige Umschreibung „anglo-amerikanische Abschlüsse" war schlichter Unsinn, denn der amerikanische Bachelor beansprucht nicht, Berufsbefähigung zu vermitteln. Bologna richtete sich einzig und allein am englischen System aus. Das begann sich aber schon zu wandeln. In England führten viele Universitäten einen einzügigen Master ohne vorherigen Bachelor ein. Das was eklatanter Verrat am Bologna-Beschluss. Frankreich und Italien passten sich der äußeren Form nach an den Bologna-Prozess an, beließen aber faktisch alles beim Alten. Bisherige Veranstaltungen wurden einfach bürokratisch in Module umbenannt, mit Lernzielen, meist Wissensinhalten, versehen, und fertig war die große Reform.

Das galt auch für Deutschland. Beinahe alle versuchten das, was sie schon immer getan hatten, nun als Modul zu verkaufen. Das Problem dabei war, die Bestimmungen des ECTS sahen vor, dass jedes Modul mit einer Prüfung abgeschlossen werden musste. In den alten Prüfungsordnungen waren viele Vorlesungen ohne Prüfungen angeboten worden. Jetzt, wo sie zum Modul erhoben worden waren, fiel plötzlich für jedes dieser Scheinmodule eine Prüfung an. Das Ergebnis war eine massive Verschulung des Studiums und eine genauso massive Steigerung der zu korrigierenden Klausuren und der bürokratischen Belastungen der Lehrenden. All dies wurde in unzähligen Leserbriefen, Aufsätzen und Resolutionen dem Bologna-Prozess angelastet, dabei war es das Resultat der Bemühungen der deutschen Professorenschaft, den Bologna-Prozess zu umgehen.

Ich machte die Runde durch die Fachbereiche, um diesen Fehler an der Fachhochschule zu vermeiden und sie auf eine korrekte Modularisierung einzuschwören.

Die Ingenieurfachbereiche an der Fachhochschule gerieten durch meinen Vortrag in helle Aufregung. Das gehe bei ihnen gar nicht. Das sei völlig unmöglich und fachfremd. Auch sie klebten am Wissen, wie das zum deutschen, romantisch geprägten Bildungsbegriff gehört. Doch als Ingenieure waren sie es gewohnt, eine Herausforderung anzunehmen und gemeinsam so lange daran zu tüfteln, bis es passte. Ein paar Jahre später hatten die meisten von ihnen eine annehmbare Modularisierung eingeführt. Ausgerechnet der Fachbereich Versorgungstechnik, eigentlich der rigideste und konservativste Bereich, brachte unter seinem Dekan Kappert die perfekteste Umschaltung von Wissenszielen auf Kompetenzziele zustande und installierte sogar eine Methode, wie die Steigerung von Kompetenzen gemessen werden konnte.

Die sich progressiv verstehenden Fachbereiche erwiesen sich als geradezu genial konservativ. Sie produzierten aufgeblasene Modulbeschreibungen mit einer Fülle von Wissens- und Kompetenzzielen, die kaum jemand jemals erreichen konnte. Unter dieser Tarnwolke machten sie weiter wie bisher. Ich nannte das „Bologna ohne Bologna" und bekämpfte es mit großem Engagement in der Hochschulrektorenkonferenz, auf Tagungen und in Zeitschriften.

Es war aussichtslos. Es war mein größter Irrtum und meine größte Niederlage in meiner Zeit in Erfurt. Ich hatte auf die Studierenden gehofft, denn Bologna war eigentlich in ihrem Interesse. Die linken studentischen Gruppen sahen darin jedoch eine Verschwörung des Kapitals gegen die kritische Wissenschaft und bekämpften es zusammen mit den konservativen Professoren, die nichts ändern wollten.

Jahre später, nach meiner Pensionierung, verstand ich bei einer Erkundungsreise nach Skandinavien den wahren Grund meines Scheiterns. Es waren die unterschiedlichen Lernkulturen in Europa. In Skandinavien, den Niederlanden und Großbritannien hatte schon seit dem 18. Jahrhundert eine Lernkultur geherrscht, die von der Aufklärung inspiriert war und auf problemlösende Eigentätigkeit der Lernenden setzte. Im restlichen Europa hatte sich mit der, gegen die Französische Revolution und die Aufklärung gerichteten Romantik eine Lernkultur herausgebildet, die auf das Einpauken eines elitären Wissenskanons setzte. Solche jahrhundertealten Lernkulturen ließen sich nicht per Beschluss verändern, selbst wenn er in Bologna gefasst wurde.

Narzissmus und Amt

Ich hasste die offiziellen Hochschulfeiern, die Immatrikulationsfeiern, die Inthronisationen und die Abschiedsfeiern, die Neujahrsempfänge und Weihnachtsfeiern. Ich rechnete aus, wie viele Stunden die Topleute des Ministeriums und der neun Hochschulen Thüringens im Jahr bei solchen Feiern vergeudeten. Es war verheerend. Am schlimmsten waren die Begrüßungen: Man musste alle wichtigen Personen in absteigender Reihenfolge namentlich begrüßen. Alleine das dauerte meist mehrere Minuten.

Andererseits spürte ich immer einen gewissen selbstgefälligen Kitzel, wenn da mein Name und meine Funktion genannt wurden. *Die Thüringer Allgemeine* führte mich als einen der hundert einflussreichsten Menschen in Thüringen. Es kitzelte meine Eitelkeit, wenn ich mit dem Dienstwagen mit der Nummer EF-2 und Dienstfahrer durch die Welt fuhr und mir der Fahrer erzählte, dass er gefragt werde, wen er denn fahre. „Keine Auskunft!", fertigte er die Fragenden ab, und man sah ihm seinen Stolz auf seine exklusive Position an.

Immer wieder musste ich mir klarmachen, dass die Aufmerksamkeit nicht mir galt, sondern dem Amt. Dennoch genoss ich sie, denn sie traf ja auch mich als Person. Meine narzisstischen Bedürfnisse wurden endlich mal in Fülle befriedigt. Ich genoss die Hochschulrektorenkonferenzen und Kanzlertagungen. Ich fühlte mich bedeutend, wenn Kanzler Schröder keine zehn Meter vor mir zu uns sprach, wenn Ministerpräsidenten uns begrüßten. Ich sonnte mich in meiner Bedeutung auf Dienstreisen ins Ausland zusammen mit Male als First Lady: Nach Polen, Kasachstan, Rostow am Don, New Delhi, New York und Washington D.C. Ich fühlte mich wie die Queen-Mum und Prinz Philip zugleich. In Kasachstan bekam ich sogar eine Ehrenprofessur verliehen samt Talar und Doktorhut (ich habe den Titel nie geführt, weil ich nichts dafür geleistet hatte).

Nach einer solchen Zeit der hochklassigen narzisstischen Befriedigung droht mit dem Ende des Amtes auch das Ende der Bedeutung. Darum kleben viele Menschen am Amt. Jedenfalls ist die Angst vor dem bevorstehenden Bedeutungsverlust für mich die einzige Erklärung für eine von mir zu verantwortende schreckliche Abschiedsfeier und Amtsübergabe gleich nach dem Ende des letzten Amtssemesters. Auf schwer erklärliche Weise tat ich alles, was ich zuvor immer kritisiert und verabscheut hatte.

Ich hielt eine lange und umständliche Begrüßungsrede, in der ich versuchte, alle wichtigen Personen – und es waren viele – mit Titeln und Institutionen zu begrüßen. Ich wollte meine Freude ausdrücken, dass sie alle gekommen waren. Mit meiner Angst davor, etwas falsch zu machen, stockte und stotterte ich ganz unsouverän herum. Ich blickte von meiner Liste auf und in das Gesicht der Präsidentin des Bundesarbeitsgerichtes, das in Erfurt seinen Sitz hat, und erstarrte. Sie war nicht auf meiner Liste. Ich musste sie unbedingt begrüßen, erinnerte mich aber weder an ihren Namen noch an ihre richtige Amtsbezeichnung. Vermutlich lief ich rot an. Ich meinte, auf ihrem Gesicht einen Ausdruck des Mitleids zu sehen, als wolle sie mir signalisieren: „Hör doch auf!" Ich schaffte es nicht und quälte mich weiter durch die Liste. Der Bundestagsabgeordnete Carsten Schneider, mit dem mich viel gemeinsame Arbeit verband und den ich als MdB natürlich ziemlich zuerst begrüßt hatte, verließ derweil schon den Saal, gefolgt von vielen anderen aus den letzten Reihen.

Dann hielt ich eine noch viel längere Grundsatzrede über den Unterschied zwischen dem deutschen und dem amerikanischen Hochschulsystem. Bei einer von Fulbright veranstalteten und finanzierten Studienreise durch die USA mit hochrangigen deutschen Experten hatte ich wichtige Einsichten gewonnen, die ich jetzt quasi als Bericht präsentierte. Es war eine wichtige Botschaft, aber am falschen Ort und zur falschen Zeit. So war es eine Selbstdarstellung, ein letztes Bad in Bedeutung.

Dann kam die Rede von Wolfgang Bergsdorf, dem Präsidenten der Uni Erfurt, mit dem ich während meiner Amtszeit Freundschaft geschlossen hatte, mit dem Titel: „Was Wolf Wagner alles noch nicht gelesen hat!" Die war kurz und geistreich und voller Ironie. Sie holte mich in die Wirklichkeit zurück und ich merkte, was ich angerichtet hatte. Von der Amtsübergabe und Investitur meines Nachfolgers, Heinrich Kill, bekam ich kaum mehr etwas mit. Ich wollte nur noch weg.

Weltreise, die Vollendete

Geplant hatte ich die Weltreise aus Neugier und Reiselust, also aus egoistischen Gründen. Es stellte sich bald heraus, dass es eine weise Entscheidung war, diese Reise gleich nach dem Ende meiner Amtszeit anzutreten. Dadurch war ich weg, vollständig aus dem Weg. Mein Nachfolger konnte, ungestört vom besserwisserischen Ex-Rektor, seines Amtes walten. Vor allem aber war es die beste Übung in Bedeutungsverlust. Kein Mensch kannte mich. Doktortitel oder Professorenämter beeindruckten niemanden auf unserer Reise, denn wir verkehrten beinahe ausschließlich mit sehr einfachen Menschen, die nur an unserem Geldbeutel interessiert waren.

Das Hochschulgesetz gewährte Ex-Rektoren ein volles Jahr Befreiung von ihren Dienstpflichten bei vollem Gehalt, damit sie sich für die wieder einsetzende Lehre und Forschung in ihrem Gebiet auf den aktuellen Stand bringen konnten. Für einen Politikwissenschaftler war dafür eine Forschungsreise um die Welt ideal. Ich würde für die Lehre am Fachbereich Sozialwesen die weltweiten Erscheinungsweisen der Armut und die Armutspolitiken dagegen studieren. Für die Forschung würde ich die Folgen der Globalisierung für den Alltag und die Alltagskulturen untersuchen. Mit diesen Projekten war meine, im Prinzip eigensüchtige Reise hochschulpolitisch voll legitimiert.

Ich hatte Male versprochen, wir würden ein Jahr lang Sommer haben. Von Anfang Juli bis in den Spätherbst würden wir auf der nördlichen Halbkugel, in Russland, China, Nepal, Indien und Vietnam sein. Mitte Dezember würden wir nach Australien auf die Südhalbkugel wechseln. Dort würden wir nach Neuseeland, Tahiti und auf die Osterinsel fahren und durch die Anden von Chile bis hoch nach Ecuador Südamerika bereisen. Dann wollten wir über Argentinien nach Südafrika, durch Ostafrika wieder nach Norden drehen und schließlich im folgenden September von Tansania aus zurück nach Deutschland auf die Nordhalbkugel fliegen. Natürlich war mein Versprechen ein Irrtum. In Südafrika waren wir im dortigen Winter, aber der war warm genug, um als ein deutscher Sommer durchzugehen.

Globalisierung vor Ort erkundet

Schon bei der Planung der Reise stellte sich heraus: Die Globalisierung war nicht global. Es gab keine Schiffe, die von Australien oder Neuseeland nach Südamerika fuhren. Es gab auch keine zwischen Argentinien und Afrika. Alle Schiffsrouten im Südpazifik und Südatlantik führten nach Norden, keine quer. Sie transportierten Waren von und zu den großen Handelsgebieten in Asien, Nordamerika und Europa. Die Globalisierung war eine hierarchische Angelegenheit. Die postindustriellen Staaten des Nordens dominierten sie. Als wir losreisten, waren wir aufgrund der gelesenen Literatur und der öffentlichen Meinung in Deutschland Gegner der Globalisierung. Wir glaubten, sie sei ein einseitiges Geschäft zuungunsten der Länder des Südens. Man schrieb sogar von einer neuen Form des Kolonialismus. Globalisierung laufe letztlich auf Ausbeutung hinaus und schaffe in den Ländern des Südens vor allem Armut und Elend. Dazu kam, dass sie die lokalen Kulturen zerstöre und die einstige kulturelle Vielfalt in einen einheitlichen kapitalistischen Brei verwandle.

Wie verhält es sich mit der Armut?

Wir kamen mit der Transsib in Peking an und waren überwältigt. Die Stadt war so groß wie Belgien und ein Meer von modernen Hochhäusern. Das war keine Stadt aus einem Entwicklungsland. Auch die großen Städte in Vietnam, Ho-Chi-Minh-City und Hanoi, waren keine Städte in Entwicklungsländern. In beiden Ländern, China und Vietnam, beides Kernländer der Globalisierung, trafen wir auf wenig Armut und Elend. Im Gegenteil: Unsere Recherchen zeigten, in dem Zeitraum, in dem man von Globalisierung sprechen konnte, hatte sich in beiden Ländern der prozentuale Anteil der Bevölkerung mit weniger als einem Dollar Kaufkraft am Tag mehr als halbiert.

In Südamerika und Afrika bereisten wir große Gebiete, die von der Globalisierung ausgenommen waren, weil es dort keine weltmarkttauglichen Produkte gab. Wer nichts zu verkaufen hat, kann auch nichts kaufen. Bolivien und Peru waren solche Länder in Südamerika. In Afrika traf dies auf Sambia, Tansania und Swasiland zu. Wir konnten den Vergleich anstellen, wie es den Menschen in den Ländern der Globalisierung ging und wie in denen, an denen die Globalisierung vorbeigegangen war: In Bolivien lag die Armutsquote bei 45 Prozent, in Peru bei 26 Prozent, in Sambia bei 60 Prozent, in Tansania bei 36 Prozent und in Swasiland bei 70 Prozent. In China waren 13 Prozent, in Vietnam 11 Prozent von Armut betroffen.

Indien war mit 30 Prozent Armut ein Sonderfall. Es war klar Teil der Globalisierung. Dennoch waren Armut und Elend sehr hoch und nahmen eher zu, als sich wie in China und Vietnam zu senken. Das schien ein Beweis für die Richtigkeit der Globalisierungskritik zu sein. Doch es lag daran, dass in Indien keine industrielle Globalisierung stattfand. Dort gab es eine Globalisierung der Dienstleistungen in englischer Sprache. Inder mit guten Englischkenntnissen schreiben die Briefe für englische und amerikanische Anwaltskanzleien oder sitzen in Callcentern, von denen aus potenzielle Kunden in reichen Ländern belästigt werden. So kam die Globalisierung nur den gebildeten Schichten zugute. Wir haben diese Inseln der Globalisierung südwestlich von Delhi und bei Chennai gesehen. Es waren moderne Gebäude auf gepflegten Rasenflächen hinter hohem Stacheldraht. Sie waren umringt von riesigen, verschlammten Elendsvierteln aus Zelten und Blechhütten ohne Kanalisation oder Elektrizität. Die Inseln der Globalisierung zogen die Armutsbevölkerung ganzer Regionen an sich, weil sie die letzte Hoffnung boten, an dem Reichtum, den die Globalisierung ins Land brachte, teilzuhaben. Allem Anschein nach war es eine vergebliche Hoffnung.

Wie verhielt es sich mit der kulturellen Vielfalt?

Drinnen saßen die wohlgenährten Mönche, die sich offensichtlich um das Elend vor ihren Toren nicht kümmerten.

Ein Backpackerpärchen erzählte uns in Tibet voller Empörung, dass sie beim Trekking in Nepal in einem bisher unberührten Tal hinter dem Anapurna auf Straßenbautrupps getroffen seien, die nun dort eine Straße bauten. Sie schilderten das mit Entsetzen in der Stimme, als ob die Welt untergehe. Es war der gleiche Ton, mit dem die westlichen Tibetfans den „kulturellen Holocaust" der Chinesen an den Tibetern anprangerten.

Bei meiner ersten Beinahe-Weltreise mit Hilde waren wir in jenem Tal gewandert und waren einem Eiltrupp aus Mulis und Trägern begegnet. Sie schleppten in Tragekörben Kranke zum nächsten Krankenhaus. Ich hatte mit zwölf eine Blinddarmentzündung. Wäre ich in jenem Tal geboren worden, hätte ich sie sicher nicht überlebt. Der Bau der Straße war längst überfällig. Doch der exotiksüchtige Westtourist sucht den Kulturzoo, in dem alles noch ist wie vor dem Maschinenzeitalter. Jede Modernisierung wird als Zerstörung der Kultur, als Kulturimperialismus kritisiert, so der neue Zug nach Lhasa. Mit unserer Kritik an der Globalisierung, dass sie die kulturelle Vielfalt einebne, waren wir verdächtig nahe an einer solchen, im Prinzip reaktionären und menschenfeindlichen Kulturzooforderung.

In Neuseeland, Tahiti und Südamerika trafen wir auf das gleiche Problem wie schon in Tibet, Nepal und Australien: Die Kultur der Indigenen sollte restauriert und die Eingeborenen sollten mit ihren angestammten Rechten und ihrem angestammten Land ausgestattet werden. Dabei war die Kultur der Eingeborenen vor allem die Heiligsprechung der Macht der alten Männer über Frauen und Kinder und über alle, die sich nicht dieser Macht beugen wollten. Zudem lief der Indigenismus auf einen neuen Rassismus hinaus. Nur die reinblütigen Aborigines, Maoris, Polynesier oder Indios hatten vollen Anspruch auf die Restitution ihres Eigentums und auf die Partizipation an den traditionalen Rechten. Wie mit den vielen Mischblütigen umgegangen werden sollte, war meist unklar. Je nach Anteil am Blut hatten sie wohl geringere Ansprüche zu erwarten.

Unter dem Druck dieser Erkenntnisse mussten wir unseren Blick auf die Welt überdenken. Wir rückten von der globalisierungskritischen Sichtweise, dass die Globalisierung die kulturelle Vielfalt zerstöre, ab und gingen zum Gegenteil über: Mit der Globalisierung kamen die gleichen Menschenrechte für alle. Es war wie im deutschen Mittelalter: Stadtluft macht frei. In Tansania wurden auf dem Land 80 Prozent der Mädchen der Genitalverstümmelung unterworfen, bei den Massai 100 Prozent. In der Großstadtregion Daressalam nur 17 Prozent.

Zurück in Deutschland

Zurück in Erfurt lehrte ich von 2006 bis 2009 als einfacher Professor bis zur Pensionierung. Ich ließ mich in kein Amt wählen und hielt mich in der Fachbereichspolitik zurück. Mein Nachfolger im Rektorenamt ernannte mich zum Berufungsbeauftragten, weil ich in meiner Amtszeit einen Algorithmus für Berufungsverfahren mit dem Ministerium abgestimmt hatte. Ich beriet und beaufsichtigte die Fachbereiche bei den Berufungsverfahren.

Nach dem Ende meiner Dienstzeit wollten wir zurück nach Berlin, wo wir beide über zwanzig Jahre unseres Lebens verbracht hatten. Erfurt war uns als Pensionären mit Geld und Zeit zu provinziell.

Zu Beginn meiner Zeit in Erfurt hatten ein Freund und ich in einem Anfall von Hybris einen Salon gegründet mit dem Namen: „Intellektuelle in der Provinz." Ich hatte die Gründungsthesen geschrieben, in denen ich argumentierte, Aufgabe der Intellektuellen sei es, der Gesellschaft den kritischen Spiegel vorzuhalten. In Metropolen gebe es dafür genügend Leute, die sich gegenseitig bestärken. In der Provinz dagegen stoße man schon früh auf Opposition und gehe darum zu früh Kompromisse ein. Wir luden alle ein, die wir für Intellektuelle hielten, um die notwendige kritische Masse zusammenzubekommen.

Wir ernteten überwiegend Empörung. Erfurt sei keine Provinz und wir keine Intellektuellen. Ein paar Jahre lang trafen wir uns einmal im Monat in einem Café und diskutierten unterschiedlichste Themen, häufig nach einem Impulsreferat. Es kamen überwiegend Wessis. Die Ossis nannten uns einen „Wessi-Selbsttröstungsverein". Die erhoffte Radikalität im Denken stellte sich nie richtig ein. Und vielleicht waren wir auch keine Intellektuellen.

Male und ich zogen also samt Katze zurück in die große Stadt, in die Metropole Berlin, das Gegenteil von Provinz – dachten wir. Nach einem halben Jahr merkten wir, wie sehr wir uns geirrt hatten. Klar, das kulturelle Leben fand in Berlin auf einem ganz anderen Niveau statt. In Berlin fanden exotische zeitgenössische Stücke und Kunst genügend Publikum, um einer großen Vielfalt von Galerien, Orchestern, Theatern und Bands das Überleben zu sichern. In Erfurt musste ein Stück schon sehr volkstümlich und oft von schenkelklopfender Fröhlichkeit sein, damit es genügend Publikum fand. Aber mit Internet und den überall gleichen Restaurantketten und Einkaufsmöglichkeiten war das Leben in Erfurt nicht provinzieller als in Berlin. Dazu kam, dass Berlin eigentlich aus einer Ansammlung von Provinzstädten besteht. Jeder Kiez hat sein eigenes Zentrum mit Wochenmarkt und allem, was man auch in Erfurt findet. Viele Berliner kamen kaum jemals aus ihrem Kiez heraus.

Wir wohnten in Westberlin nicht weit von den Straßen, in denen wir vor der Wiedervereinigung gewohnt hatten. Es war erstaunlich, wie wenig sich in den siebzehn Jahren, die ich von Berlin weg war, verändert hatte. Die linksintellektuellen Kreise von damals hatten sich nicht verändern müssen. Sie sprachen immer noch wie in den Siebzigerjahren. Was wir damals als Vorzug der Metropole gesehen hatten, stellte sich nun als eine eigene Art von Provinzialität heraus. Man hatte es sich leisten können, nichts dazuzulernen, nichts zu verändern, sich treu zu bleiben, wie sie es nannten.

In Erfurt, wie in allen neuen Bundesländern und Ostberlin, hatte sich beinahe alles verändert. Es hatten wahre Lernorgien

stattgefunden. Das Unterste war zuoberst gekehrt worden. In Frie-
denau, dem Westberliner Kiez, in dem Günter Grass, Uwe Johnson,
Enzensberger und die Kommune 1 gewohnt hatten, war alles gleich
geblieben. Es war ein Zurückkehren in eine heile, kleine Welt mit
Eckkneipen und Wilmersdorfer Witwen und einem immer älter
werdenden Publikum, was sich auch daran zeigte, dass in jedem
zweiten Haus eine medizinische oder psychotherapeutische Praxis
untergebracht ist.

Abenteuer Schlange

Wir wohnten zuerst in der „Schlange", einer Autobahnüberbauung
aus den Endsiebzigerjahren, als es im eingemauerten Westberlin einen extremen Wohnungsmangel gab. Man hatte auf 600 Metern
Länge über 1000 Wohnungen über einer sechsspurigen Stadtauto-
bahn gebaut. Damals galt es als eine Ungeheuerlichkeit. Wir hätten
nicht im Traum daran gedacht, dort einzuziehen. Noch in Erfurt
sahen wir bei der ungeheuer schwierigen Wohnungssuche im Internet ein Video über die Wohnungen. Sie waren nach den Regeln
des Bauhauses gebaut: offene Küchen, verschiebbare Faltwände,
große Terrassen mit riesigen Beeten. Wir machten einen Besichti-
gungstermin aus und merkten: Von der Autobahn hörte man
nichts. Das Gebäude und die Autobahn berührten sich nirgends. Es
war außerordentlich klug durchkonstruiert. Es wurden sogar auf
den höchsten Punkten Falkennester eingebaut, damit die Falken
auf biologische Weise der Taubenplage Herr würden. Wir waren
begeistert und zogen dort ein.

Es war eine Anhäufung von Irrtümern. Der erste Irrtum war,
dass wir so viel Licht und so viel Glas nicht aushielten. Es war, als
ob wir im Freien wohnen würden. Das Wetter war immer präsent.
Wenn schönes Wetter war, strömte das Sonnenlicht herein wie
Wasser, vor dem man sich schützen musste. Wenn es regnete, war
alles grau und trist, auch in der Wohnung. Es gab immer riesige
Himmel, auch nachts mit einem Mond, der hin und her zu sprin-

gen schien. Wir kauften Jalousien und mauerten uns gegen das Zuviel an Draußen ein. Der zweite Irrtum war die Hitze. Die Anlage lag wie ein nach Osten gerichteter Hohlspiegel in einer sanften Kurve von Norden nach Süden. Die Sonne knallte von morgens bis etwa zwei Uhr nachmittags auf den Beton und heizte ihn auf. Dann verschwand die Sonne über dem Dach und der Beton strahlte die gespeicherte Hitze ab wie ein Backofen auf höchster Stufe, und zwar bis in die Nacht hinein. Im Frühling war das schön. Aber im Sommer war es nicht auszuhalten.

Der dritte Irrtum war noch gravierender: Die Wohnung war für Pensionäre zu klein. Mit 72 Quadratmetern und Falttüren, die den Schall nicht effektiv schluckten, saßen wir zu eng aufeinander. Wenn ich nachts noch fernsehen wollte, bekam Male das Flackern und die Geräusche mit und begann mich zu hassen. Wenn sie tagsüber Musik hören wollte, war es umgekehrt. Weil wir beide als Ruheständler viel Zeit in der Wohnung verbrachten, gingen wir uns mit der Zeit gegenseitig so auf die Nerven, dass wir uns getrennt hätten, wenn wir nicht ausgezogen wären.

Abenteuer Wohnungssuche

Wir suchten ein Vierteljahr lang, sahen täglich zwei bis drei Wohnungen an, häufig mit über hundert anderen Interessenten. Wir sahen die scheußlichsten Wohnungen, um die sich dennoch viele bewarben. Das spezielle Berliner Modell machte uns schwer zu schaffen. Gerichtlich hatten sich die Mieter das Privileg erstritten, auch nach längerem Wohnen nicht für die Renovierung der Wohnungen verantwortlich zu sein. Das sollten die Neumieter übernehmen. Wir besichtigten folglich völlig heruntergewirtschaftete Wohnungen, die uns Investitionen von mehreren Tausend Euro abfordern würden. Es war sehr frustrierend, wir lernten jedoch Berlin wirklich kennen, besuchten alle zentrumsnahen Bezirke.

Dann hatte Male die Idee, „den Lösungsraum zu vergrößern" und damit unsere Suchstrategien zu verändern. Statt drei oder vier Zimmer gaben wir im Internet als Suchkriterium „bis zu 10 Zimmer" ein. Plötzlich taten sich Wohnungen auf, von denen wir nur träumen konnten. Es gab aber auch sehr realistische Angebote um die 150 Quadratmeter, bei denen der Quadratmeterpreis für die Miete niedriger war, als der, den wir in der „Schlange" bezahlt hatten.

So fanden wir eine wunderschöne, bezahlbare Altbauwohnung mit zwei Balkonen, geschmackvollen Stuckdecken, frisch abgezogenen Parkett- und Dielenböden, zwei riesigen Berliner Durchgangszimmern und drei weiteren, kleineren Zimmern. Der Hinterhof im Osten ist voller Bäume. Im Westen blicken wir auf einen Boulevard mit Platanenbestand. Die Wohnung ist lichtdurchströmt, aber als Berliner Altbauwohnung nach innen gerichtet. Wir waren die einzigen Bewerber. Die Wohnung wurde nach unseren Wünschen vom Vermieter renoviert.

Dort wohnen wir jetzt in großem Komfort und großem Glück und hoffen darauf, dass wir noch viel Zeit haben werden für viele Irrtümer.